음식고전 시리즈

捧接要覽

봉접요람

일러두기

- 이 책의 구성은 책에 대한 이해, 조리법별 편역, 원문 영인으로 되어 있습니다.
- 책 띠지의 안쪽 면에 고조리서의 연대를 알 수 있는 '연대별 고조리서 정리' 표를 넣었습니다
- 책의 가독성을 높이기 위해 원본의 한문음을 한글로 썼으며, 해석이 어려운 글은 각주를 달아 설명해두었습니다.
- 편역 목차는 조리법별로 음식을 소개하였으므로 원문의 순서를 따르지 않은 것도 있습니다.
- 편역은 원문을 대조하며 볼 수 있도록 가능한 한 같은 면에 원문의 사진 이미지를 넣었으며, 정황상 그렇지 않은 부분도 있습니다.
- 각 조리법별 시작 부분에는 한국의 옛 부엌살림이나 기명의 이미지를 넣어 한국의 식문화를 느낄 수 있도록 하였습니다.
- 원문 글의 이해를 돕기 위해, 원문에서 빠졌을 것으로 추정되는 내용은 괄호로 처리해 넣었습니다.
- 「봉접요람」의 책 소개, 구성과 내용, 가치 등에 관해 정리한 앞부분은 2017년 「한국식생활문화확회지」에 실린 '한글종가조리서로 추측되는 「봉접요람」의 의미와 내용' 글을 바탕으로 재정리하였습니다.

음식고전 시리즈

捧接要覽

봉접요람

편역_한복려, 이소영

***

서문

우리가 「봉접요람(捧接要覽)」이란 책을 알게 된 것은 2012년 한 고서 수집가로부터 충청도 예산에 근거한 한산 이씨 종가에서 나온 조리서라며 수십 장의 이미지 파일을 받으면서부터입니다. 책은 실물도 없었고 저자도 알 수 없었습니다. 다만 책을 한 장 한 장 촬영한 사진들만 볼 수 있었습니다. 그런데도 이 책은 우리의 관심을 끌었습니다. 음식 조리법만 나열한 기존의 반가 조리서와 달랐기 때문입니다.

「봉접요람」의 표지에는 붉은 색지를 덧대어 한글로 '봉졉요람 단(捧接要覽 單)'이라고 적혀 있었고, 80쪽 분량의 한글로 적힌 조리서입니다. 책의 제목만 봐도 내용이 대략 짐작이 되었습니다. '봉접(捧接)'은 받들고 섬기며 접대한다는 뜻을 담고 있습니다. 이는 봉제사(奉祭祀)와 접빈객(接賓客)을 의미합니다. 이 책은 제사와 손님 접대에 필요한 내용을 기록한 것입니다.

책에는 술 제조법, 떡·과자 만드는 법, 시절식, 제사나 잔치 큰상에 오르는 음식, 혼인 신행 음식, 시절 제사 음식에 관한 내용이 나옵니다. 조리법 위주로 기록된 다른 조리서와 달리 「봉접요람」에는 혼례 후 신행 때 차리는 야참을 비롯해 죽상차림, 아침·저녁 반상차림, 잔치 큰상차림, 그리고 절기별 제사상차림에 어떻게 음식을 구성해 차리고 여러 가지 음식을 한 그릇에 어울려 담는 방법까지 자세히 적혀 있습니다.

특히 혼인 신행 음식은 이 책의 많은 부분을 차지합니다. 상차림마다 정성 들여 음식을 구성해 차린 것을 보면 집안에 새 식구가 들어오게 됨을 큰 일로 여겨 귀하게 대접한 것입니다.

「봉접요람」을 쓴 저자는 오랜 기간 제사나 접대를 통해 음식을 조리하면서 익혀온 조리에 대한 이해와 식견이 매우 넓은, 나이가 든 여성으로 추측됩니다. 음식 조리법을 적으면서 중간중간 음식 재료를 쉽게 구입하는 방법을 알려주고, 서울 등 다른 지방이나 집안과도 비교하면서 음식을 마련하는 규모에 대해 설명했습니다. 따라서 집안의 형편이나 당시의 식생활상을 살펴볼 수 있습니다. 또 "정신이 캄캄하여 생각난 대로 두서없이 적어 빠지는 것이 많다"는 기록이 있어 노년에 작성된 것으로 추정할 수 있습니다.

조선시대 반가에서는 제사를 모시고 손님을 접대하는 경우가 많았기 때문에 음식 조리와 차림은 중요한 일이었습니다. 그런 이유로 종가(宗家)를 비롯한 양반 사대부가에서는 각각 그 나름대로 음식 조리법을 발전시켰고 이를 전수(傳授)해왔습니다. 시어머니가 며느리나 딸자식에게 알려주고자 음식 조리법을 기록으로 남겼기 때문에 가문마다 전해져 오는 조리서들이 꽤 많습니다. 그러나 「봉접요람」은 제목에서도 드러낸 것처럼 조리법뿐만 아니라 상차림과 담음새까지 소개하고 있다는 점에서 반가의 음식 접대 문화를 엿볼 수 있어 각별한 가치가 있습니다.

이번 「봉접요람」 번역서는 신행 때 차리는 상차림마다 올리는 음식 구성과 여러 가지 음식을 어울려 담는 방법 등을 상차림 반배도와 음식 담음새를 그림으로 그려 독자들이 좀 더 이해하기 쉽도록 했습니다. 기록된 음식들을 간단한 레시피로 작성하여 수록했습니다.

2013년부터 편역자 외에도 정길자, 한복선, 한복진, 김귀영, 정혜경, 박록담 님과 함께 모여 이 책을 읽으며 공부한 것이 이 번역서의 바탕이 되었습니다. 실물도 없고 관련 기록도 없는 조선시대 조리서를 함께 읽으면서 알아가고 깨우치는 기쁨을 전해주신 분들께 감사의 말씀을 전합니다.

「봉접요람」의 소장자와 원저자가 누구인지 밝혀지지 않아 아쉽지만, 이 번역서가 반가의 음식 조리서를 공부하는 또 다른 사람들에게 중요하게 활용되길 기대합니다.

2021년 5월

공동 편역자

한복려, 이소영

목차

***

1800년대 조리서 「봉접요람(捧接要覽)」

I. 「봉접요람」은 어떤 책인가?

1. 제사와 손님 접대가 중요했던 종가의 조리서

조선시대 반가에서는 봉제사(奉祭祀)와 접빈객(接賓客)을 위해 음식 조리와 차림은 중요한 일이었다. 크고 작은 제사나 혼인과 회갑 잔치를 치르고, 손님 대접은 가장 중요한 예의범절의 하나이며, 갖가지 음식 준비는 필수 요소였다. 그리하여 종가(宗家)를 비롯한 양반 사대부가에서는 각각 그 나름대로 음식 조리법을 발전시켰고, 이를 전수(傳授)해 왔다. 이것을 기록으로 남겨 가문에 전해져 오는 것이 종가 조리서라고 할 수 있다.

우리나라에서 음식 조리서는 고려시대까지 발견되지 않고 있어 거의 없다고 보아야 한다. 그러다가 조선시대에 들어오면서 다양한 고조리서와 만날 수 있게 된다. 1400~1700년대까지 남성이 집필한 조리서가 상당히 있지만 1600년대 중후반부터 종가에서 기록한 조리서가 발견되었다. 1670년경 경북 영양의 재령 인씨가에서 나온 장계향(張桂香, 1598~1680)의 저술서 「음식디미방」(1670)이 한글 종가 조리서의 시초로 한국 음식문화사로서의 가치를 높게 평가받고 있다. 이후 대전 대덕구의 은진 송씨 종가에서는 1800년대 말로 추정되는 연안 이씨 저술의 「주식시의(酒食是儀)」(1800년대말), 그리고 인근의 노가재 김창업가에서는 「주식방문」(1800년대 말)이 나왔다. 이 외에도 1600~1700년대로 추정되는 신창 맹씨 종가의 「최씨음식법」, 의성 김씨 집성촌 청계공 종택에서 전해지며 1700년대 후반에 작성된 것으로 추정되는 「온주법(蘊酒法)」 등이 있다. 1800년대에는 서울 반가의 빙허각 이씨가 저술한 「규합총서(閨閤叢書)」(1809)를 비롯해 충남 부여의 조씨댁에서 나온 저자 미상의 「(윤씨)음식법[飮法]」, 저자 미상의 「시의전서(是議全書)」 등이 반가에서 전해 내려오는 대표적인 종가 조리서이다.

또한 최근에 밝혀진 조리서로서 안동의 고성 이씨 간서(澗西) 이정룡(李庭龍, 1798~1871)이 저술한 「음식절조(飮食節造)」(1865)가 있다.

2. 「봉접요람」 책 소개

「봉접요람」은 80쪽 분량의 한글 필사본이다. 2012년 궁중음식연구원은 고서 수집가로부터 한산 이씨 종가의 고조리서로 추정되는 책 한 권을 사진 파일로 전달받았다. 그런 관계로 실제 책의 전체 분량과 크기를 알기는 어렵다.

책 표지에는 붉은 색지를 덧대어 한글로 '봉졉요람 단(捧接要覽 單)'이라고 적혀 있다. '봉접(捧接)'은 받들고 섬기며, 접대한다는 뜻을 담고 있다. 이는 봉제사와 접빈객을 의미한다. 즉 이 고조리서는 조선시대 중요한 종가 행사였던 제사를 받들어 모시고, 또 손님 접대에 필요한 내용을 기록한 것으로 보인다.

총 음식 수가 126종에 달하고, 무엇보다도 그 내용에서 음식을 단순히 조리한 방식이 아니고 신행 때 대접하는 접대 음식, 그리고 제사 등의 의례 음식과 각 절기에 따른 시절 음식 등이 비교적 상세히 기록되어 있다는 점이 주목된다.

3. 책의 저자와 저작 연대

이 책에는 저작 연대나 저자명이 적혀 있지 않다. 단지 이 책의 출처는 고려 후기 문신인 목은(牧隱) 이색(李穡)의 7대손인 이산보(李山甫, 1539~1594) 즉 명곡공(鳴谷公)파 문중의 이병연(李秉淵, 1671~1751)가(家) 고문서에서 나왔다고 전해진다.

이산보는 토정 이지함(李之菡)의 조카로 어려서부터 작은아버지 이지함으로부터 학문을 배웠다. 1592년 임진왜란 때 대사간·이조판서를 역임하였으며, 1604년 호종공신(扈從功臣) 2등에 책록되고 영의정에 추증되었던 인물이다. 이병연은 한산 이씨의 19세손으로 호는 사천(槎川)이며, 조선 영조 시기에 최고의 시인으로 불렸다. 조선의 산수, 영물을 소재로 시를 지었으며, 저서로는 「사천시초」 2책이 전한다. 특히 그는 겸재 정선(謙齋 鄭敾, 1676~1759)의 그림인 '인왕제색도(仁王霽色圖)', '소악후월(小岳候月)'에 시를 썼던 인물이다.

이 책이 나온 출처만으로는 저작 연대를 파악하기는 어려우나 고조리서의 연대를 추청하는 데 있어서 음식 내용을 보고 시기를 판단해 볼 수 있다.

이때 가장 많이 적용되는 것이 느르미의 조리법이다. 느르미는 「음식디미방」(1670)에 나타난 대구껍질느르미, 동아느르미 등에서 볼 수 있듯이 1700년대까지는 재료를 찌거나 구워서 익힌 다음 밀가루나 녹말 등으로 즙을 걸쭉하게 만들어 끼얹는 조리법을 뜻했다. 1800년대 이후 이런 느르미가 일부 남아 있었지만 누르미, 누름적 등의 이름으로 불리며, 익힌 재료를 꼬치에 끼우거나 그것에 옷을 입혀 지지는 오늘날의 누름적으로 바뀌었다. 「봉접요람」에 나오는 동아느르미의 조리법은 즙을 끼얹는 방식이 아닌 동아를 얇게 저며 고기소를 넣고 말아 황백으로 달걀물을 묻혀 지진다고 하였다. 이 책의 동아느르미 조리법은 1854년에 나온 「(윤씨)음식법(饌法)」의 동아느르미 조리법과 같다. 이러한 내용으로 미루어 볼 때 이 책의 저작 연대는 1800년대 중후반으로 추정된다.

4. 저자의 음식 조리에 대한 식견

「봉접요람」의 저자를 정확히 알 수 없지만 이 책 곳곳에서 저자의 음식 및 조리에 대한 학식과 견문을 살펴볼 수 있다. 이 책의 저자는 단순히 음식의 조리 방법만 기술한 것이 아니라 본인의 의견이나 견해를 밝히기도 하였다. 이는 현재까지 발견된 고조리서에서는 볼 수 없었던 특이 사항으로 매우 의의가 있다고 보인다.

「봉접요람」의 내용 중 '계ᄌᆞ(겨자)'와 '굴전유어' 사이에 다음과 같은 문구가 적혀 있다. "뎡신 캄캄ᄒᆞ여 ᄉᆡᆼ각난 ᄃᆡ로 젹으니 두셔 업시 빠지난 거시 무슈ᄒᆞ다" 즉 저자가 정신이 캄캄하여 생각난 대로 두서없이 적어 빠지는 것이 많다고 했다. 「음식디미방」(1670)을 쓴 장계향도 70세가 넘는 나이에 이 책을 쓰면서 책의 뒷면에 눈이 어두운데 간신히 썼다고 하였다. 「봉접요람」의 저자 역시 노년에 쓴 것으로 짐작된다.

저자는 음식 재료를 구입하는 방법에 대해서도 언급하였다. '승검초가루 주악'을 보면 "서울 가서 가루나 잎새나 사다 쓰느니라"라고 했으며, '조반 흰죽'에서는 "갈분의이는 칡뿌리를 캐어 빻아 수비하여 한다 하나 서울이나 관가에서 갖다 쓰라"고 적었다. 그리고 찹쌀가루나 승검초잎, 칡녹말 등을 쉽게 구입할 수 있는 방법을 제시하였다.

'절육'을 설명한 내용에서는 "제사에나 잔치 큰상에 관향으로 지내고, 잔치 큰상도 이렇게 하지 선비집에야 형세 있어도 이렇게 할 길은 없느니라"라고 하였다. '조반 흰죽' 내용 중에는 "서울 호사(豪奢)하는 집에서는 신랑이 집에 들어오던 날 조반 죽으로 잣죽, 깨죽, 흰죽, 세 그릇을 쑤어놓는다 하는데, 우리 집에서는 그렇게 하여본 일은 없다"고 하였다. '약포육'에는 "약포육에 거피깨 뿌려 쓰는 이가 많으나 우리 집에서는 안 하시되 남의 것을 보면 그렇게 하여 쓸 만하니라"라고 하였다. 저자는 서울이나 주변 다른 집안의 형세에도 밝으며, 자신의 검소한 살람 면모를 드러내었다.

또한 저자는 음식의 용도나 쓰임에 따른 적절한 조리 방식을 제시하기도 하였다. '명태껍질국법'에서는 "(제사나 접대보다는) 집안 상에나 놓을 국이라"라고 하였다. '세산적'에는 "세산적에 계란 부쳐 쓰는 것이 격이 아니고, 세산적을 괸 것이 너무 많아도 안 되니, 소접시에 펴 알맞게 하라"라고 했다. 의례나 접대용으로 쓸 수 있는 음식이나 그런 용도로 쓰기 위한 조리 시 유의할 점을 자세히 설명하였다.

'굴전유어'에는 "대저 전유어에 가루를 많이 묻혀 익은 것은 안 되는(좋지 못한) 음식이니라"라고 하며 전유어 조리 시 주의할 점을 짚어 설명하였고, '조반 흰죽'에는 "상(중)에 먹는 흰죽은 안치는 쌀로 곧 울쿠어 붓되, 싸래기 되어 게으르면 (맛이) 고약하니라. 죽이라도 만들려는 집 사람은 보고 웃으니 잘못하기에 닮지 말라"고 하였다. 이 책의 저자는 오랜 기간 동안 제사나 접대를 통해 음식을 조리하면서 익혀 온 조리에 대한 이해와 식견이 넓은 나이가 든 여성으로 추측된다.

Ⅱ. 「봉접요람」 음식법의 구성과 내용

「봉접요람」에 나오는 음식을 항목별로 나누면 표와 같다. 이를 소개한 항목을 보면 조선시대 다른 조리서들과 마찬가지로 술 제조법이 제일 먼저 나온다. 그다음으로 떡, 과자 만드는 법, 절식, 음식 만드는 법, 제사나 잔치 큰상에 오르는 음식, 혼인 신행 음식, 시절 제사 음식 순이다.

술 18종, 떡·과자 11종, 음식 만드는 법이 20종, 절식 음식 및 절기별 제사 음식 구성 28종, 제사나 잔치 큰상에 오르는 음식 12종, 혼례 신행 관련 상차림 및 음식 37종으로서 총 126종의 음식이 나온다. 그런데 조리서가 중간 중간 일부 소실되었기 때문에 어떤 음식의 경우는 음식명만 나오고 실제 조리법에 대한 내용을 알 수 없는 것도 있어 아쉬움이 있다.

표 1「봉접요람」에 기록된 음식 내용

분류		개수	내용
술 제조법		18	두견주법, 삼칠주법, 과하주법, 보원주법, 유하주법, 송순주법, 절주법, 석탄향법, 경액춘법, 녹두누룩술법, 황금주법, 하향주법, 번주법, 소곡주법, 호산춘법, (삼)일주법, 녹파주법, 진상주법
떡, 과자 만드는 법	유밀과	2	약과법, 중계법
	유과(강정)	3	강반법(산자), 강정법, 색강정
	떡	6	대추주악, 주악(쑥/치자/백), 승검초가루주악, 산승, 백편법, 깨찰편
절기 음식	정월 보름 (낙질)	1	잡채
	2월 한식	1	송편웃기(꿀소/채소소)
	3월 삼짇날	5	흰편, 개피편, 산빙(산병), 화전, 화면
	5월 단오	4	증편, 연계찜, 때의(제철)실과, 책면
	6월 유두	1	떡수단(흰편/꿀물)
	7월 칠석	2	국수(난면), 밀전병
	8월 추석	2	잡과편, 녹두편
	9월 구일	5	무편, 녹두편, 웃기(국화전, 밤단자), 국화면
	11월 동지	7	팥죽, 인절미, 깨강정, 검은깨다식, 밤(황율)다식, 송화다식, 녹말다식
음식 만드는 법	채	1	어채
	찜/선	5	수잔지, 뭐찜(해삼찜), 전복숙법, 연계찜, 갈비찜
	느르미	1	동아느르미

	탕/전골	1	잡탕
	전	6	육전유어, 뭐전유(해삼전유어), 굴전유어, 골독전유(꼴뚜기전유어), 홍합전유어
	구이/적	1	세산적
	회	4	어회, 생복회, 굴회, 육회
	볶음	1	양볶기
제사나 잔치 큰상에 오르는 음식	제사나 잔치 큰상의 적	3	황육적, 계육적, 생선적/생선쌍적
	절육	5	대구, 상어, 광어, 문어오림, 전복
	간납(전유어)	3	육적, 어적, 해삼전
	동아선	1	동아선
혼인 신행 음식	계절 음식	10	갈분의이, 녹말의이, 수육, 전유어, 유과, 다식, 중과, 각색실과(봄/가을/겨울), 화채(봄/가을)수정과, 꿀, 초지렁(겨울)
	상차림	4	밤참(탕/육회/수육/실과), 조반 흰죽, 조반 흰죽 반찬 (민어·약포·어란·전복/만나지/하란/나물/ 김무침/싱거운 침채/지령/만두/떡국/ 흑임자죽/수수의이/실과/간납/), 조석 밥반찬(탕/조치/구이/자반/젓갈/나물)
	탕/전골	10	고음탕, 개탕, 석류탕, 애탕, 셕복기국(섞복기국), 자라탕, 연포, 명태껍질국, (네모)묵초, 벙거지골(전골)
	구이/적	4	섭산적, 정육구이, 갈비구이, 생치닭구이

	마른찬	3	민어자반, 약포육, 편포
	만두	3	어만두, 생치만두, 메밀만두
	볶이	1	떡볶이
	김치	2	싱거운 김치, 섞박김치(석박지)
시절 제사 음식	정조	22	시루편(메편, 녹두편, 깨편, 백편, 꿀편, 찰편, 꿀찰편), 웃기-조악(잣가루), 산승, 편청, 면, 떡국, 주, 과, 포, 혜, 간납, 탕
	정월 보름 (낙질)	9	약과, 수정과(잣), 탕, 잡채, 간납, 주, 과, 포, 혜
시절 제사 음식	2월 한식	11	송편, 편청, 면, 웃기(꿀소/채소), 탕, 간납, 주, 과, 포, 혜, 화면
	3월 삼짇날	12	개피편, 산병, 화전, 탕, 간납, 어채, 묵채, 주, 과, 포, 혜, 화면
	5월 단오	11	증편, 웃기(꿀소), 편청, 간납, 어만두, 수육, 주, 과, 포, 혜, 탕
	6월 유두	7	수란, 간납, 주, 과, 포, 혜
	7월 칠석	8	국수, 밀전병, 탕, 간납, 주, 과, 포, 혜
	8월 추석	8	잡과편, 웃기(조악), 탕, 간납, 주, 과, 포, 혜
	9월 구일	12	무시루편, 녹두편, 찰편, 웃기(국화전), 국화면, 편청, 간납, 탕, 주, 과, 포, 혜
	11월 동지	11	팥죽, 인절미, 웃기(두텁떡), 깨인절미, 대추인절미, 탕, 간납, 주, 과, 포, 혜
	납평	3	주, 과, 혜
	삭망	3	주/과, 주/육, 주/탕

1. 술

「봉접요람」에 나오는 술의 종류는 총 18종이다. 한국의 전통술은 재료 및 용도에 따라 탁주나 청주와 같이 곡물로 제조한 순곡주(純穀酒), 꽃잎이나 향료를 이용하여 빚은 가향주(加香酒), 과실로 빚은 과실주, 초근목피 등의 생약재로 빚은 약용약주로 분류한다. 18종의 술 중 대부분은 곡물로 지은 순곡주이다. 순곡주에 해당하는 술은 삼칠주, 유하주, 절주, 석탄향, 경앵(액)춘, 녹두누룩술, 황금주, 하양(향)주, 번주, 소곡주, 호산춘, 삼일주법, 녹파주법, 진상주법, 과하주이다. 그 외 가향주로는 두견주와 송순주가 있고, 약용약주는 보원주가 해당한다.

술을 제조하는 방식에 따라 분류해보면 한 번 빚은 술인 단양주(單釀酒)에는 보원주와 황금주가 있으며, 두 번에 걸쳐 빚은 술인 이양주(二釀酒)로는 두견주, 삼칠주, 유하주, 절주, 석탄향, 경액춘, 녹두누룩술, 하향주, 번주, 소곡주, 호산춘, 삼일주, 녹파주, 진상주로 대부분이 이에 해당한다. 곡주와 증류주를 혼합하여 발효시키는 혼양주(混釀酒)로는 과하주와 송순주이다. 소주처럼 증류를 거쳐 알코올 도수가 높은 증류주(蒸留酒)법은 이 책에서 볼 수 없다.

다른 문헌에는 기록되지 않고 「봉접요람」에만 나오는 술법이 있는데, 보원주와 번주이다. 보원주법은 그간 전혀 알려지지 않았던 술이라는 점에서 희소가치가 매우 높은 술이다. '보원주'는 한 번 빚는 단양주로서 찹쌀 1말에 꿀·대추·건강·실백자·황률 각 1되의 약재가 주원료인데, 오가피 삶은 물을 사용하여 증미를 하고, 또 양조 용수로도 사용하는 매우 특이한 방문이다. 이 술 제조법 말미에 "노인 비허로(脾虛勞)와 담(痰)에 좋고 보혈(補血) 보비위(補脾胃)하나니라"라고 하였다. 이로써 보원주가 노인들의 질병 치료와 예방을 목적으로 이루어진 주방문임을 확인할 수 있다. 같은 이름으로는 찾을 수 없었지만 「음식방문」(1800년대말)에 나오는 '보혈익기주'와 유사했다. 번주는 "백미 두 말 백세작말하여 끓인 물 두 동이에 반죽하여 식거든, 누룩 칠 홉, 진말 너 홉 섞어 넣어두었다가, 괴거든 백미 너 말 백세하여 하룻밤 담가두었다가, 익게 쪄 끓인 물 네 동이로 골라 식거든 가루누룩 칠 홉, 진말 팔 홉을 섞어두었다가, 가루가 앉거든 드리우라. 한 말에 한 동이 나느니라. 물이 많은 듯하리라"라고 하였다. 밑술과 덧술에서 다 같이 밀가루를 사용하였다.

2. 떡과 과자

「봉접요람」 속 떡과 과자에 대한 내용을 분류해볼 수 있다. 이를 살펴보면 약과, 중계, 강정과 강반법, 색강정의 과자류와 대추주악, 색주악, 산승, 승검초가루주악, 백편, 깨찰편의 떡류가 적혀 있다. 백편, 깨찰편, 주악, 산승, 약과 등은 앞서 시절 제사 음식에서도 언급되었다. 절기 음식에는 산병, 송편웃기, 화전, 잡과편, 녹두편, 개피편, 무편, 국화전, 밤단자, 인절미, 깨강정, 다식 등이 새롭게 등장한다.

일부 내용을 살펴보면, 먼저 백편 설명에 "잔치 백편은 대추, 석이버섯 길게 채 썰어 수복자도 놓아 하나니라"라고 한 것을 보면 제사뿐 아니라 잔치 용도로 쓰이는 방법을 언급하였다. 이와 같이 잔치 음식 용도로 사용할 때 특별히 언급한 경우를 다른 부분에서도 찾을 수 있다. 3월 삼짇날에는 "잔치산병은 오색 물들여 하되 색을 보아가며 잘 들여야 색이 나느니라"라고 하였고, 11월 동지에는 "검은깨다식, 밤다식, 송화다식 칠색을 색 들여 괴면 잔치에는 색을 취하면 좋으니라"라고 하였다. 같은 떡이나 과자라도 상황에 따라서 달리 만드는 법을 설명하였다.

3. 절기 음식 및 시절 제사 음식

시절식(時節食)은 우리나라 옛 풍습에서 한 해를 통해 명절과 춘하추동 계절에 나는 새로운 음식을 즐겨 먹는 것을 말한다. 절기 음식은 설날, 대보름, 중화절, 삼짇날, 초파일, 단오, 유두, 칠석, 삼복, 한가위, 중앙절, 무오일, 동지, 그믐 등 명절을 맞이하여 천신, 고사, 차례를 지내며 기복과 길흉, 조상 숭배, 액막이, 질병 예방 및 보신, 풍류의 행위로서 의미를 담은 음식이다. 제철 특산물을 이용하여 계절감 있는 음식을 즐겼다. 「봉접요람」의 후반에는 절기마다 제사에 오르는 음식 내용이 나온다. 시절별 제사 음식에는 기본적인 제물로 술[酒], 과(菓), 포(脯), 혜[醯], 탕(湯)이 모든 시절 제사에 포함되었다. 정조의 시루편과 조악, 한식의 꿀소와 채소를 넣은 송편, 구일의 무시루편 등 책의 앞부분에 언급된 시절 음식이 절기별 시절 제사 음식 구성에도 반영되었다. 또한 차례 음식에 대해 정조, 한식, 단오, 추석은 산소 차례를 하고, 그 외에는 사당 차례를 한다고 하였다. 제사나 명철, 차례도 형세대로 간략히 지내어도 정결히 차와 정성을 드리는 것이 제일이라고 하였다.

4. 통과의례 음식

통과의례란 사람이 태어나서 성장하고 생을 마칠 때까지 지내는 의례를 말한다. 이들 의례에는 각기 규범화된 의식(儀式)이 있고, 그 의식에는 음식이 있으며, 이는 대개 의례의 의미를 상징하는 특별한 양식(樣式)이 있다.

전통적인 통과의례는 출생, 삼칠일, 백일, 첫돌, 관례, 혼례, 회갑, 회년, 회혼, 상례, 제례 등이다. 「봉접요람」에는 혼례와 제례에 관한 상차림과 음식 구성, 조리법을 소개하였다.

(1) 혼인 신행 상차림과 음식

「봉접요람」에는 신행 즉 혼인할 때에 신랑이 신부 집으로 가거나 신부가 신랑 집으로 들어올 때 차리는 상차림을 비롯하여 밤참, 아침 죽상차림, 아침과 저녁 밥상차림의 구성과 음식류가 적혀 있다.

신행에 차리는 음식은 가을, 겨울, 봄에 갈분의이 혹은 녹말의이를 쑤어 놓고, 수육 1접시, 전유어 1접시, 유과, 다식 1접시, 각색 실과 1접시, 가을과 봄에는 화채 1보사기, 겨울에는 수정과 1보시기를 놓고, 꿀 1종지, 초지렁(초간장) 1종지를 놓아 색지를 덮고 고은 보자기에 싸매어 보내고, 쟁반에 주전자 술 놓고 잔 놓아 내여 보낸다고 했다.

혼례 조반 상차림으로 죽상차림에는 쌀 1되에 기름 3~4술을 쳐 뜨물을 부어 끓여 쑨 흰죽이 오르고, 곁들이는 반찬으로는 민어·약포·어란·전복의 3~4색으로 담은 반접시, 만나지 1접시, 하란 1접시, 녹두나물(숙주나물) 혹은 볶은 나물 1접시, 대하 두드려 무친 것, 양념에 무친 김, 싱거운 침채, 고기 달인 지렁(간장)을 놓아 내여 보낸다. 들어온 후에는 만두나 떡국, 검은깨죽, 수수의이를 한때 하고 이 4가지에는 실과, 간납을 색 바꿔가며 놓아 내어 보낸다고 했다.

혹 여럿이거든 미수를 타놓고, 국수, 책면, 실과, 간납(소의 간이나 천엽, 어육으로 만든 전유어), 어만두, 어채, 수육을 색을 바꿔 2접시씩 놓고, 어채와 수육을 한때, 어만두와 전유어를 한때 놓아내어 보내라고 적혀 있다. 여름에는 조반을 흰죽, 깨죽, 잣죽으로 하라고 적혀 있다. 서울 호사한 집 신랑 집에 들어오는 아침 조반 죽은 잣죽, 깨죽, 흰죽 세 그릇을 쑤어놓지만, 우리집에서는 그렇게 하여 본 일이 없다고 했다. 갈분의이는 칡뿌리를 수비하여 녹말을 만든다고 하면서도 서울이나 관가에서 칡녹말을 구입할 수 있다고 하였다. 이 같은 내용은 재료의 구입과 조리의 편의성을 잘 보여준다.

의이(응이) 종류별 품질 평가에 대한 내용이 나온다. 의아 중에서는 갈분 의이는 상품이요, 그다음은 녹말의이며, 수수의이는 먹기는 하나 하품이고, 율무의이는 쓸 만하다고 하였다.

그다음에는 조석 밥반찬 즉 아침·저녁 밥상의 반찬으로 오르는 음식류가 적혀 있다. 맨 처음 언급한 반찬은 국물 음식인 탕이다. 뫼탕(해삼탕), 잡탕, 고음탕, 섞볶기국, 모시조개탕으로도 하고, 김곽국도 꿩아나 소고기 꾸미를 넣어 끓여 대하가루 위에 얹어도 놓는다. 생선국, 낙지볶이, 자라탕, 연포탕도 한다고 했다. 게 나오는 철에는 게탕도 하고, 쑥이 있을 때 애탕도 한다고 하였다.

조석반찬 중 조치로는 양볶이, 붕어찜, 수잔지도 하고, 양회·염통·콩팥 등 내장을 볶기도 하고, 굴전을 부쳐 반듯반듯 썰어 양념 갖추어 끓이기도 하고, 낙지찜이나 꼴뚜기찜은 국물 있게 끓여 쓴다고 하였다. 봄조기 알로 양념하여 지져놓기도 하고, 소골로 전유어를 부쳐 썰어 양념하여 끓인 골탕을 쓴다. 형편이 안 되면 묵을 썰어 넣어 끓인다고 하였다.

구이는 한 가지만 구워놓지 않고 색을 달리하여 여러 가지를 구워 그릇에 담았다. 섭산적을 밑에 놓고 그 위에 생선구이를 놓는다. 다른 경우에는 갈비구이 위에 생선구이, 또는 염통산적 위에 생선구이 그 위에 황육을 구워 만선산같이 높이 고여놓는다. 소고기와 파를 꼬치에 꿰어 구운 파산적을 생선구이 위에 놓기도 한다. 생치구이 위에 생선구이, 생선구이 위에 닭다리를 구워놓는다고 하였다.

자반은 민어, 약포육, 어란, 그리고 조기도 놓고, 자반의 색이 다양하지 않기에 색(종류)을 바꿔놓을 필요가 없으니 때마다 이대로 놓으라 했다. 굴비 나올 때는 굴비도 뜯어놓고, 상어 등도 곁들여놓는다고 하였다. 젓갈은 소라젓·난젓(알젓)·하란(새우알)도 놓고, 대하젓은 소라젓과 곁들여놓으면 색스럽고, 알젓의 경우에도 여러 가지여서 때마다 색(종류)을 바꿔놓는다고 하였다. 자반이나 젓갈 담는 법을 기록하였다.

나물은 무나물, 도라지나물, 고사리나물, 고비나물 등 3색을 곁들여놓고, 녹두나물(숙주나물)은 파를 넣어 무쳐놓는다. 겨울이면 두 가지 나물을 번갈아 놓고, 봄이거든 미나리나물, 개나리나물, 녹두나물을 놓는다. 무가 없으면 도라지로 하고, 고사리와 미나리나물과 함께 삼색으로 놓는다고 하였다.

야침저녁 밥반찬으로 탕, 조치, 구이, 자반, 젓갈, 나물을 하면 6접시를 놓는다. 형세 있는 집에서는 이렇게 6접시를 놓는데, 이 중 1접시는 어회 또는 어만두, 어채로 변경해서 놓기도 한다고 했다.

「시의전서」에 기록된 '반상식도'의 오첩반상에는 밥, 갱(국), 조치, 구이, 숙육, 나물, 김치, 좌반(자반), 젓갈, 그리고 종지에 담는 지렁(간장)과 초장이 오른다. 밥, 갱, 지렁과 초장, 김치를 제외하면 다섯 가지 반찬 즉 5첩이 된다. 회, 전유어, 쌈, 구이가 더 추가되면 7첩, 9첩이 된다.

「봉접요람」의 아침저녁 밥반찬의 내용을 보면 5첩과 7첩을 아우르는 찬품들이다. 김치, 종지에 담는 장류 등이 빠져 있는데, 이것은 올리지 않은 것이 아니라 당연히 올리는 찬품과 장류를 언급하지 않았다.

「봉접요람」에는 단순히 음식마다의 조리법만을 기록한 것이 아니라 아침 죽상차림, 아침·저녁에 차리는 반상차림, 밤참 등 때와 주식에 따라 달라지는 음식의 구성과 담는 내용을 구체적으로 설명하고 있다.

이 책에는 신행 상차림에 이어 혼례에 관한 음식 23가지 고음탕, 게탕, 석유탕(석류탕), 애탕, 섞볶이국, 자라탕, 연포탕, 명태껍질국, 묵초, 섭산적, 정육구이, 가리구이, 생치육구이, 민어자반, 약포육, 약포, 어만두, 생치만두, 메밀만두, 떡볶이, 벙거지골, 싱거운 김치, 섞박김치(섞박지)에 대한 재료와 조리법이 자세히 적혀 있다.

표 2 「봉접요람」에 기록된 혼인 신행 상차림과 음식

상차림	음식명
혼인 신행 중 혼행(들어올 때 차리는 음식)	(가을, 겨울, 봄)갈분의의, 녹말의이, 수육, 전유, 유과, 다식, 각색실과, 화채(봄, 가을) 또는 수정과(겨울), 꿀, 초지렁, /쟁반, 주전자 술, 잔(색지를 덮고, 고은 보로 싸맨다)
밤참	탕면 1탕기, 육회 1접시, 수육 1접시, 실과 1접시
조반 죽상차림	흰죽(여름 조반 사 : 흰죽, 깨죽, 잣죽) 민어·약포·어란·전복 3~4색 곁들인 1/2접시, 만나지 1접시, 화란 1접시, 녹두나물이나 볶은 나물 1접시, 대하 두드려 무친 것, 양념에 무친 김, 싱거운 침채, 고기 달인 지렁

조반 흰죽 들여 올 때 상	만두, 또는 떡국, 또는 검은깨 죽을 하고 수수의이, 실과, 간납, 색(종류)을 갈아가며 놓는다.	
여럿일 경우	미수, 국수, 책면, 실과, 간납, 어만두, 어채, 수육, 색색 갈아 2접시씩, 어채, 수육, 또는 어만두, 전유 * 서울 호사하는 신랑집 들어오던 날 : 잣죽, 깨죽, 흰죽 3그릇 ** 갈분의이는 칡뿌리 캐어 빻아 수비하여 쑤지만 서울이나 관가에서 구입한다. *** 갈분의이는 상품 / 녹말의이, 수수의이는 하등 / 울무의의 쓸만하다.	
조석 밥상차림	탕	뫼탕, 잡탕, 고음탕, 셕복기국, 모시조개탕, 감곽국, 생선국, 게탕, 자라탕, 연포탕, 애탕
	조치·찜	낚지볶기, 양볶기, 붕어찜, 수잔지, 굴전탕, 내장볶기, 낙지찜, 꼴뚜기찜, 봄조기알지짐, 골탕, 묵초
	구이	섭산적 위에 생선구이, 갈비구이 위에 생선구이, 염통산적 위에 생선구이와 황육구이, 생치구이 위에 생선구이, 닭다리구이 위에 생선구이 - 때마다 1접시씩
	자반	민어, 약육포, 어란, 가조기 굴비철에는 굴비, 기름상어, 약포육, 어란
	젓갈	게젓, 소라젓, 난젓, 하란, 하젓(염, 꿀, 초), 대하젓, 소라젓, 난젓
	나물	무나물, 도라지나물, 고사리나물, 고비나물, 녹두나물 (파 넣고 무쳐놓는다.) * 겨울: 2가지를 번갈아 놓는다. ** 봄: 미나리나물, 개나리나물, 녹두나물, 무 없을 시에는 도라지, 고사리, 미나리를 썰어 볶아놓는다.

(2) 제례 음식

제례란 조상을 기리기 위해 지내는 의식 절차이다. 제례는 다른 통과의례보다는 그 절차가 까다롭다. 그래서 여기에 따르는 음식이 까다롭고 그 가짓수도 많은 편이다. 이는 조상이 없이 내가 존재할 수 없기 때문에 조상에 대한 예후이며, 돌아가신 뒤에도 효(孝)를 계속한다는 의미가 담겨져 있기 때문이다. 제례 음식이나 그 진설법은 지역이나 가풍에 따라 조금씩 차이가 있다.

이 책에는 제사나 잔치 큰상에 올리는 적, 절육, 전유어에 대해 자세한 설명이 나온다. 적은 크게 황육, 닭, 생선 등을 길이가 길게 꼬치에 끼워 적을 만들어 고이는 방법을 소개하였다. 황육적에는 황육 이외에도 갈비적, 간적, 설하멱의 조리법을 덧붙여 기록하였다. 황육을 두껍고 길게 적 길이(1자, 약 30cm) 같이 하고 너비 3치(약 9cm)나 되게 하여 고이고, 간적도 설하멱같이 넓고 길게 하여 괴고, 여름을 제외하고는 생치적도 한다. 계육적은 통째로 해서 고이고, 족적은 족을 끓는 물에 잠깐 넣었다가 꺼내어 깨끗이 한 후 꼬챙이에 이어 꿴다고 하였다. 생선적은 큰 것으로 머리, 눈만 베고 구워 쓰되, 생선 쌍적으로 둘씩 꿰어 쓰기도 한다고 하였다. 제사에 쓰는 생선구이는 대가리를 베면 모양이 좋지 않으니 그대로 쓰고, 상에 놓아 먹는 것은 대소(크기)에 상관없이 머리를 잘라버린다고 하였다.

절육은 대구, 상어, 광어를 적 모양으로 길고 넓게 하여 고이되, 대구와 상어는 껍질을 벗겨 두 조각을 내어 다듬어 편 괴듯 괴는데, 대구를 가장 밑에 고이고, 그 위에 상어, 광어, 포 순으로 괸다. 그 위을 문어오림으로 장식하고, 말린 전복은 물에 불려 저며서 가운데에 동그랗게 듬뿍 얹는다. 대구, 상어, 광어는 5~6(마리)나 하고, 큰 육포를 1접을 하고, 문어는 5~6오리나 하고, 대전복은 5~6(개)나 하여야 적과 비슷하다고 하였다. 앞서 언급한 적과 절육 고임새는 선비집에서 형세가 있어도 하기 어렵고, 제사에나 잔치 큰상에 관향(貫鄕)에서 지내는 방식이라 하였다.

전유어는 육전, 어전을 각각 접시에 괴고 형세 여부대로 작으면 어육전 한 접시에 괴어 쓰며, 미(해삼)전은 각각 따로 고인다고 하였다.

Ⅲ. 「봉접요람」 책의 특징과 가치

「봉접요람」은 한산 이씨 종가에서 나온 한글 조리서로 음식 조리법을 구체적으로 담고 있어 실용적인 조리서로서의 성격을 가졌다. 또한 저자는 조리법을 서술함에 있어서 다른 집안이나 다른 사람들의 조리법과 비교하면서 자신의 생각을 조목조목 밝히고 있다. 또한 '이 책을 정신 캄캄하여 정신없이 써서 빠진 것이 많다'고 하였다. 이 책은 저술에 대한 자신의 생각도 일부 적어두고 있어 흥미롭다.

「봉접요람」이라는 제목에서도 드러낸 것처럼 조선시대 반가의 음식 접대 문화를 엿볼 수 있다는 점에서 각별한 가치가 있다. 이 책에서는 다른 조리서에서 보기 어려운 혼례 후 신행 때 차리는 야참, 죽상차림, 아침·저녁 반상차림 및 시절 제사 음식 등의 음식 내용을 살펴볼 수 있다.

한국 음식문화의 중요한 특징은 계절에 따른 시절식이 발달하였다는 점이다. 특히 종가에서는 이와 관련한 음식 행사를 성대하게 치렀다. 「봉접요람」에는 시절식을 각 절기별로 소개하고, 절기별 제사에 올리는 음식들을 자세히 소개하고 있어 가문의 절기에 따른 음식 행사에 대한 자세한 정보를 알 수 있어 그 가치가 매우 높다.

특히 통과의례 중에서도 기쁜 날의 의미를 가지는 혼인 때 신행에 차리는 죽상, 반상, 밤참 등 다양한 상차림의 음식 구성과 조리법, 담음새를 상세히 소개했다. 「봉접요람」의 저자와 저술 연도는 정확히 밝혀지지 않았지만, 음식 조리법만 나열한 기준의 조리서와는 달라 '종가 한글 조리서'로서 그 의의가 크다. 또한 「봉접요람」은 '봉제사·접빈객'을 중시한 조선시대 종가 음식조리서의 기초 자료로서 중요하게 활용될 만하다.

술

술은 조상께 제사를 올릴 때나 손님을 접대할 때 꼭 필요한 음식으로 조선시대에는 집집마다 술을 빚었다. 술 빚기는 난도가 높은 조리 기술이기에 술 빚는 방법은 많은 고조리서에 기록되어 있다.

술병_ 대부분 자기나 옹기로 만들며, 배는 부르고 아가리는 좁은 모양으로 액체가 조금씩 흘러나오도록 만들었다. 술상에 함께 놓여 서로의 잔에 술을 따라주며 쓰기 편하도록 가볍게 만들었으며, 청주와 소주는 작은 병이지만 막걸리는 병이 큰 것처럼 술 종류에 따라 크기가 다르다.

주블슈 법

쇄ᄧᆞᆯ ᄒᆞ 라 번 쳥 ᄒᆞᆯ ᄀᆞᆺ 히 ᄒᆞᆫ 의 ᄆᆞᆺ ᄌᆞᆫ ᄧᆞᆯ
착ᄧᆞᆯ ᄒᆞ여 ᄀᆞᄅᆞ 비 나게 ᄀᆞᆯ어 ᄆᆞᆯ을 어ᄂᆞ이 ᄆᆞᆯ
가루에 기셔 친 ᄒᆞᆯ 살ᄯᅥ 반 선 판 ᄒᆞᆷ ᄒᆞ되
닉거이 ᄂᆞᄅᆞ 누룩 ᄀᆞ티 칠 ᄒᆞᆫ 번 ᄂᆞ히 ᄂᆞᆫ ᄆᆞᆯ
과어 ᄇᆞ시 ᄒᆞ여 ᄃᆞᆫᄃᆞ이 봉ᄒᆞ여 두어 ᄯᅥ ...
희 ᄂᆞ되 ᄌᆞᆫ ᄒᆞᆸ ᄉᆞᆯ ᄆᆞᆯ 가 ᄂᆞᆺ ᄡᅦ ᄌᆞᆫ ᄉᆞᆫ니 긋
마치 [illegible]
ᄆᆞᆯ은 비 나ᄯᅦ ᄀᆞᆯ어 ᄂᆞᆯ ᄒᆞ쇄 시ᄂᆞᆫ 후 ᄒᆞᆯ
ᄒᆞ면 ᄎᆞᆷ이라 ᄉᆞᆺ 손 헛 ᄒᆞᆯ ᄎᆡ려 되어 우면
이 어던 조치 ᄆᆞᆺ ᄒᆞᆫ ᄯᅡ시 ᄡᅳ이라 ᄒᆞᆯ ᄆᆞᆯ은 ᄂᆡᆷ
ᄆᆞᆯ ᄆᆞᆫ치 ᄆᆞᆨ나

삼칠슈 법

쇠 ᄆᆞᆯ ᄒᆞ 라 번 ᄆᆞᆺ 일 ᄒᆞᆸ 되 힐 ᄆᆞ 라 ᄯᅥ ᄲᅧ 반
ᄒᆞ ᄆᆞᆯ ᄇᆞ 어 셔 어 쳐 ᄂᆞᆯ ᄒᆞ쇄 식은 후 ᄀᆞᆯ ᄂᆞ
룩 셔 ᄃᆞ 버 히 ᄃᆞᆫ이 봉 ᄒᆞ여 ᄀᆞ어 ᄃᆞ 가 새 ᄒᆞᆫ 여 ᄋᆡ 게
일ᄎᆞᆫ 되 번 다 ᄒᆞᆫ 은 후 졍 이 삼 주 빗 ᄲᅧ 식 거
ᄃᆞᆫ 버 ᄆᆞ 셔 어 허 이 칠 일 되 ᄂᆞᆫ ᄒᆞ 라 익 ᄂᆞᆫ ᄆᆞᆺ시
ᄎᆞᆷ 이 라 ᄒᆞᆯ ᄆᆞᆯ 은 ᄒᆞᆫ 되 ᄒᆞ ᄇᆞ 라

두견쥬법 · 두견주법

셔 말 ᄒᆞ랴면 졍월 쳣 ᄒᆡ일의 밋 ᄒᆞᆫ 말 작말[1]ᄒᆞ여 물 고비나게 ᄡᅳ려 몽올 업시 물 펴부어 ᄀᆡ셔 된풀갓치 반ᄉᆡᆼ반슉ᄒᆞ게 쓔어 ᄀᆞ로누룩 두 되 칠 홉만 너허 날물긔업시 ᄒᆞ여 단단이 봉ᄒᆞ여 두니다 두견화 나거든 찹ᄡᆞᆯ 말 가옷[2] 멥ᄡᆞᆯ 말 ᄀᆞ옷 두 가지 ᄡᆞᆯ을 ᄇᆡᆨ세ᄒᆞ여[3] 담아다가 ᄉᆞᆯᄒᆞᆯ 졔 물 고비나게 ᄡᅳ려 셔늘ᄒᆞ게 시근 후 ᄉᆞᆯᄒᆞ면 조흐이라 ᄭᅩᆺ슨 덧ᄒᆞᆯ 졔 너되 너무 만이 너면 조치 못ᄒᆞ고 맛시 쓰이라 ᄉᆞᆯ물은 밥물 만치 부라

(쌀) 3말을 하려면 정월 첫 해일에 멥쌀 1말을 곱게 가루 내고 물을 고부지게 끓여, 멍울 없이 물을 펴 부어 개어서 된 풀같이 반생반숙하게 쑨다. 가루누룩 2되 7홉만 넣어 날물기 없이 하여 단단히 봉하여 둔다. 두견화 나거든 찹쌀 1말 반, 멥쌀 1말 반의 두 가지 쌀을 깨끗이 씻어 담는다. 술 만들 때는 물을 고부지게 끓여 서늘하게 식힌 후 담그면 좋다. 꽃은 덧(술) 할 때 넣되, 너무 많이 넣으면 맛이 좋지 못하고 쓰다. (덧)술물은 밥물만큼 붓는다.

삼칠쥬법 · 삼칠주법

셔 말 ᄒᆞ랴면 밋 일곱 되 흰무리ᄯᅥᆨ 쪄 바로 물 부어 ᄀᆡ여 셔늘ᄒᆞ게 식은 후 ᄀᆞ로누룩 셔 되 너허 단단이 봉ᄒᆞ여 두엇다가 칠일 되면 다 익은 후 졈미[4] 삼 두 ᄇᆡᆨ세ᄒᆞ여 익게 쪄 식거든 버무려 너허 이칠일 지ᄂᆞᆫ 후 다 익고 맛시 조흐이라 ᄉᆞᆯ물은 소견ᄃᆡ로 부라

3말을 하려면 멥쌀 7되로 흰 무리떡을 쪄서 바로 물을 붓고 개어 서늘하게 식힌 후, 가루누룩 3되를 넣어 단단히 봉하여 둔다. 7일이 지나 다 익으면 찹쌀 3말을 깨끗이 씻어 익게 쪄 식거든 버무려 넣는다. 14일이 지나면 다 익어 맛이 좋다. 술물은 소견대로 붓는다.

1 작말: 곱게 가루내다
2 가옷: 반 분량
3 백세하다: 깨끗이 씻다
4 점미: 찹쌀

졈미 엿 되을 익게 쪄 셥누룩[1] 되 가옷 엿기름 두 홉 너허 시로물의 담가 졔 몸 부를 만치 고로고로 셧거 항의 너허 덥도 ᄎᆞ도 아니ᄒᆞᆫ ᄃᆡ 두어다가 삼일 만의 ᄃᆞᆯ거든 ᄯᅩ 소쥬을 ᄯᆞ로 운김의 부어 더운 방의 덥게 덥허다가 삼일 후 쓰라

찹쌀 6되를 익게 찐다. 섭누룩 1되 5홉, 엿기름 2홉을 넣어 시루물에 담가 제 몸이 불을 만큼 고루고루 섞은 다음 (찹쌀지에 밥과 함께) 항아리에 넣어 덥지도 차갑지도 않은 곳에 둔다. 3일 만에 달거든 또다시 소주를 별도로 따뜻할 때 붓는다. (항아리를) 더운 방에 두었다가 3일 후에 쓴다.

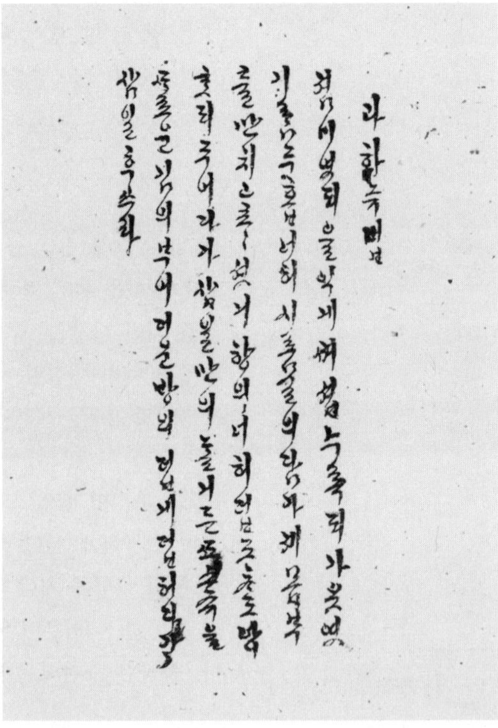

1 섭누룩: 거칠게 빻은 누룩

보원쥬법 · 보원주법

ᄭᅮᆯ ᄒᆞᆫ 되 ᄃᆡ초 ᄒᆞᆫ 되 건강[1] ᄒᆞᆫ 되 산약 실 ᄒᆞᆫ 되 호도 ᄒᆞᆫ 되 실빅ᄌᆞ ᄒᆞᆫ 되 황뉼 ᄒᆞᆫ 되을 합ᄒᆞ여 작말ᄒᆞ여 오갈피을 만이 살마 그 물의 졈미 일 두 밥 무르게 찌고 누룩 그 물의 살마 비졋다가 삼칠일 후 쓰라 노인네 허노[2]와 담의 조코 보혈보비 위ᄒᆞᄂᆞ니라

꿀 1되, 대추 1되, 실산약 1되, 호두 1되, 마른 생강 1되, 실잣 1되, 황률 1되를 합하여 곱게 가루를 낸다. 오가피를 푹 삶은 후 그 물에 찹쌀 1말을 무르게 찌고, 누룩을 그 물에 섞어 빚었다가 21일 후에 쓴다. 노인의 허로(虛老)와 담에 좋고 보혈(寶血)을 보비위(補脾胃)한다.

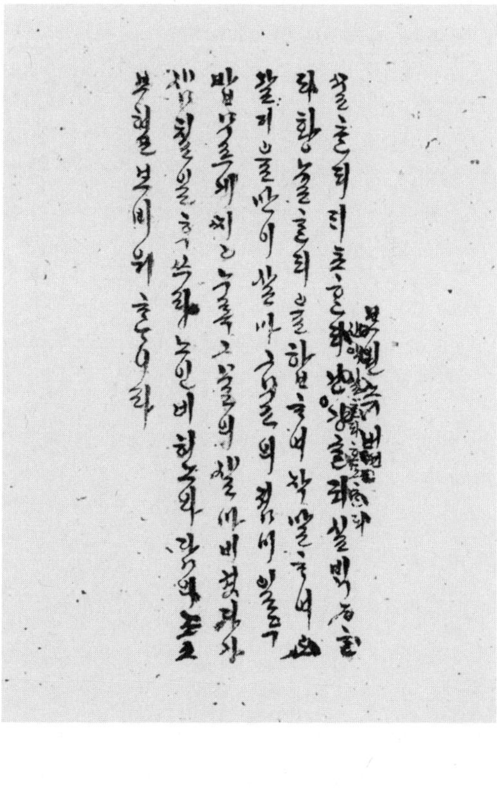

1 건강: 마른 생강
2 허로(虛老): 몸과 마음이 허약하고 피로함

ᄇᆡᆨ미 ᄒᆞᆫ 되 ᄇᆡᆨ셰ᄒᆞ여 쥭 ᄡᅮ되 물 다ᄉᆞᆺ 식긔[1] 부어 ᄡᅮ어 ᄀᆞᄌᆞᆼ ᄎᆞ거든 국말 너 홉 너흐되 셥누룩이여든 두 되 너허 셧거다가 삼일 후 졈미 일 두 ᄇᆡᆨ셰ᄒᆞ여 담가 익게 져 밋ᄒᆡ 빗졋다가 뉵일 만의 물 두되가웃 ᄭᅳᆯ녀 치와[2] 부엇다가 잇틀 만의 ᄯᅳ면 ᄀᆞᄌᆞᆼ 조흐이라

백미 1되를 깨끗이 씻어 죽을 쑨다. 물 5그릇을 붓고 쑤어 꽤 차게 식으면 국말 4홉을 넣되, 섭누룩이면 2되를 넣고 섞는다. 3일 후 찹쌀 1말을 깨끗이 씻어 (물에) 담갔다가 익게 쪄 밑(술)에 빚는다. 6일이 지나 물 2되 반을 끓여 식은 후 붓고 이틀 만에 뜨면 가장 좋다.

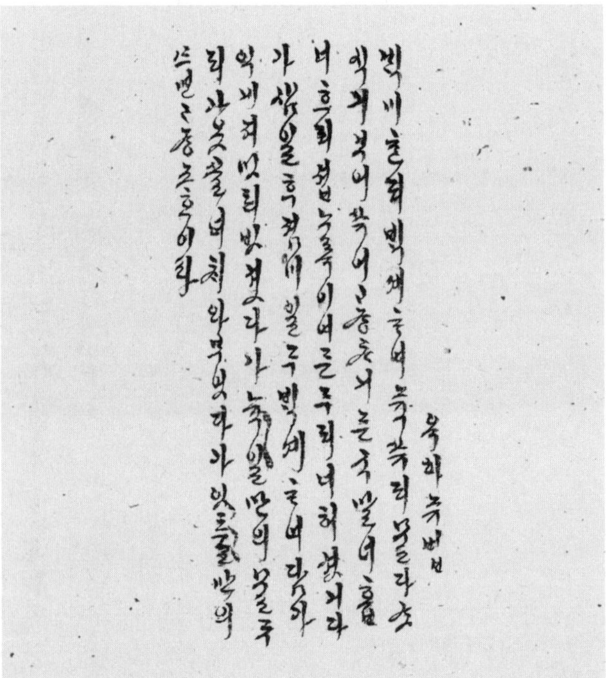
유하쥬법

1 식기: 밥그릇
2 채와: 식혀

(병이 다 읍ᄂᆞ이라 그르싀 물긔 읍시ᄒᆞ여 두면 오라도록 쓰ᄂᆞ이라 송순이 연코 굴거야도 조이라)

졈미 닷 되 ᄇᆡᆨ셰 작말ᄒᆞ여 풀 쑤듯 익게 쑤어 식거든 날물긔 읍시 독의 너코 ᄀᆞ로누룩 두 되로 고로고로 섯거 조흐로 단단이 봉ᄒᆞ여 셔늘ᄒᆞᆫ 듸 두어 익거든 졈미 오 두 ᄇᆡᆨ셰ᄒᆞ여 ᄒᆞ로밤 담가다 익게 쪄 ᄎᆞ듸ᄎᆞ게 식키고 송슌을 다 ᄃᆞ ᄃᆞ드머 치 닷 분 기릐 식이ᄂᆞ 싸호릐 노코 밥 찐 물 두어 병이며 (여일곱쥬발)ᄂᆞ ᄎᆞ게 식켜 술밋출 그 물의 거르고 셥누룩 두 되 가옷만 담가ᄃᆞ 걸너 그 물의 타셔 쏘 밧쳐 밥의 고로고로 부뷔여 되게 섯거 독의 너호되 ᄒᆞ 박젹식 퍼 느코 송순을 쪅의 고몰 두듯 케케 노흔 후 송순 우회 만이 덥고 김 나지 안이케 봉ᄒᆞ여 셔늘ᄒᆞᆫ 마루의 두어다가 삼칠일 후 우흘 거더 ᄇᆞ리고 ᄇᆡᆨ소쥬 쓰게 고아 ᄒᆞᆫ 말의 두 쥬발 두에식 이ᄂᆞ 부엇다가 일칠일 후 쓰면 맛시 ᄆᆡᆸ고 ᄃᆞᆯ고 ᄇᆡᆨ (낙질)

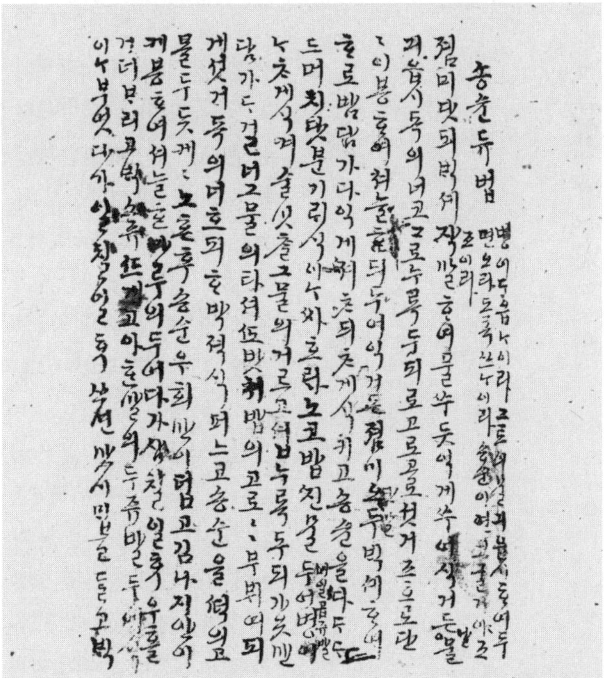

(병이 다 없다. 그릇에 물기 없이 하여 두면 오래도록 쓴다. 송순이 연하고 굵어야 좋다.)

찹쌀 5되를 깨끗이 씻어 곱게 가루 내어 풀 쑤듯 익게 쑤어 식거든 날물기 없이 독에 넣고, 가루누룩 2되를 고루고루 섞은 후 종이로 단단히 봉하여 서늘한 곳에 두어 익힌다. 찹쌀 5말을 깨끗이 씻어 하룻밤 담갔다가 푹 쪄 차게 식힌다. 송순을 따 다듬어 1치 5푼 길이(4.5cm)씩 썰어놓고, 밥 찐 물을 두어 병(6~7주발)이나 차게 식혀 술밑을 그 물에 거른다. 섭누룩 2되 반만 담갔다 걸러 그 물에 타서 또 밭쳐 밥에 고루고루 비벼 되직하게 섞어 독에 넣되, 한 바가지씩 퍼 넣는다. 송순을 떡에 고물 두듯 켜켜로 놓는다. 송순을 위에 많이 덮고 김 나지 않게 봉하여 서늘한 마루에 둔다. 21일 후에 위를 걷어버리고, 끓여 내린 백소주를 1말에 2주발 뚜껑씩 부었다가 7일이 지나 쓰면 맛이 맵고 달다.(낙질)

졀쥬법 · 절주법

졈미 ᄒᆞᆫ 되 ᄇᆡᆨ셰 작말ᄒᆞ여 구무ᄯᅥ 밍그러 살마 조흔 ᄀᆞ로누룩 닷 홉 너허 ᄂᆞᆯ물긔 읍시 고로 쳐셔 너호되 되거든 ᄯᅥᆨ ᄉᆞᆯ문 물 쳐셔 누근[1] 범벅만치 ᄒᆞ여 항의 너허다가 삼일 만의 달거든 졈미 ᄒᆞᆫ 말 ᄇᆡᆨ셰ᄒᆞ여 담가ᄃᆞ 익게 ᄶᅧ 더운 김의 밋틔 고로 셧거 버무리되 ᄂᆞᆯ물 일졈 너치 말고 되게 되게 섯거 마ᄌᆞᆫ 항의 너허 셔늘ᄒᆞ게 두엇ᄃᆞ가 삼칠일 만의 우희 곰팡 거고 보면 ᄃᆞᆯ고 ᄆᆡ오니 ᄂᆡᆼ슈의 ᄐᆞ셔도 먹고 그져도 먹ᄂᆞ이라 삼월ᄉᆞ일 오월 ᄉᆞᆨ달 밧긔 안이 ᄒᆞᄂᆞ이라.

찹쌀 1되를 깨끗이 씻어 곱게 가루를 낸 후 구멍떡을 만들어 삶는다. 좋은 가루누룩 5홉을 넣어 날물기 없이 고루 쳐서 넣되, 되거든 떡 삶은 물을 쳐서 묽은 범벅만큼 하여 항아리에 넣는다. 3일 만에 달거든 찹쌀 1말을 깨끗이 씻어 담갔다가 쪄 더운 김이 있을 밑(술)에 고루 섞어 버무리되, 날물기를 일절 넣지 말고 되직하게 섞어 마른 항아리에 넣어 서늘하게 둔다. 21

1 누은: 묽은 정도

졀육법

계
졈미 ᄒᆞᆫ 되 ᄇᆞᆨ셔 지 ᄭᅡ ᄒᆞ여 구무 여 되 오려ᄊᆞᆯ 만
졈은 그로 누룩 ᄃᆞᆺ 홉 너허 눌물 긔음셔 고로 쳐셔
너흐되 되거든 ᄭᅢᆨ술 무 ᄆᆞᆯ 뎌셔 누른 ᄇᆞᆷ 박 맛치ᄒᆞ
여 항의 너허 두가 민도ᄉᆞ의 ᄯᅥᆯ거든 졍이 ᄒᆞᆫ ᄊᆞᆯ 박
셰ᄒᆞ여 ᄶᅵᆷ가 두어 ᄭᅢ 쳐 더온 김의 ᄲᅥᆺ 듸 고로 ᄡᅥ거
버무리되 술ᄆᆞᆯ 업ᄉᆞᆫ ᄆᆞᆯ 너치 ᄲᆞᆯ은 되게ᄒᆞ거 ᄭᅡᆫ른
항 ᄲᅢ 너허셔 ᄂᆞᆯ ᄒᆞ셰 두엇 두가 삭 친 ᄆᆡᆸᄉᆞ의 우회
곰 항 거고 봇며 ᄃᆞᆯ고 미 ᄋᆞᆫ 난 속의 두셔 두며
고 그 쳐 두며 누이라 ᄉᆡᆨ 쉴 ᄉᆞ 쉴 오 쉴 ᄯᅥᆨ ᄃᆞᆯ ᄆᆡᆺ거
ᄆᆡᆺ이 ᄒᆞᆫ 누네 외라

일이 지나 위의 곰팡이를 걷어내면 달고 매우니 냉수에 타서 도 먹고 그대로도 먹는다. 3월, 4월, 5월의 석 달만 한다.

셕탄향법 · 석탄향법

ᄇᆡᆨ미 두 되 ᄇᆡᆨ셰 작말ᄒᆞ여 물 ᄒᆞᆫ 말의 쥭쑤 ᄀᆞ장 ᄎᆞ거든 ᄀᆞ로 누록 ᄒᆞᆫ 되 셧거 비졋다가 겨울은 칠일 츈츄ᄂᆞᆫ 오일 녀람은 삼일 만의 졈미 ᄒᆞᆫ 말을 ᄇᆡᆨ셰ᄒᆞ여 익게 쪄 식거든 밋틔 셧거 비졋다가 이칠일 만의 ᄂᆡ면 맛시 긔특ᄒᆞ고 향긔로와 ᄉᆞᆷ키기 앗가와 명왈 셕탄향이라 ᄒᆞ니라

백미 2되를 깨끗이 씻어 곱게 가루를 내어 물 1말에 죽을 쑤고, 차갑게 되거든 가루누룩 1되를 섞어 빚는다. 겨울은 7일, 봄·가을에는 5일, 여름에는 3일이 지난 후 찹쌀 1말을 깨끗이 씻어 익게 쪄 식거든 밑(술)에 섞어 빚는다. 14일 만에 내면 맛이 기특하고 향기가 좋아 삼키기 아깝다 하여 이름 짓기를 '석탄향'이라 한다.

경ᄋᆡᆼ츈법 · 경앵(액)춘법

ᄇᆡᆨ미 ᄒᆞᆫ 말 ᄇᆡᆨ셰ᄒᆞ여 담가다가 삼일의 건져 장말ᄒᆞ여 익게 쪄 ᄭᅳᆯ힌 물 말 셔 되 섯거 ᄎᆞ거든 국말 되 셔 홉 진말[1] ᄃᆞᆺ 홉 셧거 비졋다가 익거든 ᄇᆡᆨ미 두 말 ᄇᆡᆨ셰ᄒᆞ여 담가다가 ᄂᆞᆨ게 쪄 ᄭᅳᆯ힌 물 말 일곱 되로 누룩 ᄒᆞᆫ 되 너허 젼술[2]의 셧거 비졋다가 익거든 쓰라

백미 1말을 깨끗이 씻어 물에 담갔다가 3일 만에 건져 곱게 가루를 내어 익게 찐다. 끓인 물 1말 3되를 섞어 차가워지거든 국말 1되 3홉, 밀가루 5홉를 섞어 빚는다. 익으면 백미 2말을 깨끗이 씻어 (물에) 담갔다가 눅게 쪄 끓인 물 1말 7되로 누룩 한 되를 넣어 전술에 섞어 빚었다가 익으면 쓴다.

1 진말: 밀가루
2 젼술: 밑술

셕탄향법

빅미 ᄀᆞ로 ᄒᆞᆫ 되 식 ᄆᆞᆯ ᄒᆞ여 ᄆᆞᄅᆞᆫ 물의
ᄎᆞᆨ ᄡᆞᆨ고 챵 ᄂᆞ 버ᄉᆞᆫ ᄒᆞᆫ 누ᄅᆞ 흔 되 셕거 비
젓다가 셩 ᄀᆞᆫ 은 칠흘 빌ᄅᆞᆯ ᄒᆞᆫ ᄉᆞᆨ 날 말ᄅᆞᆯ 버라
은 ᄉᆡᆼ각 ᄆᆞᆯ 의 ᄭᅵ ᄒᆞᆫ ᄆᆞᆯ 올ᄅᆞᆫ 번 ᄭᅦ ᄒᆞ여
익ᄭᅦ 녀 ᄉᆡᆨ ᄂᆡ 든 ᄯᅥᆨ 되 ᄲᅥ 비 젓다가 이
킬 ᄆᆞᆯ ᄂᆡ ᄯᅧᆫ ᄯᅥᆨ에 ᄌᆡ 후 ᄒᆞᆫ 향의 ᄌᆞᆺ
와 ᄉᆞ 기 ᄆᆞ ᄉᆞ 와 병 ᄆᆞᆯ 셕 탄 향 이라 ᄒᆞ
ᄂᆞ니라

빙ᄉᆞ과법

ᄆᆡ ᄎᆞᄡᆞᆯ 빅셰ᄒᆞ여 ᄃᆞᆷ가 ᄯᅥ가 삭거든
희 뵌 ᄒᆞ여 쟝 ᄆᆞᆯ ᄒᆞ여의 ᄂᆡ ᄎᆡ 술 흰 ᄆᆞᆯ ᄆᆞᆯ
셔 되 ᄡᅥᆺ 니 ᄂᆞᆫ 외ᄂᆞᆫ ᄀᆞ ᄆᆞᆯ 되 셔 흡 진 ᄆᆞᆯ로
흡 셕거 ᄲᅵ 젓다가 이 외ᄂᆞᆫ 빅 ᄭᅵ ᄃᆞ ᄆᆞᆯ 박
쇠 ᄒᆞ여 ᄃᆞᆫ 와 ᄃᆞ 가 ᄂᆞᆨ게 ᄎᆡ 술 흰 ᄆᆞᆯ ᄆᆞᆯ 일
ᄃᆞᆸ 되 ᄒᆞᆫ ᄀᆞᄅᆞᆯ ᄒᆞᆫ 되 내 허 쳔 ᄒᆞᆯ의 셕거
ᄲᅵ 젓다가 ᄀᆞ ᄇᆡᆨ 거든 ᄡᅳ라

녹두누룩슐법 · 녹두누룩술법

녹도로 누룩을 밍그되 녹도 닷 되 타 그피ᄒᆞ여[1] 건져 셜 쪄셔 방아의 쁠 젹의 ᄎᆞᆸ쌀 ᄒᆞᆫ 되ᄅᆞᆯ 잠간 담가다가 일건져 지을 젹 지버 너허 가며 지여 누룩을 밍그되 쟝거쪽 만치 밍그러 광쥬리의 솔입을 케케 두어가며 안쳐 더위에ᄂᆞᆫ 시렁의ᄂᆞ 셔늘ᄒᆞᆫ ᄃᆡ 언져다가 써지거든 볏틔 말이우고 밤이슬도 맛쳐가며 씨여 ᄎᆞᆸ쌀 ᄇᆡᆨ미 ᄒᆞᆫ 말 ᄇᆡᆨ셰ᄒᆞ여 익게 쪄 끌힌 물 여듧 되로 골ᄂᆞ 식거든 셥누룩 닷 홉을 밋슐의 셧거 익거든 쓰라

녹두로 누룩을 만드는데 녹두 5되를 타서 껍질을 벗겨 물에 담갔다 건져 슬쩍 찐 후 방아에 찧는다. 찹쌀 1되를 잠깐 (물에) 담갔다 건져 (녹두를) 찧을 때 집어 넣어가며 찧어 누룩을 만드는데, 장기 쪽만 하게 만들어 광주리에 솔잎을 켜켜

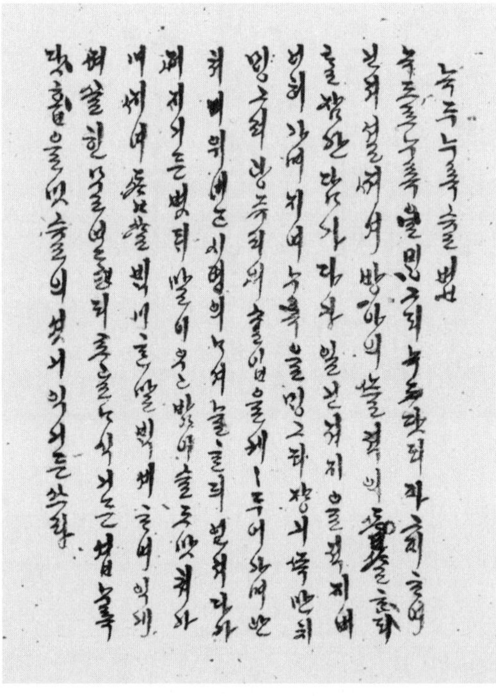

1 거피하다: 껍질을 벗기다

이 두어가며 안친다. 더위에는 시렁이나 서늘한 데 얹었다가 띄워지거든 볕에 말리고 밤이슬도 맞혀 (이 녹두누룩을) 찧는다. 흰 찹쌀 1말을 깨끗이 씻어 익게 쪄서 끓인 물 8되를 넣어 고루 섞은 후, 식거든 섭누룩 5홉을 밑술에 섞어 익으면 쓴다.

황금쥬법 · 황금주법

졈미 일 두 빅세ᄒᆞ여 익게 쪄 식거든 끌힌 물 열 되 드ᄂᆞᆫ ᄒᆞᆫ 병의 셥누룩 셔 되 풀어 버무려 너허다가 ᄉᆞ오일 후의 우흘 헛치면 말게 괴ᄂᆞ이라.

찹쌀 1말을 깨끗이 씻어 익게 쪄 식거든 끓인 물 10되 드는 큰 병에 섭누룩 3되를 풀어 버무려 넣는다. 4~5일 후 위를 걷으면 맑게 고인다.

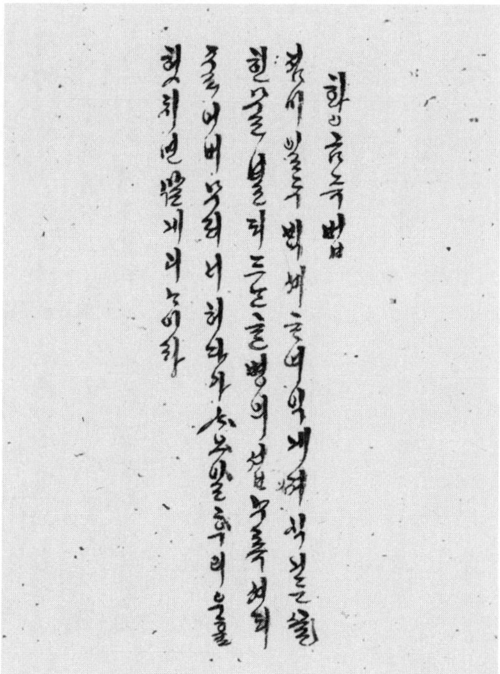
황금쥬법
졈미 일 두 빅세ᄒᆞ여 익게 쪄 식거든 끌힌
물 열 되 드ᄂᆞᆫ ᄒᆞᆫ 병의 셥누룩 셔 되
풀어 버무려 너허다가 ᄉᆞ오일 후의 우흘
헛치면 말게 괴ᄂᆞ이라

ᄇᆡᆨ미 ᄒᆞᆫ 되 ᄇᆡᆨ셰 작말ᄒᆞ여 ᄌᆞᆫᄀᆞᆫ 누게 굼무썩 살마 ᄒᆞᆫ김 나거든 조흔 ᄀᆞ로누룩 ᄒᆞᆫ 되 섯거 ᄉᆡ 항의 담고 조희 덥퍼 두었다가 삼일 만의 졈미 ᄒᆞᆫ 말 ᄇᆡᆨ셰ᄒᆞ여 찔 졔 물 셔 되 부려 익게 쪄 ᄒᆞᆫ김 ᄌᆞᆫᄀᆞᆫ ᄂᆡ여 더운 김의 밋티 고로고로 섯거 항의 너코 덥허두면 칠일만의 익ᄂᆞ니 더운 ᄯᅵᄂᆞᆫ 셔눌ᄒᆞ게 두고 만이 덥지 말ᄂᆞ ᄃᆞᆯ게 ᄒᆞ랴면 각별 덥게 두고 물 작게 ᄲᅮ리고 ᄆᆡᆸ게 ᄒᆞ랴면 물 질게 ᄲᅮ리고 ᄎᆞ게 ᄒᆞ라 밋 ᄒᆞᆯ젹 흰낫[1] 잇시면 사오납ᄂᆞ니 ᄉᆞᆯ밥도 부ᄃᆡ 옥갓치 ᄒᆞ고 시로의 짐ᄂᆡ 말나

백미 1되를 깨끗이 씻어 곱게 가루를 내어 잠깐 눅진하게 구멍떡을 삶는다. 한 김 나거든 좋은 가루누룩 1되를 섞어 새 항아리에 담아 종이로 덮어둔다. 3일 만에 찹쌀 1말을 깨끗이 씻은 후 찔 때 물 3되를 뿌려 익게 쪄 한 김 잠깐 낸 후 더

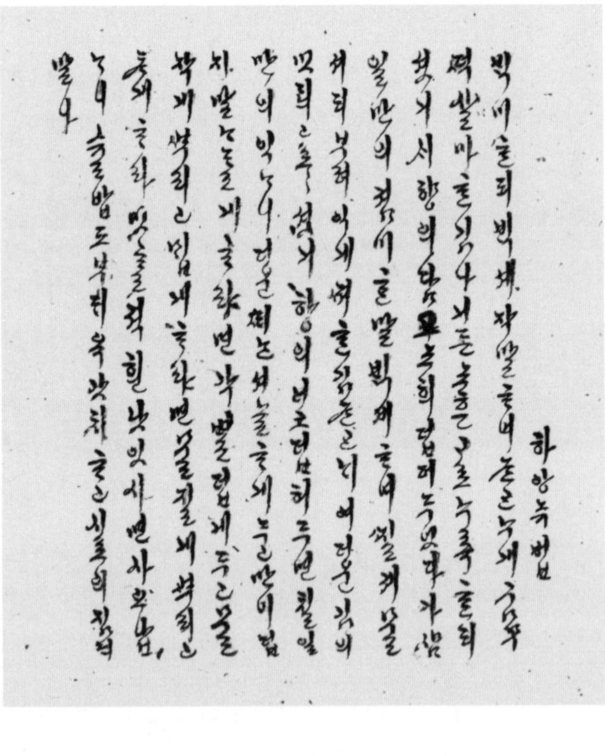

1 희나리쌀: 덜 익은 채로 마른 벼의 쌀

운 김에 밑(술)에 고루고루 섞어 항아리에 넣고 덮어둔다. 7일 만에 익으니 더운 때는 서늘하게 두고 많이 덮지 않는다. 달게 만들려면 각별하게 덥게 두고 물을 적게 뿌린다. 맵게 하려면 물을 질게 뿌리고 차게 한다. 밑(술) 만들 때 희나리쌀이 있으면 (술맛이) 독하니, 술밥도 부디 옥같이 하고 시루에 김이 새지 않게 한다.

번쥬법 · 번주법

ᄇᆡᆨ미 두 말 ᄇᆡᆨ셰 작말ᄒᆞ여 ᄡᅳᆯ힌 물 두 동의 퍼 반쥭ᄒᆞ여 식거든 누룩 칠 홉 진말 너 홉 섯거 너허 두엇다가 괴거든 ᄇᆡᆨ미 너 말 ᄇᆡᆨ셰ᄒᆞ여 ᄒᆞ로밤 ᄃᆞᆷ가 두엇다가 익게 ᄶᅧ ᄡᅳᆯ힌 물 네 동의로 골나 식거든 ᄀᆞ로누룩 네칠 홉 진말 팔 홉 섯거 두엇다가 ᄀᆞ로 안거든 드리우라 ᄒᆞᆫ 말의 ᄒᆞᆫ 동의 ᄂᆞᄂᆞ니라 물리 만ᄒᆞᆫ듯 ᄒᆞᄂᆞ 조흐리라

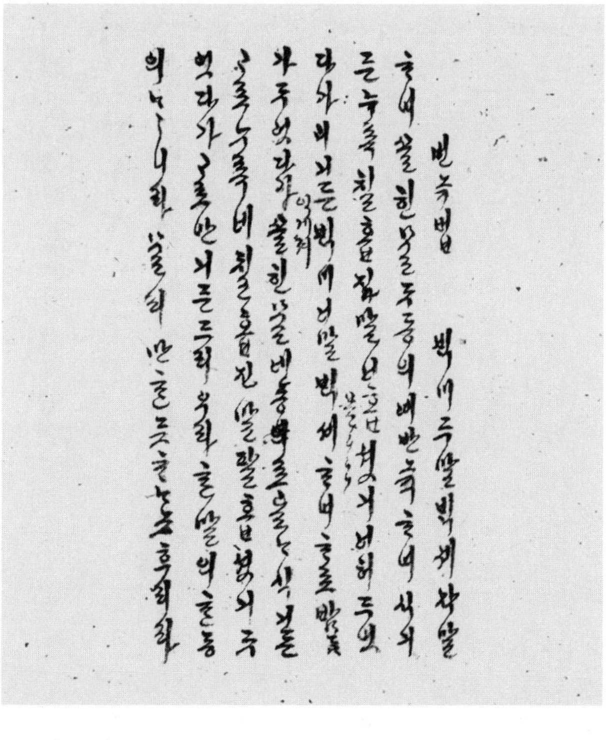

소국쥬법

졍월 초ᄒᆡᆼ의 빅미 ᄒᆞᆫ 말 빅셰 ᄒᆞ여 담
ᄀᆞᆯ 그ᄂᆞᆯ 놉흔 셤 누룩 ᄒᆞᆫ 되 ᄀᆞᄅᆞ 내여 ᄉᆞᆫ탕
기예 담가 두엇다가 삼일 만의 ᄡᆞᆯ ᄒᆞᆫ 번 쥐
ᄡᆞᆯ ᄒᆞ여 ᄆᆡ셰 ᄶᅧ 더운 김의 누룩 물을
불뇌 독의 너흐되 ᄇᆞ로 셰초의 쳐 ᄂᆞᆺ굴 곳스
ᄎᆞ져 너허 복쳥ᄒᆞ 가치 ᄎᆞᄶᅧᆨ을 두혀 치
ᄃᆞ록 ᄡᅥ 무흔 블로 ᄃᆡ면 ᄂᆞᆫ 디 ᄋᆞᆫ ᄒᆡᆼ흔 인ᄂᆞᆺ
ᄀᆞᆺ ᄉᆞᄅᆞᆯ 더ᄇᆡ 며 ᄒᆞᆫ 되 ᄀᆞ 녀 쉬 식거든 가
ᄌᆞ로 누룩 ᄒᆞᆫ 되 닷 되 시셔 ᄒᆞᆼ의 담근 뎝져 ᄌᆞ
엿 대 ᄌᆞ 쳥 이ᄅᆞᆫ 만의 찹ᄡᆞᆯ ᄒᆞᆫ 말 빅셰 ᄒᆞ여
ᄯᅩ 이 익게 ᄶᅧ 시로 ᄎᆞ 노ᄅᆞ 무ᄅᆞᆫ 물 밥이 쟌
ᄃᆞ룩 ᄒᆞᆯ 녀 두거든 밋 슐을 ᄯᅩ 물을 ᄒᆞᆫ 셤
거 너흐면 ᄉᆞ일 만의 블 ᄯᅥ 우희 괴ᄂᆞᆫ 괴ᄂᆞᆫ 니러
ᄒᆞᆯ 니더 ᄃᆞ릐 우ᄒᆞᆫ 밋 되 ᄡᆞᆯ은 니 슐 ᄂᆞᄂᆞᆫ 날
ᄇᆞᆯ로 슐 ᄂᆞᆺ ᄊᆞ시 ᄎᆞᆼ ᄒᆞ니랴

백미 2말을 깨끗이 씻어 곱게 가루를 내고 끓인 물 2동이를 넣어 반죽하여 식힌다. 누룩 7홉, 밀가루 4홉을 섞어 넣어둔다. 괴거든 백미 4말을 깨끗이 씻어 하룻밤 (물에) 담가두었다가 익게 찌고 끓인 물 4동이을 고루 섞어 식힌다. 가루누룩 7홉, 밀가루 8홉을 섞어두었다가 가라앉거든 드리운다. 1말에 1동이가 나온다. 물이 많은 듯하지만 좋다.

소국쥬법 · 소국주법

뎡월 초ᄉᆡᆼ의 ᄇᆡᆨ미 ᄒᆞᆫ 말 ᄇᆡᆨ셰ᄒᆞ여 담그고 그날 조흔 셥누룩 ᄒᆞᆫ 되 ᄂᆞᆯ물 여ᄃᆞᆲ 탕긔예 담가 두엇다가 사ᄒᆞᆯ 만의 쌀을 건져 장말ᄒᆞ여 익게 쪄 더운 김의 누룩 물을 걸너 독의 너코 떡 바로 시로의셔 놋그릇스로 퍼 너허 복셩화 가지로 떡을 푸러지도록 져허 푸른 보로 싸ᄆᆡ고 ᄃᆡᄋᆞᄂᆞ 양푼이ᄂᆞ 놋그릇스로 덥퍼 ᄒᆞᆫᄃᆡ 두어ᄀᆞ며 쳐 식거든 가로누룩 ᄒᆞᆫ 되나 다시 ᄉᆡ항의 담고 덥퍼 두엇다가 삼일 만의 찹쌀 한 말 ᄇᆡᆨ셰ᄒᆞ여 문이 익게 쪄 시로ᄎᆡ 노코 ᄎᆞᆫ물을 밥이 ᄎᆞ도록 흘여 ᄎᆞ거든 밋술과 물 ᄒᆞᆫ ᄉᆞ발 섯거 너흐면 ᄉᆞ일 만의 보면 우히 걸거든 긔거술 거더 드리우고 밋티 말근 거술 두고 쓰라 오ᄅᆡᆯᄉᆞ록 맛시 조흐이라.

정월 초순에 백미 1말을 깨끗이 씻어 담근 날 좋은 섭누룩 1되를 날물 8탕기에 담가두었다가 3일 만에 쌀을 건져 곱게 가루 내어 익게 찐다. 더운 김에 누룩물을 걸러 독에 넣고, 떡을 바로 시루에서 놋그릇으로 퍼 넣어 복숭아 가지로 떡이 풀어지도록 저은 후 푸른 보자기로 싸맨다. 대야나 양푼이, 놋그릇으로 덮어 찬 곳에 두고 식거든 가루누룩 1되를 다시 새 항아리에 담고 덮어둔다. 3일 만에 찹쌀 1말을 깨끗이 씻어 충분히 익게 쪄 시루째 놓고, 찬물을 밥이 차갑게 되도록 흘려 식거든 밑술과 물 1사발을 섞어 넣는다. 4일이 지나면 위에 걸거든 그것을 걷어내고 밑에 맑은 것을 두고 쓴다. 오래될수록 맛이 좋다.

빅미 흔 되 빅셰 작말ᄒᆞ여 물 말 가웃 부어 폴 쓔어 셥누룩 두 되 섯거 너허 삼일 만의 졈미 일 두 빅셰ᄒᆞ여 익게 쪄 그 밋 걸너 섯거 너허 칠일 만의 쓰면 조흐이라

백미 1되를 깨끗이 씻어 가루를 내고 물 1말 반을 부어 풀을 쑨 후 섭누룩 2되를 섞어 넣는다. 3일 만에 찹쌀 1말을 깨끗이 씻어 익게 쪄 그 밑(술)을 걸러 섞어 넣고 7일이 지나 쓰면 좋다.

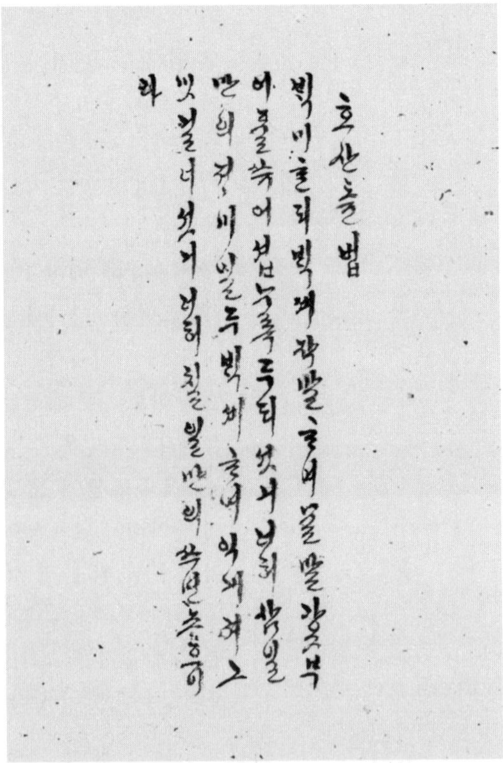

호산츈법
빅미 흔 되 빅셰 작말ᄒᆞ여 물 말 가웃 부
어 폴 쓔어 셥누룩 두 되 섯거 너허 삼일
만의 졈미 일 두 빅셰ᄒᆞ여 익게 쪄 그
밋 걸너 섯거 너허 칠일 만의 쓰면 조흐이
라

삼일쥬법 · 삼일주법

졈미 일 두 ᄇᆡᆨ셰ᄒᆞ여 셥누룩 두 되ᄅᆞᆯ 물 녈 되로 ᄃᆞᆺ 되ᄂᆞᆫ 누룩을 담그고 ᄃᆞᆺ 되ᄂᆞᆫ 누룩 거를 졔 쳐가며 죄 걸너 밥을 익게 쪄 ᄆᆡ오 식켜 누룩물의 섯거 조흔 시검[1]이ᄂᆞ 약쥬ᄂᆞ ᄒᆞᆫ 되 섯거 더위ᄂᆞᆫ 찬방의 두어너 익거든 쓰되 샴일이라도 ᄉᆞ일만의 ᄂᆡ여 보면 조흔 약쥬ᄂᆞ 다라지 아니ᄒᆞ이라

찹쌀 1말을 깨끗이 씻어 섬누룩 2되를 물 10되로 5되는 누룩을 담그고, 5되는 누룩 거를 때 쳐가며 모두 거른다. 밥을 익게 쪄 충분히 식힌 후 누룩물에 섞고 좋은 석임이나 약주 1되를 섞는다. 더위에는 찬 방에 두어 익으면 쓰되, 3일이나 4일 만에 내어 보면 좋은 약주와 다르지 않다.

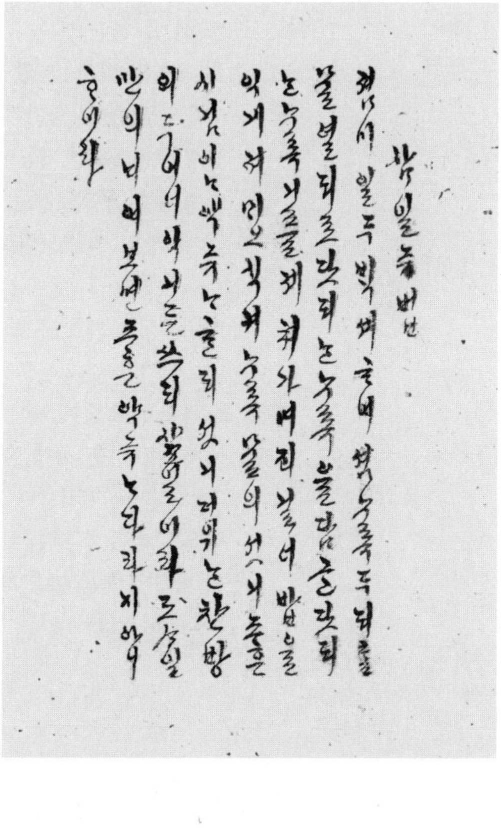

1 석임: 빚어 담근 술이나 식혜 따위가 익을 때, 부글부글 괴면서 방울이 속으로 삭는 일

녹파쥬법 · 녹파주법

ᄇᆡᆨ미 일 두 ᄇᆡᆨ셰 작말ᄒᆞ여 물 서 ᄆᆞᆯ노 쥭 쓔어 ᄎᆞ거든 ᄀᆞ로누룩 칠 홉 진말 닷 홉 ᄒᆞᆫᄃᆡ 쳐 너허 삼일 만의 졈미 이 두 ᄇᆡᆨ셰ᄒᆞ여 익게 쪄 ᄆᆡ오 식거든 밋슐의 ᄒᆞᆫᄃᆡ 너허 열이틀 만의 보면 말기 면경[1] ᄀᆞᆺ고 조흐이라

1말을 깨끗이 씻어 곱게 가루를 내어 물 3말로 죽을 쑤어 식거든 가루누룩 7홉, 밀가루 5홉을 한데 쳐서 넣는다. 3일 만에 찹쌀 2말을 깨끗이 씻어 익게 쪄 차갑게 식거든 밑술에 한데 넣어 12일 만에 보면 맑기가 면경과 같고 좋다.

진샹쥬법 · 진상주법

ᄇᆡᆨ미 서 되 ᄇᆡᆨ셰 작말ᄒᆞ여 물 닷 되로 쥭 쓔어 ᄎᆞ거든 ᄀᆞ로누룩 칠 홉 진말 서 홉 섯거 너허 두엇다가 익거든 두어다가 이월 초싱의 ᄇᆡᆨ미 ᄒᆞᆫ 말 ᄇᆡᆨ셰ᄒᆞ여 담가 ᄒᆞ로밤 지ᄂᆞ거든 눅게 쪄 더운 김의 슐밋 항가의 노코 퍼부어 즛지 말고 두엇다가 삼월 초싱의 여러보면 거품이 업고 말게 ᄀᆞ른거든 ᄯᅥ 쓰되 혹 봄이 치워 말지 못ᄒᆞ엿거든 오ᄅᆡ 두면 드리우지 안여도 독의셔 ᄆᆞᆯ근 슐 만이 ᄯᅥ 쓰ᄂᆞ이라 ᄃᆞ른 슐보다 맛시 쳥열ᄒᆞ이라[2]

백미 3되를 깨끗이 씻어 곱게 가루를 내어 물 5되로 죽을 쑤고, 식거든 가루누룩 7홉, 밀가루 3홉을 섞어 넣어둔다. 익으면 2월 초순에 백미 1말을 깨끗이 씻어 하룻밤 담갔다가 눅게 쪄, 더운 김에 술밑 항아리에 퍼 부어 젓지 말고 둔다. 3월 초순에 열어보아 거품이 없고 맑게 가라앉거든 떠서 쓴다. 혹 봄이 추워 (술이) 맑지 않은 경우, 오래 두면 드리우지 않아도 독에서 맑은 술을 많이 떠서 쓸 수 있다. 다른 술보다 맛이 청열하다.

1 면경: 주로 얼굴을 비추어 보는 작은 거울. 여기에서는 거울처럼 비춰질 정도로 맑음을 뜻한다.
2 청열하다: 맑고 맵다

녹파쥬법

ᄇᆡᆨ미 일두 ᄇᆡᆨ셰 작말ᄒᆞ여 물 서 말노
쥭 ᄊᆞ어 ᄂᆡᆼ커든 국말 칠홉 진말 닷홉
ᄒᆞᆫ디 쳐 너허 삼일 만의 쳥이 ᄇᆞ로거든 ᄇᆡᆨ미
셰ᄒᆞ여 익게 ᄶᅵ여 밋술의 ᄒᆞᆫ
되 너허 셰 번 ᄯᅩ ᄀᆞᆯ 만의 보면 말이 면
병ᄒᆞᆫ 쥴 모ᄅᆞ리라

쳔ᄉᆡᆼ쥬법

ᄇᆡᆨ미 서 되 ᄇᆡᆨ셰 작말ᄒᆞ여 물 닷 되로
쥭 ᄊᆞ어 ᄂᆡᆼ커든 국말 칠홉 진말 서
홉 섯거 너허 두엇다가 익거든 두어 되
가 되게 ᄒᆞᆯ 멥ᄡᆞᆯ ᄒᆞᆫ 말 ᄇᆡᆨ셰ᄒᆞ
여 담가 ᄒᆞᄅᆞ 밤 ᄌᆡ와 닉게 ᄶᅵ여 더운
김의 술 밋 항아리의 누르혀 부어 츄지 말
고 두엇다가 삼칠일 후 여러 보면 니ᄭᆞᆯ
이 엷은 말ᄀᆡ ᄀᆞᆺ흐니 ᄯᅳᆫ 쓰되 혹 봄이 치워
말지 못ᄒᆞᆫ 것 ᄂᆡ든 오ᄅᆡ 두면 ᄌᆞ로 우희 ᄲᅡ여
동국의 셔 물 ᄀᆞᆫ 술 만이 ᄯᅥ 쓰ᄂᆞ니라 ᄀᆞᄂᆞᆫ
술보다 맛시 쳥녈ᄒᆞ니라

떡·과자

제사나 잔치에 쓰는 떡과 과자의 조리법을 기록했다. 잔치에 쓰는 백편에 고명을 올리는 방법에 대해 자세히 설명했고, 산병과 다식을 색을 들여 하는 방법을 소개하였다.

다식판·약과판_ 단단하고 납작한 나무틀에 수복강녕(壽福康寧)이나 부귀다남(富貴多男)이라는 글씨를 새기거나 꽃, 묵고기 모양을 조각하여 만든 것이다. 잔치 때 쓰이는 다식과 약과 등을 반죽해 틀에 넣은 뒤 손가락으로 눌러 찍어낸다. 여러 개를 한 번에 찍어내며, 꺼낼 때 힘든 것을 감안하여 쉽게 꺼낼 수 있도록 만들었다.

약과법 · 약과법

진말 흔 말의 탕슈[1] 서 홉 기름 서 홉 소쥬 서 홉 합ᄒᆞ여 몬져 러허 덩이 업시 부뷔어 가지고 쑬 흔되 러허 밍그라
즙쳥[2] 두 되 러허 ᄒᆞᄂᆞᆫ 법
진말 서 되의ᄂᆞᆫ 기름 븐 종ᄌᆞ 소쥬 반 종ᄌᆞ 탕슈 반 종ᄌᆞ 러허 부뷔여 쑬 흔 보 러허 밍그라 지지라

밀가루 1말에 끓인 물 3홉, 기름 3홉, 소주 3홉을 합하여 덩어리 없이 비빈 다음, 꿀 1되를 넣어 만든다.
즙청 2되를 넣어 하는 법은 밀가루 3되에 기름 반 종지, 소주 반 종지, 끓인 물 반 종지를 넣고 비벼 꿀 1보시기를 넣어 지진다.

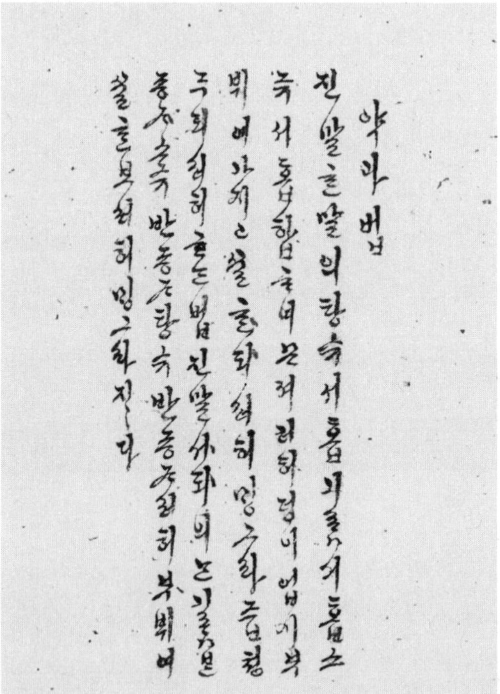
약과법
진말 흔 말의 탕슈 서 홉 기름 서 홉 소
쥬 서 홉 합ᄒᆞ여 몬져 러허 덩이 업시 부
뷔여 가지고 쑬 흔되 러허 밍그라 즙쳥
두 되 러허 ᄒᆞᄂᆞᆫ 법 진말 서 되의ᄂᆞᆫ 기름 븐
종ᄌᆞ 소쥬 반 종ᄌᆞ 탕슈 반 종ᄌᆞ 러허 부뷔여
쑬 흔 보 러허 밍그라 지지라

1 탕수(湯水) : 끓인 물
2 즙청 : 약과나 강정 등을 기름에 튀긴 후 재우는 꿀이나 조청

즁계법 · 중계법

한 말 ᄒᆞ려면 조흔 진말 ᄒᆞᆫ 말의 ᄀᆞ로 된 되로 쑬 두 되 빅비탕[1] 두 종자 타셔 ᄆᆡ이 져허 식커 누으러ᄒᆞ게 반쥭ᄒᆞ되 고로 쳐서 싸흐라 반듯ᄒᆞ게 모지라 불 너모 ᄊᆞ게도 말고 뜨게도 말고 지져 쎄 노코 빅지 더퍼 무즉듭게[2] 로아 달허야 모양이 곱고 기룸은 ᄀᆞ로 된 되로 두 되 가지고 지지면 닷 홉은 조ᄂᆞ이라

(밀가루) 1말로 만들 때는 좋은 밀가루 1말에 가루를 잰 되(박으)로 꿀 2되, 뜨거운 물 2종지를 타서 많이 저어 식혀 눅눅하게 반죽하되, 고루 쳐서 썰어 반듯하게 만든다. 불은 너무 세게도 약하게도 말고 지져 빼놓는다. 백지를 덮어 무직하게 놓아 지져야 모양이 곱다. 기름은 가루를 잰 되(박으)로 2되 지지면 5홉은 줄어든다.

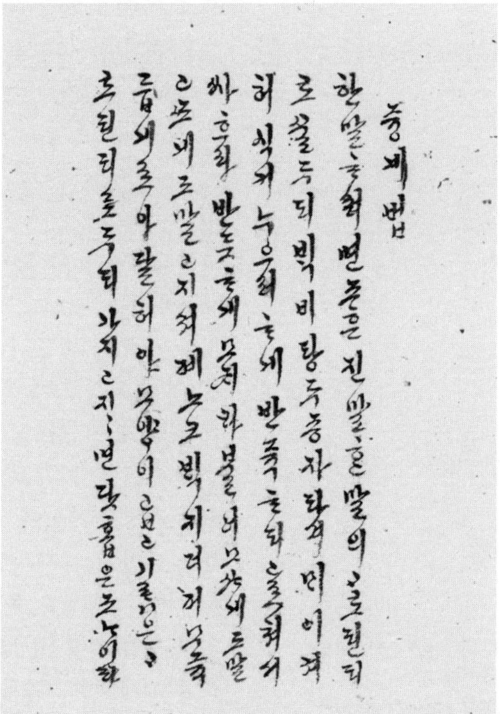

1 백비탕: 아무것도 넣지 않고 끓인 맹물
2 무직하다 : 무엇에 눌리는 듯이 무겁다

강정법 · 강정법

ᄎᆞᆸᄡᆞᆯ을 말각케 ᄡᆞᆯ허 담가 ᄉᆞ흘 만의 건져 ᄡᅡ아 슐의 반쥭을 알마초ᄒᆞ여 ᄶᆡ ᄶᅧ ᄯᅳᆷ든 후의 갓다 도마의 노코 모ᄎᆞ로 ᄶᆡ 쳐 ᄭᅮᆯ 조곰 러허 ᄆᆡ이 치고 ᄭᅮᆯ 러모 과히 너흐 면 기ᄅᆞᆷ ᄇᆡ고 ᄯᅧ 허 못쓰ᄂᆞ이라 가로ᄅᆞᆯ 도마의 펴 노코 ᄊᆞ흐라 고로게 ᄌᆞᆯ 널고 바ᄅᆞᆷ 쇠지 말고 뒤지버 말여 다 말나갈제 ᄎᆡᆨ 누루다 마초지져 무치다 엿슬 노겨 ᄭᅮᆯ 조곰 너코 물 쳐 ᄒᆞ되 보아가며 ᄒᆞ라 ᄌᆞᆯ못 늘면 ᄭᅩ보라 지고 쓸 것 변변치 못ᄒᆞ이라

찹쌀을 말갛게 씻어 (물에) 담가 사흘 만에 건져 빻아 술 반죽을 알맞게 한다. 푹 쪄 뜸이 든 후 도마에 놓고 공이로 꽤 쳐서 꿀을 조금 넣고 매우 친다. (이때) 꿀을 과하게 넣으면 기름이 배고 떨어 못 쓴다. 가루를 도마에 펴놓고 썰어 고르게 잘 널고 바람은 쐬지 말고 뒤집어 말려 다 말라갈 때 책으로 누른다. 알맞게 지져 무치는 엿을 녹여 꿀을 조금 넣고 물을 쳐가며 하되 보아 가며 한다. (말릴 때) 잘못 늘리면 꼬부라지고 쓸 것이 변변치 못하다.

강반법 · 강반법

고론 ᄎᆞᆸᄡᆞᆯ을 ᄆᆡ이 ᄡᅳᆯ어 담가 ᄉᆞ흘 만의 ᄌᆡ ᄶᅧ 듬 든 후 갓다 보ᄌᆞ의 ᄌᆞᆫ득 ᄡᅡ두고 사흘만의 슐의 손 무쳐 가며 ᄠᅳᆺ더 너러 ᄌᆞ로 져셔 다 마른 후 일워[1] 볏 ᄶᅩ여 무치ᄂᆞ니라 ᄉᆞᆫᄌᆞ 무치ᄂᆞᆫ 엿ᄉᆞᆫ 조곰 되게 ᄒᆞ고 강졍 무치ᄂᆞᆫ 엿슨 조곰 노고라 ᄒᆞ게 ᄒᆞ면 조흐니라

고른 찹쌀을 깨끗이 씻어 (물에) 담가 사흘 만에 (꺼내) 푹 쪄 뜸을 들인 후 보자기에 잔뜩 싸두고 사흘 만에 술을 손에 묻혀 가며 (찐 찰밥을) 뜯어 널고 자주 저어 다 마른 후 (기름에) 일어 볕을 쬐여 (강반을 산자에) 묻힌다. 산자에 묻히는 엿은 조금 되게 하고, 강정에 묻히는 엿은 조금 녹진하게[2] 하면 좋다.

1 일다 : 겉으로 부풀거나 위로 솟아오르다.

2 녹진하다 : 물기가 약간 있어 녹녹하면서 끈끈하다.

강졍법

됴흔 찹쌀을 말가케 쓸허 담가다가 손을 만의
건져 빠아 술의 반죽을 알매 ᄎᆞᄒᆞ여 시
려 ᄯᅥᆨ은 ᄒᆞ구의 갓다 드마의 논모로 시쳐
솔 조ᄒᆞ나 쳐 혀 미이 된 ᄲᆞᆯ 쳐 모과히 너흔ᄒᆞ、
면 길ᄒᆞ나 비ᄂᆞᆫ 쳐 허 못쓸ᄂᆞ니라 가루를 ᄃᆞ마
의 ᄶᅧ ᄂᆞᆯ고 ᄡᅡ ᄒᆞᆫ 골ᄅᆞ게 ᄭᅮᆯ 너ᄅᆞᆫ ᄂᆞᆫ 바ᄅᆞᄂᆞ셔 지
말ᄂᆞᆫ 듸 지 ᄲᅥ 말여다 말나 갈 ᄯᅢ 칙 ᄂᆞᆯ ᄒᆞᄃᆞ
마 로지 쳐 ᄭᅮᄒᆡ다 엿스ᄂᆞᆯ 놀 ᄂᆞᆯ 조ᄒᆞᆫ 네 ᄎᆞᄂᆞᆯ
쳐 ᄒᆞ티 볶아 가며 ᄒᆞ라 줄 못 ᄂᆞᆯ 변ᄒᆞᆫ 보라
지ᄂᆞᆫ ᄡᅳᆯ 뫼 연ᄂᆞ 히 못ᄒᆞᄂᆞ니라

강반법

됴흔 찹쌀을 만이 ᄡᅳᆯ어 담가가 손을 만의
술의 ᄒᆞ여 ᄃᆞᆫᄃᆞᆫ이 ᄒᆞᆫ 못ᄒᆞ여 가며 ᄯᅳᆺ더 너셔 줄 쳐셔 다
마른 후 일의 볶ᄂᆞ며 무치 ᄂᆞ니라 손ᄂᆞᆫ 무치
ᄂᆞᆫ 볏손 ᄌᆞᄒᆞᄂᆞ되 배、ᄒᆞᆯ 광졍 무치ᄂᆞᆫ 엿ᄉᆞᆫᄂᆞᆫ
ᄋᆞᆫ 노ᄂᆞᆫ 라 ᄒᆞᆯ 제ᄂᆞᆫ 변 존ᄒᆞᄂᆞ라

님도 조약 도[illegible] 도[illegible] 도[illegible] 터로 발로 바느[illegible]
뫼 들[illegible] 다워 놀고 조의 눈[illegible] 반듯 하며 쓰듯
세여 살며 성[illegible] 못 친 터 [illegible] 가로되 누
[illegible] 내 반듯 하며 벽 지 [illegible] 엄 세 비
[illegible] 쌀 곧 [illegible] 비워 길[illegible] 터 위 지
쾌 쌀의 재 바 아 빗 쥐 부를 운이 [illegible]
[illegible] 덤 [illegible] 날 만히 너희 [illegible] 이 된 [illegible]
니 [illegible] 녹[illegible] 되[illegible] [illegible] 흰 [illegible]도
이너희 올[illegible]

한숨은 쌀 길[illegible] 너희 덤
내 몸을 뽑아 반듯 하며 [illegible] 누르고 [illegible] 재 [illegible]
재 미[illegible] 쏫 젼 말[illegible] 동으로 [illegible] 의
떡 위 지워 손을 걷는 너 [illegible] 하면 [illegible] 북
히 겉은 너머 쌀 빨나 쓰느니라 반듯 질 [illegible]
빈 듯 [illegible] 방아 된다

ᄃᆡ초조악 쑥조악 치ᄌᆞ 물 드닌 조악 흰조악

· 대추주악·쑥주악·치자주악·흰주악

ᄃᆡ초 무르 조흔 ᄃᆡ초 발나 ᄌᆞᆺ 두드려 다져 ᄎᆞᆯ 가로의 조곰 반쥭ᄒᆞ여 조곰 ᄯᅦ여 살마 ᄉᆡᆼ것 뭉친 ᄃᆡ 섯거 가로의 누굿ᄒᆞ게 반쥭ᄒᆞ여 ᄇᆡᆨ지장 ᄀᆞᆺ치 얍게 비져 ᄭᅮᆯ노 조곰식 너허 비져 기ᄅᆞᆷ의 ᄯᅴ워 지져 ᄭᅮᆯ의 재와야 빗치 불고 윤이 ᄂᆞᄂᆞ니라 두텁고 고물 만히 너허 ᄒᆞ면 아니 된 음식니라
쑥조악 치ᄌᆞ 물 드닌 조악 흰조악도 이너킈 ᄒᆞ라

좋은 대추를 (씨를) 발라 짓두드려 다져 찹쌀가루에 반죽한다. 조금 떼어 삶아 생것(가루) 뭉친 데 섞어 가루에 누긋하게 반죽하여 백지장같이 얇게 빚어 꿀소를 조금씩 넣어 빚는다. 기름에 띄워 지져 꿀에 재워야 빛이 붉고 윤기가 난다. 두껍고 고물을 많이 넣으면 안 되는 음식이다.
쑥주악, 치자물을 들인 주악, 흰주악도 (대추주악과 같이) 한다.

산승 · 산승

ᄭᅮᆯ 기ᄅᆞᆷ 조곰 너허 되게 물쳐 반쥭ᄒᆞ여 도마의 노코 홍도개로 얍게 미러 ᄭᆞᆺ젼 만큼 ᄃᆡ통으로 더ᄂᆡ여 기ᄅᆞᆷ의 ᄯᅴ워 지져 솔거든[1] ᄂᆡ면 바삭바삭ᄒᆞ고 연ᄒᆞ고 북희거든[2] ᄂᆡ여 ᄭᅮᆯ 발나 쓰ᄂᆞ니라 반쥭 질면 진득진득 아니된다

(찹쌀가루에) 꿀, 기름을 조금 넣고 물을 넣어 되게 반죽하여 도마에 놓고 홍두깨로 얇게 밀어 꽃전만 하게 대통으로 떠낸다. 기름에 띄워 지져 솔면 바삭바삭하고 연하며 부옇게 되거든 꺼내어 꿀을 발라 쓴다. 반죽이 질면 진득진득하여 안 된다.

1 솔다 : 물기가 있던 것이나 상처 따위가 말라서 굳어지다.
2 부희다 : 부옇다

ᄎᆞᆯ가로의 섯거 반쥭을 푸른 빗 잇게 ᄒᆞ여 조악ᄒᆞ면 향긔 잇고 조흐니라 입시ᄂᆞᆫ 삼긴 대로 싱 것 아니고 말나거든 물의 불여 ᄎᆞᆯ 가로 뭇쳐 입시 낫낫 펴 기름의 ᄯᅴ워 지져 바삭바삭 솔거든 ᄂᆡ여 쑬 발나 웃기로 쓰ᄂᆞ니라 셔울 가 가로나 입시나 사다 쓰ᄂᆞ니라 ᄉᆡᆨ강정도 싱검취 가로 뭇치면 ᄉᆡᆨ되고 조흐니라

찹쌀가루에 섞어 반죽을 푸른빛 있게 하여 주악하면 향기가 있고 좋다. 잎사귀는 생긴 대로, 생것이 아니고 말랐거든 물에 불려 찰가루를 묻혀 잎새를 낱낱이 펴 기름에 띄워 지져 바삭바삭 솔거든 내어 꿀 발라 웃기로 쓴다. 서울에 가서 가루나 잎사귀는 사다 쓴다. 색강정도 승검초가루를 묻히면 색이 나고 좋다.

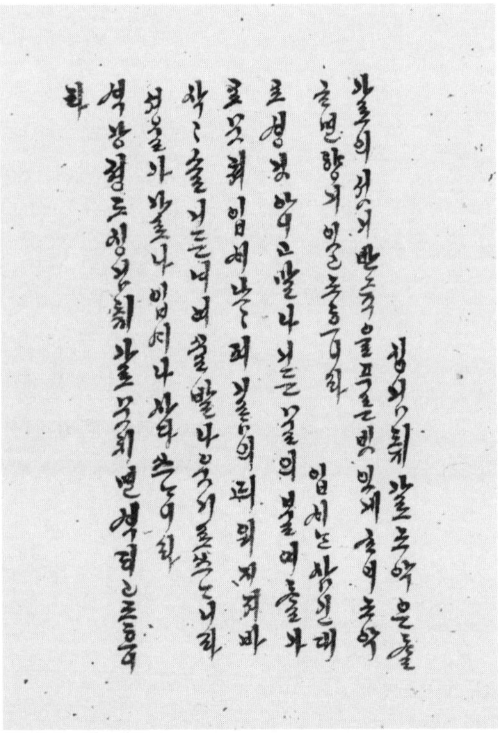

출 옥깃치 쓸너 빅셰 작말ᄒᆞ여 가난 체의 쳐 물을 잠간 묵거 쳬의 나리워 안치고 우희는 물 아니 묵끈 가로를 결 곱게 뿝코 빅지로 덥고 반반시 쳐 노코 시로 딕소딕로 셰 촉의나 네 촉의나 베혀 노코 딕초 발나 반듯반듯ᄒᆞ게 ᄊᆞ흘고 셕이버ᄉᆞᆺ도 딕초깃치 싸흘고 잣 쏘개여 ᄒᆞᆫ쪽의 두 줄노 딕초 싸흔 것 셰낫 박고 잣 쏘갠 것 셰낫 박고 셕이버셧 싸흔 것 셰낫 박고 식드려 박으되 혹 네낫도 박아 빅지 기름 발ᄂᆞ 덥고 그 우희 쏘 안치고 연ᄒᆞ여 빅지로 케 두어 안쳐 쪄 쏘다 가지고 안칠 졔 칼금 진 것 차자 버혀 ᄂᆡ면 실과 노흔 딕로 잇셔 조흐니라 뒤숭숭이 빅편의 박으면 몰골이 아니 된다 잔치 빅편은 딕초 셕이버셧 길게 치 쳐 슈복ᄌᆞ도 노아 ᄒᆞᄂᆞ이라

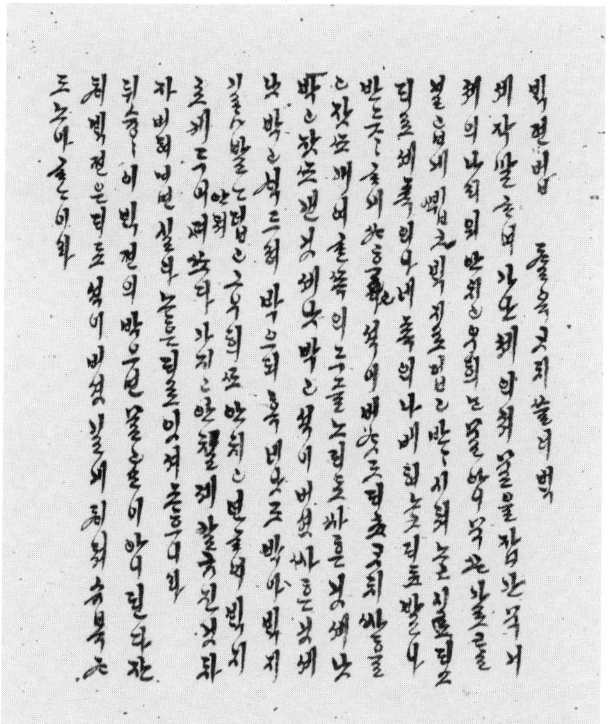

찹쌀을 옥같이 쓸어 깨끗이 씻어 곱게 가루를 내어 가는 체에 쳐 물을 조금 넣고 체에 내려 안친다. 위에는 물을 넣지 않은 가루를 결 곱게 뿌리고 백지로 덮어 반반씩 쳐놓고 시루의 대소(크기)대로 세 쪽이나 네 쪽으로 베어놓는다. 대추는 (씨를) 발라 반듯반듯하게 썰고, 석이버섯도 대추같이 썰고, 잣은 쪼갠다. (쌀가루 위에) 한쪽에 두 줄로 대추 썬 것 세 개를 박고, 잣 쪼갠 것 세 개를 박고, 석이버섯 썬 것 세 개를 박고, 색 들여 박되 혹은 네 개도 박는다. 백지에 기름을 발라 덮고 그 위에 또 안치고 계속해서 백지로 켜를 나누어 안쳐 쪄서 안쳐 쪄 쏟는다. 안칠 때 칼금 진 것을 찾아 베어 내면 실과 놓은 대로 있어 좋다. (고명을) 뒤숭숭하게 백편에 박으면 몰골이 안 좋다. 잔치 백편은 대추, 석이버섯을 길게 채 썰어 수복(壽福) 자도 놓는다.

ᄭᆡ출전, 메전 · 깨찰편, 깨메편

ᄭᆡ출젼이고 메젼이고 셕이버ᄉᆞᆺ ᄃᆡ초 밤 ᄎᆡ 쳐 담속[1] 쎄우고 거피 ᄭᆡ소금 체로 쳐 쎄워 쓰ᄂᆞ니라

깨찰편이나 메편은 석이버섯, 대추, 밤을 채 썰어 소복히 뿌리고 거피 깨소금(거피깨고물)을 체로 쳐 뿌려 쓴다.

1 담속: 담뿍, 듬뿍: 넘칠 정도로 가득하거나 소복한 모양

새 줄 젼 인ᄂᆞᆫ 때 쳔 인ᄂᆞᆫ 셕이며

ᄎᆞᆺ 더 ᄒᆞ 방 ᄒᆡ 뒤 ᄒᆞᆼ 축 ᄲᅵ ᄋᆞᆫ 되 지 시 ᄎᆞᆯ 쇄 ᄒᆞ

돼 ᄲᅵ 의 쓰ᄂᆞ니라

시절 음식

시절식(時節食)은 한 해의 명절과 사계절에 나는 새로운 음식을 먹는 것을 의미한다. 이 책에는 설날, 대보름, 중화절, 삼짇날, 초파일, 단오, 유두, 칠석, 삼복, 한가위, 중양절, 무오일, 동지, 그믐 등 명절을 맞이해 제철 재료를 이용한 세시 음식들이 소개되었다. 정월 보름의 잡채부터 한식의 송편웃기, 단오의 증편과 칠석의 국수 그리고 동지 팥죽까지, 우리에게 친숙한 전통 시절식 만드는 법 28가지를 살펴볼 수 있다.

떡살_ 절편에 여러 가지 문양을 내는 데 쓰이는 용구이다. 도자기나 단단한 나무에 행복이나 건강을 기원하는 문양을 내어 떡살을 절편 떡 위에서 내리눌러 도장처럼 박아내는 것이다. 보통 정월 명절에는 멥쌀가루를 쪄 절편을 만들어 떡을 가래떡처럼 둥글게 또는 얇은 막대 모양으로 만들어 둥근 떡살, 사각 떡살로 찍으면 이를 원절편, 모절편이라 부른다.

이월 ᄒᆞᆫ식 · 2월 한식

송편

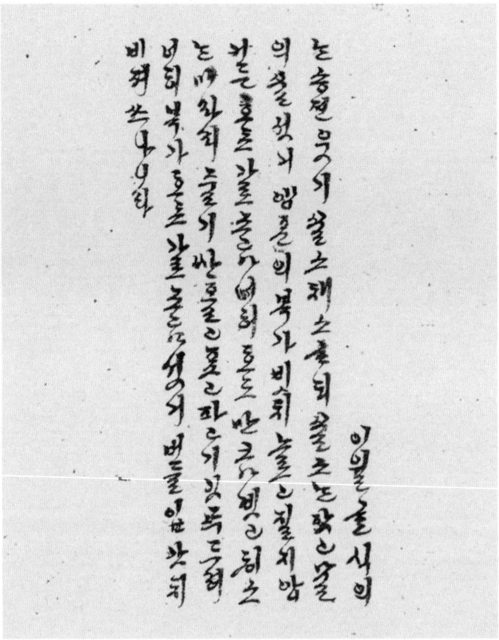

이월 ᄒᆞᆫ식의ᄂᆞᆫ 송편 웃기 ᄭᅮᆯ소 채소 ᄒᆞ되 ᄭᅮᆯ소ᄂᆞᆫ 팟고물의 ᄭᅮᆯ 셧거 양푼의 복가 빗치 노르고 질지 아니커든 호초가로 조곰 너허 호도만큼 빗고 ᄎᆡ소ᄂᆞᆫ 미라리 줄기 싸흘고 표고 파 고기 깃ᄯᅮ드려 너허 복가 호초가로 조곰 셧거 버들입 갓치 비져 쓰나니라

이월 한식의 송편 웃기로는 꿀소와 채소로 하되, 꿀소는 팥고물에 꿀을 섞어 양푼에 볶아 빛이 누르고 질지 않거든 후춧가루를 조금 넣어 호두만큼 빚는다. 채소는 미나리 줄기를 썰고, 표고버섯, 파, 고기를 짓두드려 넣고 볶아 후춧가루를 조금 섞어 버들잎같이 빚어 쓴다.

* 한식(寒食) : 한식은 음력 2월에 있을 수도 있고, 음력 3월에 있을 수도 있다. 그러다 보니 2월 한식과 3월 한식을 구분하는 관념이 있다. 그래서 2월에 한식이 드는 해는 세월이 좋고 따뜻하다고 여기며, 3월에 한식이 있으면 지역에 따라서 개사초를 하지 않는다.

삼월 삼일 · 3월 삼짇

산병, 화전, 화면

삼월 삼일의ᄂᆞᆫ 흰편 갈피편 산빙 화젼 ᄒᆞ여 쓰되 산빙은 쑥 너허 푸른 산빙 흰 산빙 ᄒᆞ나니라 산빙은 가날게 미러 밤만큼 버혀 동고란 낭그로 삭여 ᄆᆡᆫ든 틀리 잇나니라 글노 미너 얍거든 ᄭᅮᆯ소 ᄡᅡ만 모양으로 ᄆᆡᆫ드라 다ᄉᆞᆺ식 붓쳐 웃기로 쓰나니라 잔치산빙 오ᄉᆡᆨ을 드려 ᄒᆞ되 ᄉᆡᆨ슬 보아가며 잘 드려야 식시 ᄂᆞᄂᆞ니라 화젼은 진달늬고 국화고 ᄶᅵᆯ늬ᄭᅩᆺ치고 장미ᄭᅩᆺ치고 ᄡᅵᄃᆡ로 ᄡᅡ다 츌가로의 너허 되게 되게 부셔지지 아닐만치 반쥭ᄒᆞ여 상의 펴 얍게 노코 단단이 눌너 손톱으로 잘게 잘게 집어 ᄃᆡ통으로 가을 칼날 ᄀᆞᆺ치 글거ᄇᆞ리고 눌너 ᄡᅥ늬여 기름의 ᄯᅴ워 지져 쓰ᄂᆞ니라 화면은 진달늬ᄭᅩᆺ 슈염 ᄯᅦ고 두 쪽의 늬여 녹말 무쳐 데쳐 외미ᄌᆞ 국의 ᄭᅮᆯ 타 쓰ᄂᆞ니라

삼월 삼일에는 흰편, 개피편, 산빙(산병), 화전을 하여 쓴다. 산병은 쑥을 넣어 푸른 산병, 흰 산병을 한다. 산병은 가늘

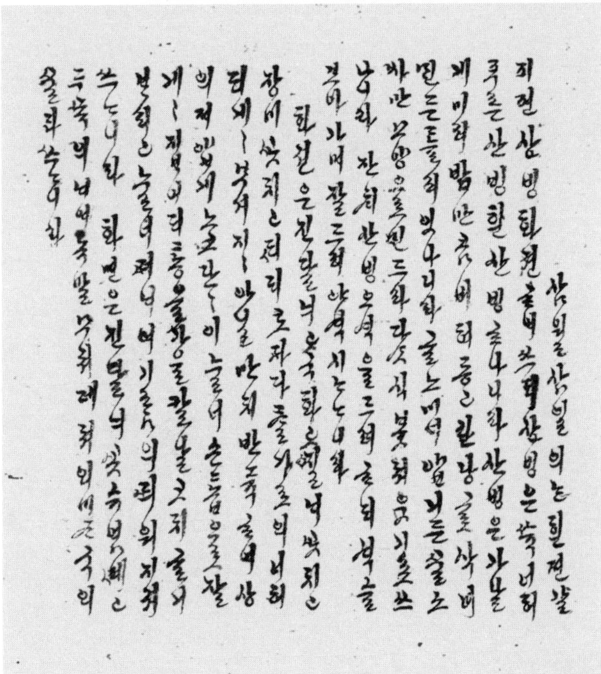

게 밀어 밤만큼 벤 후 동그란 나무로 새겨 만든 틀로 밀어 얇아지면 꿀소를 싸맨 모양으로 만들어 다섯씩 붙여 웃기로 쓴다. 잔치산병은 오색으로 물들여 하되 색을 보아 가며 잘 들여야 색이 난다. 화전은 진달래꽃, 국화꽃, 찔레꽃, 장미꽃이고 (꽃이 피는) 때가 되면 따다가 찹가루에 넣어 부서지지 않을 만큼 되게 반죽한다. 이것을 상에 얇게 펴 놓고 단단히 눌러 손톱으로 잘게 집어 대통으로 가장자리를 칼날같이 긁어버리고 눌러 떼내어 기름에 띄워 지져 쓴다. 화면은 진달래꽃의 수염을 떼고 두 쪽을 내어 녹말을 묻힌 후 데쳐 오미자국에 꿀을 타서 쓴다.

오월 단오 · 5월 단오

증편, 연계찜, 제철과일, 책면

오월 단오의ᄂᆞᆫ 등편 연계찜 ᄯᅵ에실과 ᄎᆡᆨ면

오월 단오에는 증편, 연계찜, 때의(제철) 실과, 책면을 쓴다.

뉵월 유두 · 6월 유두

떡수단

뉵월 유두의ᄂᆞᆫ 흰편을 무되게 ᄒᆞ여 슐총[1] 만치 미러 은힝마큼 싸흣라 가로 무쳐 두어다가 식전 물 ᄭᅳ려다 데쳐 ᄂᆡᆼ슈의 멀거킈 헤워 건져 그로ᄉᆡ 담고 ᄭᅮᆯ물 타 쓰ᄂᆞ니라

유월 유두에는 흰편을 무르게 하여 숟가락총 굵기로 밀어 은행만 하게 썰어 가루를 묻혀둔다. 식전에 물을 끓여 데쳐 냉수에 말갛게 헹궈 건져 그릇에 담고 꿀물을 타 쓴다.

1 술총: 숟가락총

오월단오의 논둥편
볏제쎄셔에 실과 복변
뉵월유두의
논뒤헌울꾸다 개출여 출퉁만 뒤미여
을힝마홀차 동화 가로무 줘두어다가 식걸
물꼭쉬다대 줘넝출의 멀거리 헤워긘
최출서 담는 쌀물킈 쓴다숙

졀

셕이ᄂᆞᆫ 슉슈 밀졍편ᄒᆞ되 슉게 ᄒᆞᆫ 의 가
ᄅᆞ 반ᄌᆞ죽 ᄒᆞ여 빅ᄭ지 잠ᄀᆞ되 미ᄂᆡ 가ᄅᆞᆯ ᄂᆡ 싸
ᄒᆞ로 ᄂᆞ물 우흘 ᄯᅡ나 부ᄎᆞᄂᆞᆫ 빅지게 ᄒᆞᆯ 울 젹
여브더ᄒᆞ여 잣ᄀᆞᆫ 쥬여 ᄯᅳ니 ᄀᆞᆫ 곱ᄒᆞ되 녕슉의
건쳐 ᄒᆡ왜 되 반의 오ᄂᆞᆼ이 ᄇᆞᆫᄒᆞ니 알ᄌᆞ 가ᄅᆞᆯ
임ᄒᆞ니나 ᄑᆡ노 ᄎᆞᆯ 굴ᄀᆞ와 웃셰 건져 기ᄅᆞᆷ 발
나 ᄯᅥᄂᆞᆫ 웃기ᄂᆞᆫ 외ᄃᆡ 되ᄂᆞᆫ 하 호ᄂᆞᆫ 기ᄅᆞᆷ 장ᄂᆡ
잠간 복근 셕이 ᄲᅧᆼ 가ᄅᆞᆯ ᄂᆡ 하ᄒᆞᆯ ᄂᆞᆫ ᄭᆡ쇼
복쇠 가ᄅᆞᆯ게 ᄲᅡᆼᄒᆞ쥴ᄂᆞᆫ 흔ᄌᆞ 가ᄅᆞ뫼 잣 ᄀᆞ지
쇠ᄉᆞᆫ ᄒᆞᆫ 되 ᄡᅥᆺ기 우희 ᄇᆞᆫᄂᆞᆫ 창ᄀᆞᆨ은 ᄃᆞᆯ이
나 ᄒᆞᆼ녹ᄀᆞᆨ이나 브ᄒᆞ여 ᄭᅮᆯ되셔 ᄯᅴ다져 브ᄏᆞᆯ
이여ᄃᆞᆫ 가ᄅᆞᆯ게 브ᄒᆞ여 ᄡᅳᄂᆞ니라　밀졍편은
가ᄅᆞᆯᄂᆞᆫ게 ᄒᆞ여 부쳐ᄂᆞᆫ ᄭᅮᆯ에 ᄡᅡᄂᆞᆫ 이와 자ᄅᆞ
ᄂᆞᆫ 호ᄅᆞ 쇠 ᄉᆞᆯᄆᆞ니 ᄒᆞ여 쳐 ᄉᆞ만 ᄒᆞ라 쇠ᄂᆡ니라

칠셕 · 7월 칠석

밀국수, 밀전병

칠셕의ᄂᆞᆫ 국슈 밀졍변 ᄒᆞ되 국슈 계안의 가로 반쥭ᄒᆞ여 ᄇᆡᆨ지장 ᄀᆞᆺ치 미너 가ᄂᆞᆯ게 싸흐라 물을 마니 붓고 고뷔지게 ᄭᅳᆯ을 젹 ᄧᅥ여 너허 잠간 져어 ᄯᅳ거든 급히 ᄂᆡᆼ슈의 건져 헤워 ᄎᆡ반의 오동입히나 아조가리 입히나 펴 노코 ᄒᆞᆫ 그릇 가웃식 건져 기롬 발나 괴고 웃기ᄂᆞᆫ 외 ᄎᆡ치고 파 표고 기름장의 잠간 복고 셕이버셧 가날게 싸흘고 계란 부쳐 가날게 싸흐고 호초가로 윈잣 거피 ᄭᅵ소곰 한 ᄃᆡ 셧거 우희 언고 장국은 ᄃᆞᆰ이나 황뉵이나 너허 ᄭᅳᆯ혀 ᄭᅮ미 다져 너코 ᄃᆞᆰ이여든 가날게 너허 쓰ᄂᆞ니라 밀졍변은 가로 곱게 하여 부쳐 고물의 싸고 외와 파 표고 호초 ᄭᅵ소곰 너허 ᄎᆡ소 만다라 싸나니라

칠석에는 국수 밀전병을 하되, 국수 계란에 가루 반죽하여 백지장같이 밀어 가늘게 썬다. 물을 많이 붓고 고부지게 끓으면 떼어 넣고 잠깐 저어 뜨거든 급히 냉수에 담갔다 건져 헹군다. 채반에 오동잎이나 아주까리 잎을 펴놓고 한 그릇만큼씩 건져 기름을 발라 고인다. 웃기는 오이를 채 썰고, 파와 표고를 기름장에 잠깐 볶고, 석이버섯을 가늘게 썰고, 달걀을 부쳐 가늘게 썬다. 후춧가루, 잣, 깨소금을 한데 섞어 (고명) 위에 얹는다. 장국은 닭이나 소고기를 넣어 끓여 쓰고, 꾸미로 (소고기이면) 다져 넣고, 닭이면 가늘게 (찢어) 넣어 쓴다. 밀전병은 가루를 곱게 하여 부쳐 고물을 싼다. 오이와 파, 표고, 후춧가루, 깨소금을 넣어 채소 소를 만들어 (밀전병에 넣어) 싼다.

츄셕 · 8월 추석

(메)잡과편, 찰잡과편, 녹두편, 웃기 | 조악

츄셕의ᄂᆞᆫ 잡과편은 ᄃᆡ초 밤 녹두 부동팟[1] 너허 젼실과 빗 ᄎᆞ로 ᄒᆞ여 쪄 졈여서도 쓰ᄂᆞ니라 입으로 케 두어 안쳐 그ᄃᆡ로 ᄂᆡ녀도 쓰ᄂᆞ니라 픗공은 혹시 잇게 너흐라 출잡과편은 이ᄃᆡ로 ᄒᆞ여 졈여 쓰ᄂᆞ니라 녹두 게피ᄒᆞ여 더러 녹두편 ᄀᆞᆺ치도 ᄒᆞ고 허드릐 쓰ᄂᆞᆫ 거ᄉᆞᆸ 픗공 마니 노아 실과 약관 셕거 ᄒᆞ라 웃기ᄂᆞᆫ 조약ᄒᆞ여 쓰라

추석에 만드는 잡과편은 대추, 밤, 녹두, 동부팥을 넣어 한다. 모든 과일(대추, 밤)은 빗처럼 (채 썰어) 하거나 저며서도 쓴다. 잎사귀로 (떡의) 켜를 두어 안쳐 그대로 내어 쓴다. 풋콩이 있으면 넣는다. 찰잡과편은 이대로 하여 저며 쓴다. 녹두를 거피하여 더러는 녹두편같이도 하고, 허드레 쓰는 것은 풋콩을 많이 넣어 실과를 약간 섞어 한다. 웃기는 주악으로 한다.

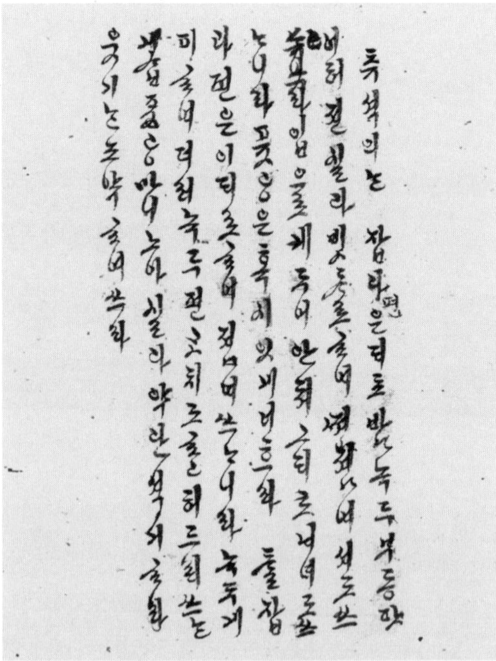

1 부동팥 : 동부

구일 · 9월 구일

무편, 녹두편, 웃기_국화전·밤단자, 국화면

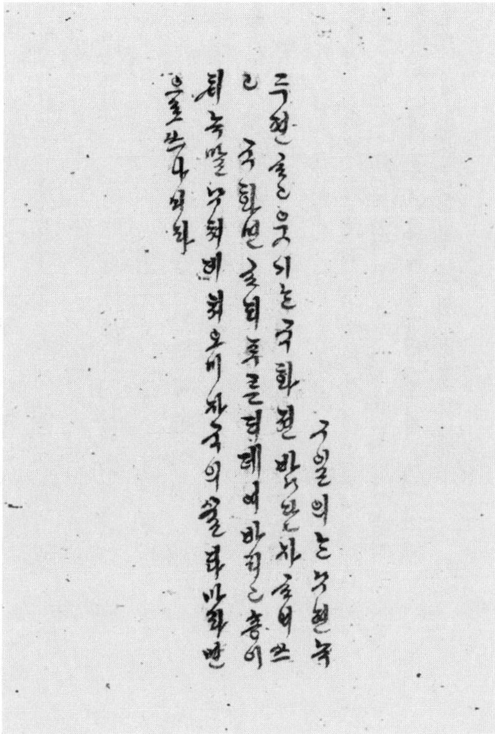

구일의는 무편 녹두편 ᄒᆞ고 웃기는 국화젼 밤단자 ᄒᆞ여 쓰고 국화면 ᄒᆞ되 푸른 ᄃᆡ 데여 바리고 숑이치 녹말 무쳐 데쳐 오미자국의 꿀 타 마라 면으로 쓰나니라

구일에는 무편과 녹두편을 하고 웃기는 국화전, 밤단자를 하여 쓰며 국화면을 할 때 푸른 대(꽃받침)는 떼어 버리고 (꽃)송이째 녹말을 묻혀 데친 후 오미자물에 꿀을 타 말아 면으로 쓴다.

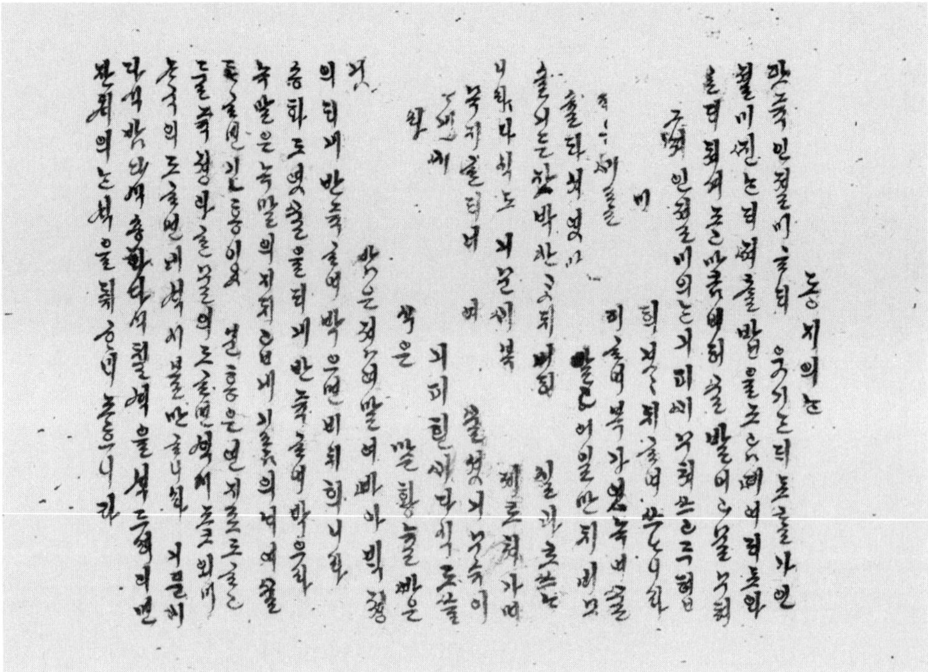

동지 · 11월 동지

녹말다식, 팔죽, 대추인절미, 인절미, 흑임자다식
흰깨다식, 황률다식, 송화다식,

동지의는 팟쥭 인졀미 ᄒᆞ되 웃기는 ᄃᆡ초를 가 인졀미[1] 찐는 ᄃᆡ 쪄 출밥을 조곰 쪠여 ᄃᆡ초와 ᄒᆞᆫ ᄃᆡ 쳐셔 조고마큼 ᄇᆡ허 쌀 발어 고물 무쳐 ○○ 그져 인졀미의는 거피 ᄭᅵ 무쳐 쓰고 두텹 ○○○○○○○희 겻겻치 ᄒᆞ여 쓰ᄂᆞ니라
○○○○○○○○피ᄒᆞ여 복가 엿녹여 쌀 ○슐 타셔 엿○○[2] 말고 어일 만치 버무러 솔거든 잣박산 ᄀᆞᆺ치 버허 ○○ 실과로 쓰ᄂᆞ니라
다식도 거문 ᄭᅵ 복○○○[3] 체로 쳐 가며 ○묵지ᄒᆞᆫ ᄃᆡ 너허 엿○○ 쌀 셧거 무슈이 ○ᄂᆞ게 찌○○○○○ 거피 흰ᄭᅵ다식도 쓸 ○○○○○○○○○ 삭은 마른황눌 빠은 것 ○○○○○ 밤은 졈여 말여 ᄲᅡ아 빅쳥의 되게 반쥭ᄒᆞ여 박으면 비치 희니라 송화도 엿쌀을 되게 반쥭ᄒᆞ여 박으라 녹말은

녹말의 지치 곱게 기름의 닉여 쑬ᄐᆞ ᄒᆞ면 긴홍이요 분홍은 연지로도 ᄒᆞ고 들쥭 졍과 ᄒᆞᆫ 물의도 ᄒᆞ면 식시 조코 외미ᄌᆞ국의도 ᄒᆞ면 네 식시 볼만 ᄒᆞ니라
거문ᄭᅢ다식 밤다식 송화다식 칠식을 식드려 괴면 잔치의는 식을 취ᄒᆞᄆᆡ 조흐니라

동지에는 팥죽, 인절미를 하되 웃기는 대추를 인절미 찔 때 쪄서 찰밥을 조금 떼어 대추와 한데 쳐 조그맣게 베어 꿀 발라 고물을 무쳐 (쓴다). 그냥 인절미에는 거피깨를 묻혀 쓰고, 두텁○○○○○○○ 결결이 하여 쓴다.
(깨강정은 깨를 거)피하여 볶아 엿을 녹여 꿀 ○순가락을 타서 엿을 많이 말고 어우러질 만큼 (넣어) 버무려 굳거든 잣박산 같이 베어 ○○실과로 쓴다.
다식도 검은깨를 볶아 체로 쳐 가며 (깨)묵지를 한데 넣어 엿○○ 꿀을 섞어 무수히 (기름이) 나도록 찐다. 거피 흰깨다식도 (깨의 껍질을 벗기기 위해) 쓿어 ○○○○○○○○○ 마른 황률 빻은 것 ○○○○○, 밤은 저며 말려 빻아 백청에 되게 반죽하여 박으면 빛이 희다. 송화도 엿꿀을 되게 반죽하여 박는다. 녹말(다식)은 녹말에 지초를 곱게 기름 내어 꿀로 반죽하면 진홍이고, 분홍은 연지로도 하고, 들쭉정과한 물에도 하면 색이 좋고, 오미자국에도 하면 네 가지 (붉은)색이 볼 만하다.
검은깨다식, 밤다식, 송화다식 칠색을 색 들여 고인다. 잔치에는 색을 취하면 좋다.

1 가 인절미 : 인절미를 하기 위한 밥이나 쌀가루를 찐 상태의 것
2 '엿 녹인'의 뜻으로 추측된다.
3 '볶아 가는(가느다란)'의 뜻으로 추측된다.

찬물

반상이나 손님 접대상에 오르는 음식 만드는 법 총 20종을 소개하였다. 전, 구이, 볶음, 찜, 탕, 느르미, 회 등 다양한 조리법이 등장한다. 꼴뚜기, 홍합, 해삼, 굴 등 해물로 전을 부친다. 어회, 생복회, 굴회, 육회 등 생으로 먹는 회도 나오지만 어채와 같은 어숙회도 소개하였다. 또한 잡채를 만드는 방법이 기록되어 있는데, 뒷부분이 소실되어 정확한 조리법을 알기 어렵다.

풍로와 솥·냄비_ 음식은 생것을 그대로 먹기보다는 고기, 생선, 채소 등의 재료를 가지고 익혀서 만든다. 익혀서 조리를 한다면 불이 있어야 하고 냄비나 솥, 철판 등의 용기가 있어야 함은 당연하다. 불은 한 곳에 쇠나 돌, 흙으로 만든 화로에 피워야 하고 그 위에 냄비, 솥, 전골틀을 올려 끓인다. 밥도 짓고 국도 끓이고 전골도 볶아 여러 가지 맛있는 반찬을 만들 수 있다.

잡치 · 잡채

도아지 고ᄉ리 송이 표교 박고디 무나물 녹도나물 미나리나 이 다 각각 복고 살마 가지고 황육[1]을 찌쭈드려[2] 너허 ᄒ틔 셧거 모도 솟틔 너코 가로집[3] 조곰ᄒ여 파 마니 너허 ᄡ려 퍼 호초가로 ᄲ어 졉시의 간 (이후 낙장)

도라지, 고사리, 송이버섯, 표고버섯, 박고지, 무나물, 녹두나물(숙주나물), 미나리를 각각 볶거나 삶는다. 소고기는 다져 한데 섞어 모두 솥에 넣고 가루즙을 조금한다. 파를 많이 넣고 끓이다가 퍼 후춧가루를 뿌려 접시에 ○○○○○(담는다).

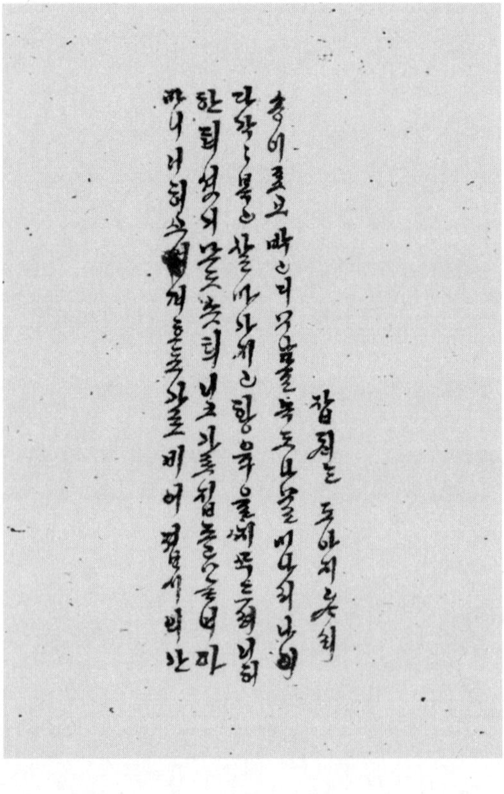
잡치는 도아지 고ᄉ리
송이 표고 박고디 무나물 녹도나물 미나리나 이
다 각각 복고 살마 가지고 황육을 씨쭈드려 너허
한틔 섯거 모도 솟틔 너코 가로집 조곰ᄒ여 파
마니 너허 ᄡ려 퍼 호초가로 씨어 졉시의 간

1 황육: 소고기
2 짓두드리다: 다지다
3 가로즙: 밀가루를 푼물

어치·어채

싱션 뮈[1] 젼복 표고 강졍 마른 것 갓치 싸흐라 녹말 무쳐 데치고 국화입 파 녹말 무쳐 데치고 호초 싱강 파 다져 초지령[2]의 쳐 졉시의 담아 쓰ᄂᆞ니라

생선, 해삼, 전복, 표고를 강정 마른 것같이 썰어 녹말을 묻혀 데치고, 국화잎을 따서 녹말을 묻혀 데친다. 후춧가루·생강·파를 다져 초간장에 넣고 접시에 담아 쓴다.

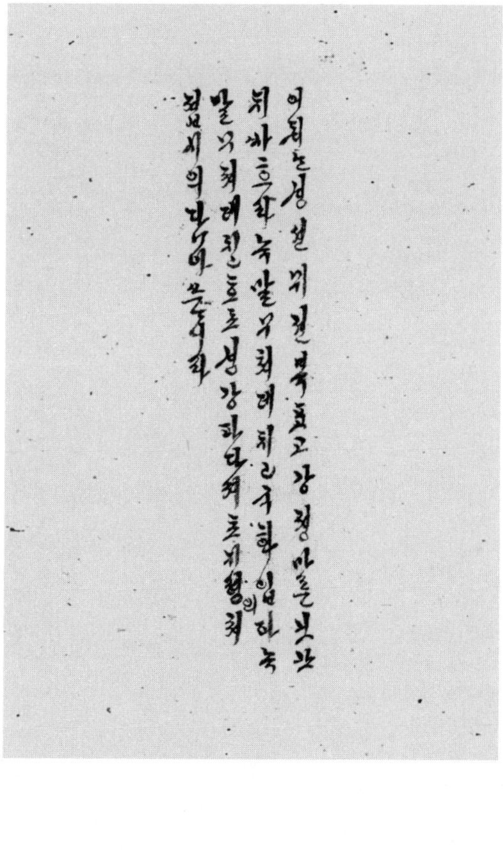
어치는 싱션 뮈 젼복 표고 강졍 마른 것갓
치 싸흐라 녹말 무쳐 데치고 국화입 파 녹
말 무쳐 데치고 호초 싱강 파 다져 초지령의 쳐
졉시의 담아 쓰ᄂᆞ니라

1 뮈: 해삼
2 지령: 지령, 간장

슈단지 · 수잔지

싱치[1] 살 발나 바독 갓치 싸흘고 푸른 외 벗겨 싱치 갓치 쓰흐라 싱치 ᄭᅮ미[2] 조곰 너허 기름 마니 쳐 장국 ᄭᅳ리다 싱치의 파 기름 외 노고 다르다 잠간 복가 ᄂᆡ여 장국 ᄭᅳᆯ커든 잠간 ᄭᅳᆯ여 펴 외 잣 호초 너허 먹으면 청담하여[3] 이 두가지 음식은 육미[4]의 잠기니 자조하먹ᄂᆞ니라 외를 어리고 푸른 외를 강소곰[5]의 파무더 두면 봄가지 푸르고 싱싱ᄒᆞᄂᆞ니 물의 우리여 ᄇᆞ리고 겁질 벗겨 스ᄂᆞ니라

꿩 살을 발라 바둑알 같은 크기로 썰고, 푸른 오이 (껍질을) 벗겨 꿩 살 같이 썬다. 꿩 꾸미는 조금 넣어 기름을 많이 쳐 장국을 끓인다. 노구를 달궈 꿩살, 파, 기름, 오이를 잠깐 볶아 낸다. 장국이 끓거든 잠깐 끓여 푼 후 오이, 잣, 후춧가루

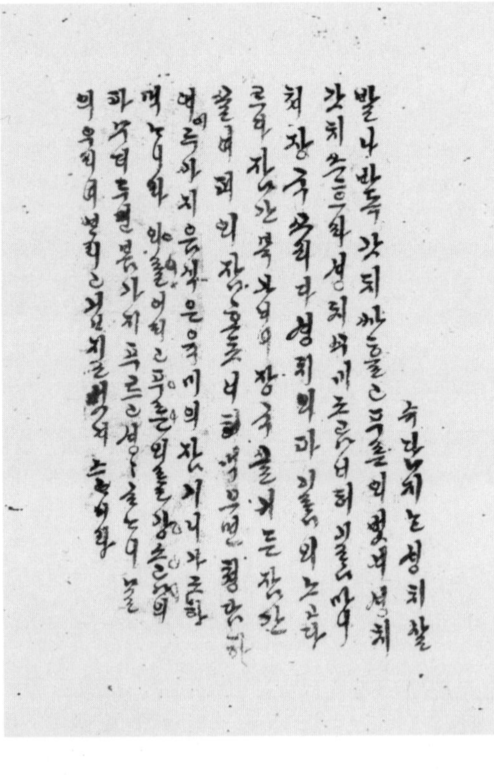

1 생치: 꿩
2 꾸미: 국이나 찌개에 넣는 고기붙이
3 청담하다(淸淡--) : 빛깔이 맑고 엷다, 또는 맛이 산뜻하고 개운한 것을 말한다.
4 육미(肉味): 고기로 만든 음식
5 강소금: 짠소금

를 넣어 먹으면 맛이 개운하다. 이 두 가지 음식(어채와 수잔지)은 고기로 만든 음식에 해당하니 자주 해 먹는다. 어리고 푸른 오이를 소금에 파묻어 두면 봄까지 푸르고 싱싱하니 물에 우려 버리고 껍질을 벗겨 쓴다.

양복기 · 양볶기

긴머리를 도톰도톰 졈여 회ᄀᆺ치 사ᄒᆞ라 노고 다루고 기롬 둘너 잠간 복거 그르싀 펴 노코 닝슈롤 ᄡᅳ려 양 복근 ᄃᆡ 조곰식 ᄡᅥ 부어 자으로 문질너 탑탑ᄒᆞ거든[1] 국을 보아가며 맛게 펴 부어 소곰 타 간 맛초고 ᄉᆞ초가로 왼잣[2] ᄡᅴ워 쓰ᄂᆞ니라

양깃머리를 도톰도톰하게 저며 회같이 썬다. 노구를 달궈 기

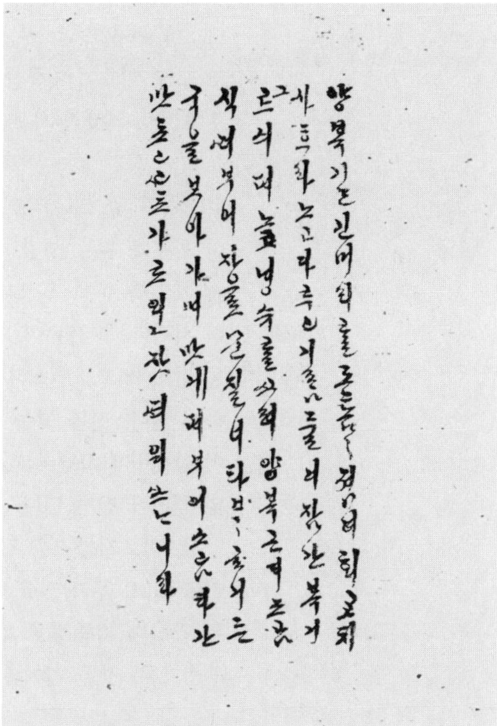

1 탑탑하다: 음식 맛 따위가 산뜻하지 못하다. 빽빽하고 답답한 느낌

2 왼잣:깨지지 않은 온전한 잣

름을 두르고 잠깐 볶아 그릇에 퍼 놓는다. 물을 끓여 양을 볶은 것에 조금씩 떠 부어 국자로 문질러 탑탑하거든 국을 보아가며 맞게 퍼 부어 소금을 타서 간을 맞추고, 고춧가루, 잣을 띄워 쓴다.

잡탕 · 잡탕

계육과 양 독아니 토육 젼복 너허 고으고 고기 짓쑤드려셔 호초 싱강 파 기ᄅᆞᆷ 장 간 만쳐 ᄀᆞᆺ치 모으려 가로 무쳐 계란 흰ᄌᆞ 무쳐 지지고 노른ᄌᆞ 무쳐 지지고 양젼유 싱션젼유 싱치젼유 왼[1] 것시고 괴고 부스러기를 칠푼 기ᄅᆡ 되게 가나스름ᄒᆞ게 싸흘고 젼복 고은 것 건져 다 졈여 싸흘고 뮈ᄂᆞᆫ 아므리 살마 너허도 ᄒᆞᆫ ᄃᆡ 고으면 국 빗치 프로스름 ᄒᆞ니 다른 고음의 너허 고와 건져 다 싸흘고 양 도가니 ᄃᆞᆰ 건져다 쓷고 싸흘고 도라지 박고거리 칠 푼기리식 가나스름ᄒᆞ게 싸흘고 다스마 싸흘고 무 잇ᄂᆞᆫ ᄡᅵᄂᆞᆫ 박고거리 ᄀᆞᆺ치 싸흐라 약간 너코 모도 합ᄒᆞ여 기ᄅᆞᆷ장 쳐 ᄭᅳᆯ여 퍼다 쓰고 계란 붓쳐 싸흘고 호초가로 왼잣 언져 쓰나니라

닭고기와 양, 도가니, 토끼고기, 전복을 넣어 곤다. 고기를 다져 후춧가루, 생강, 파, 기름을 조금만 넣어 같이 오무려 (밀)가루를 묻힌 후 달걀 흰자를 묻혀 지지고, 노른자를 묻혀 지진다. 양전유어, 생선전유어, 꿩전유어는 통째로 된 것을 담아 쓰고, 부스러기를 7푼 길이(2.1cm) 되도록 가느스름하게 썬다. 전복 고은 것을 건져 저며 썬다. 해삼은 삶아 넣어 한꺼번에 고면 국빛이 푸르스름하니 다른 재료를 고을 때 넣어 고아 건져 썬다. 양, 도가니, 닭을 건져 뜯어 썬다. 도라지, 박고지를 7푼 길이(2.1cm)씩 가느스름하게 썰고, 다시마도 썰고, 무가 있을 때는 박고지같이 썰어 조금 넣는다. 모두 합하며 기름장을 쳐 끓인 후 퍼 쓴다. 달걀을 부쳐 썰고, 후춧가루, 잣을 얹어 쓴다.

잡차

ᄇᆡ육과양녹양노육쳘복너허ᄂᆞᆫ
은ᄃᆞ기짓ᄶᅮ드ᄒᆡ셔ᄒᆞᆫᄎᆞ셩ᄉᆞᆼ파기ᄅᆞᆷ
장ᄒᆞᆫ맛ᄎᆡ오치ᄭᅳᆼᄒᆡ가로ᄭᅮᄎᆡᄲᅢ란
흰겨ᄭᅮᄎᆡ지ᄂᆞᆫ놀ᄂᆞᆫ겨ᄭᅮᄎᆡ지ᄂᆞᆫ양쳔
육ᄇᆡᆼ쳔쳘육셩치젼육일ᄭᅥᆺ시ᄂᆞᆫ니
ᄂᆞᆫ복ᄉᆞᄒᆡ기ᄅᆞᆷ칠ᄒᆞᆫ기ᄅᆞᆫ되게ᄀᆞᆼ나ᄉᆞᆯᄅᆞᆷ
ᄒᆞ세차ᄒᆞᆯᄂᆞᆫ쳘복ᄂᆞᆫ은ᄀᆞᆺ빈ᄎᆡ다쳡ᄂᆞ여
ᄊᆞᄒᆞᆯᄂᆞᆫᄯᅢ는아ᄂᆞᄒᆡ살ᄆᆞᆺᄂᆡ허ᄃᆞᄅᆞᄒᆡᄂᆞᆫ
무면국빗치ᄑᆞᆯ오ᄉᆞᄅᆞᆷᄒᆞᄂᆡ다ᄒᆞᆫᄂᆞᆫ은의
너허ᄂᆞᆫ야빈쳐다ᄊᆞᄒᆞᆯᄂᆞᆫ양ᄃᆞ라ᄒᆞᆯ
빈쳐다ᄉᆞᆺᄂᆞᆫᄊᆞᆫᄒᆞᆯᄂᆞᆫ도ᄒᆡ지ᄇᆞᆨᄂᆞᆫ되ᄃᆡ될ᄑᆞᆯ
기ᄒᆡ식ᄀᆞᆼᄂᆞᄉᆞᆯᄒᆞᆫᄒᆡ게ᄊᆞᆫᄒᆞᆯᄂᆞᆫ다ᄉᆞ며ᄊᆞᄒᆞᆯ
ᄂᆞᆫᄭᅮ이엇ᄂᆞᆫᄯᅴ는박ᄂᆞᆫ게ᄒᆡ오치ᄊᆞᆫᄒᆞᄒᆡ약
간너ᄎᆞᄯᅩ도ᄒᆞᆫ번ᄒᆞ며기ᄅᆞᆷ장ᄎᆡ글여
ᄯᅢ다ᄑᆞᆫᄂᆞᆫᄲᅢ란ᄇᆞᆺᄎᆡᄊᆞᄒᆞᆯᄂᆞᆫᄒᆞᆫᄎᆞ가로뫈
잣ᄲᅧᆫᄎᆡᄡᅳᄂᆞ니라

뫼찜

은 뫼를 담아 초를 붓거든 뼈 다 숙녀
는 담아 붓거든 살 마르고 뫼가 크지 아니
초거든 쓰는 초에 화로의 얹은 숫으로
면 뫼가 흴 적 큰 붓 나니라 본디 잔 뫼
는 쇠 뫼를 여지 더 넉 크니 다 흘로 보면
다 부어 크거든 기름 장의 장간을 너 볶
가 하는 두부 다 오 싸는 향육 두부 이반 최는
향육 만 넣고 짓두드려 파 생강 호초 너허
볶아 뫼 속에 잔 두 너허 가초 꽂치는 계란
낙 채 지 쳐 쓰느니라

육쳔육는 향육나
큰 송외 소 두드려 호초 생강 다 다지는 지 향
지 초는 쥐는 가초 초는 너허 숙 물 너 얇게
편 지 여 누 볼 흔 지 며 두드려 얇 니
든 찰지 빈 너 여 가초 무쳐 배 같은 무쳐
얇게 눌러 가며 지져 쓰느니라

육전유 · 육전유어

황육 나른ᄒᆞ게 쭈드려 호초 싱강 파 다지고 지령 기름 치고 가로 조곰 너허 주물너 얍게 편지여[1] 노코 칼금지여 쭈드려 얍거든 잘 지버ᄂᆡ여 가로 무쳐 계란 무쳐 얍게 눌너가며 지져 쓰ᄂᆞ니라

소고기를 나른하게 두드리고 후춧가루, 생강, 다진 파, 간장, 기름을 넣고 가루를 조금 넣어 주무른다. 얇게 편지어 놓고 칼금을 내면서 두드려 얇게 만든다. 잘 집어내어 가루를 묻히고 달걀물을 묻혀 얇게 눌러 가며 지져 쓴다.

뮈찜 · 해삼찜

뮈[2]를 담가 조곰 붓거든 ᄇᆡ 타 속 ᄂᆡ고 담가 붓거든 살마도 뮈가 크지 아니ᄒᆞ거든 쓰근쓰근 ᄒᆞ게 화로의 언고 주무르면 뮈가 훨젹 크고 붓나니라 본ᄃᆡ 잔뮈ᄂᆞᆫ 고러킈ᄒᆞ니 엇지 더 넉크니 ᄃᆡ쇼로 보면 다 부어 크거든 기름 장의 장간 둘너 복가 쇼ᄂᆞᆫ 두부 되오[3] 짜고 황육 두부 업ᄂᆞᆫ ᄯᆡᄂᆞᆫ 황육만 너코 짓두드려 파 싱강 호초 너허 복가 뮈 속의 잔득 너허 가로 뭇치고 계란 무쳐 지져 쓰ᄂᆞ니라

(마른) 해삼을 (물에) 담가 조금 불으면 배를 타 속을 내고 (다시 물에) 담가 불린다. 삶아도 해삼이 커지지 않으면 뜨끈뜨끈하게 화로에 얹고 주무르면 해삼이 훌쩍 크게 불어난다.
본디 작은 해삼은 그렇게 하면 억지로 더 커지니 크기를 보아 다 불어 커지면 기름장에 잠깐 둘러 볶는다. 소는 두부를 (물기 없이) 매우 짜고, 두부가 없을 때는 소고기만 넣고 다져 파, 생강, 후춧가루를 넣어 볶아 해삼 속에 잔뜩 넣어 가루를 묻히고 달걀물을 묻혀 지져 쓴다.

1 편지어: 편편하고 넓게
2 뮈: 해삼
3 되오: 아주 몹시, 매우

뮈젼유 · 해삼전유어

미리 아니 담그고 불시[1]의 담가 살마 큰 뮈라도 탱ᄌᆞ마큼 ᄒᆞ여 ᄶᅡᆨᄶᅡᆨᄒᆞ게 지져 노흐면 아니된 음식이라

미리 담그지 않고 갑자기 (물에) 담가 삶아서 큰 해삼이라도 탱자만큼 하여 딱딱하게 지져 놓으면 좋지 않은 음식이다.

전복숙법 · 전복숙법

젼복은 담가 붓거든 노고의나 무르도록 살마 건져 얍게 졈이고 홍합 담가 조곰 붓거든 수염 ᄲᅦ고 ᄲᅡᆯ아 젼복과 지령 기

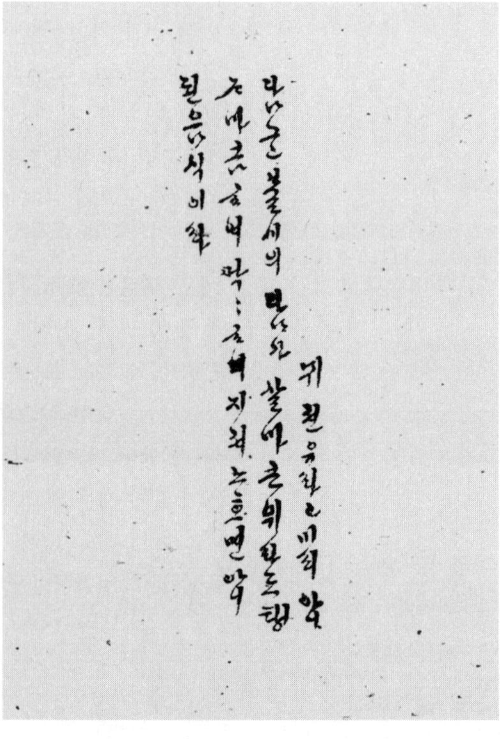
뮈젼유라 미리 아니
담그고 불시의 담가 살마 큰 뮈라도 탱
ᄌᆞ마큼 ᄒᆞ여 ᄶᅡᆨᄶᅡᆨᄒᆞ게 지져 노흐면 아니
된 음식이라

1 불시: 갑자기

룸의 주물너 안치고 꾸미는 황육 훈 덩이 너허 만[1]으로 끌여 빗치 검불거든 꿀 훈 술 너허 졉시의 괴고 호초 거피 깃소곰이나 잣가로나 헛쳐 쓰나이라

(마른) 전복을 (물에) 담가 불으면 노구에 무르도록 삶아 건져 얇게 저민다. (마른) 홍합을 (물에) 담가 조금 불어나면 수염을 떼고 씻는다. (홍합과) 전복을 간장, 기름에 주물러 (노구에) 안친다. 꾸미는 소고기 한 덩어리를 넣어 약한 불로 끓여 빛이 검붉으면 꿀 한 숟가락을 넣어 접시에 담고, 후춧가루, 거피한 깨소금이나 잣가루를 뿌려 쓴다.

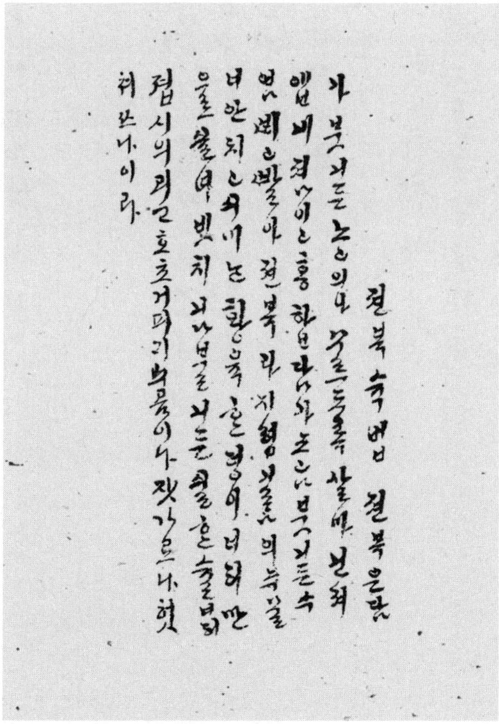

1 만: 만화, 뭉근한 불

연계점

연계를 잡아 ᄯᅡᆯ가커 ᄉᆞᆯ흔여 동녹이 입
동글 깃수 주쇄 물의 깃산헤 위 건져 ᄯᅡᆯ
다가나 ᄎᆞ로ᄒᆞ 숨어 비의 ᄒᆞᆯ디 씻어 호츠 ᄯᅵ 츠
근파 기름 죄 ᄂᆞ흔어 연계 속의 몽쇄 너
고 헤여 지ᆞ 어나 ᄒᆞ비 연계를 쟙ᄒᆞ여 여
ᄅᆞ우단 기름 장ᄭᅵ 한 ᄒᆞᆫ ᄯᅡᆯ로어 ᄭᅳᆯ여 ᄯᅥᆷ셔의
의ᄂᆞᆫ 로ᄂᆞᆫ 신 ᄉᆞᆫ ᄲᅵ 워 ᄯᅳᄂᆞ이 취 숙의 ᄆᆞᆼᄒᆞᆫ
엽 ᄉᆞᆼ치ᄂᆞᆫ 쓰며 연ᄭᅦ ᄭᆞᆺ고 씻어다 ᄂᆞ어라 ᄆᆞᆯ
벗ᄭᅵ른 ᄆᆞᆺ곰 ᄇᆞᆫᄃᆞᆺ ᄒᆞᄒᆞ라 쟈ᄅᆞᆫ ᄆᆞ최ᄂᆞᆫ어
로 ᄡᅳᄂᆞ어라

가리ᄶᅵᆷ은

가리를 ᄌᆞ막 ᄶᅵ여 질긴 ᄂᆞᄅᆞᆫ 겁질은 벗겨
버리고 칼글 잘게 ᄶᅵ여 ᄊᆡ ᄎᆞᆫ ᄆᆞ나 ᄆᆡ고기를
장의 주믈너 ᄒᆞᆫ쥐ᄂᆞᆫ 슬여 ᄌᆞᆫ가 ᄭᅩᆯ거는 박
고 ᄶᅵ 다슨ᄯᅢ 파 ᄉᆡᆼ강 호도 너허 ᄉᆞ리ᄂᆞᆫ 찬ᄯᅡᆯ 졈
홀ᄂᆞᆫ 이훈ᄂᆞᆫ ᄲᅢ한 개여 무쳐 졉시여 리ᄂᆞᆫ 하
ᄉᆞ흔 동국 ᄲᅢ운 ᄆᆞ 다스나 박ᄂᆞᆫ디 잘 ᄆᆞᆨ 쓸흐
다가의 섯ᄭᅵ리 ᄒᆞ여라 동국 수로손 ᄂᆞ 탁 각취 찰
막 ᄊᆞ 동ᄒᆞ라 어허 무 ᄭᅬ어 보와 쓸 여너ᄂᆞ
나라

연계짐 · 연계찜

연계ᄅᆞᆯ 잡아 말가킈 실ᄒᆞ여 ᄎᆞ죽이입[1]흘 짓두드려 물의 잠간 혜워 건져 말다가니[2] 두드려 소엽[3]의 ᄒᆞᆫ ᄃᆡ 섯거 호초 ᄭᆡ소곰 파 기롬 쳐 주물너 연계 속의 뭉쳐 너코 헤여지지 아니ᄒᆞ게 연계ᄅᆞᆯ 잡아 ᄆᆡ여 고으다 기롬장 계란 진말 푸어 ᄭᅳᆯ여 졉시의 괴고 호초 ᄭᆡ소곰 ᄲᅦ워 쓰ᄂᆞ이라 속의 너흔 소엽 뭉치ᄂᆞᆫ ᄯᅳ더 연계 ᄯᅳᆺ고 섯거 괴ᄂᆞ이라 외도 벗겨 돈마콤 반듯반듯 싸흐라 가로 무쳐 너허도 쓰ᄂᆞ이라

닭을 잡아 깨끗이 손질한다. 차조기잎을 짓두드려 물에 잠깐 헹궈 건져 두드려 차조기잎에 한데 섞는다. 후추, 깨소금, 파, 기름을 쳐 주물러 닭 속에 뭉쳐 넣고 헤쳐 풀어지지 않도록 닭을 잡아 맨다. (닭을) 끓이다가 기름장, 달걀, 밀가루를 풀어 넣어 끓인 후 접시에 담고 후춧가루, 깨소금을 뿌려 쓴다. 속에 넣은 차조기잎 뭉치는 뜯고 닭도 뜯어 섞어 담는다. 오이도 (껍질을) 벗겨 돈짝만큼 반듯반듯하게 썰어 가루를 묻혀 넣어 쓴다.

가리찜 · 갈비찜

가리[4]ᄅᆞᆯ 도막지여 질긘 흐느넉 ᄭᅥᆸ질은 벗겨 ᄇᆞ리고 칼금 잘게 지여 ᄭᆡ소곰 마니 너코 기롬 장의 주물너 안치고 ᄭᅳᆯ여 가다가 무르거든 박고지 다스마 파 ᄉᆡᆼ강 호초 너허 ᄡᅳ리고 진말집[5] 홀홀이[6] ᄒᆞ고 계란 개여 푸러 졉시의 괴고 ᄭᆡ소곰 흣ᄲᅦ우고 파 다스마 박고지 잘막잘막 ᄊᆞ흐라 가의 섯거 괴ᄂᆞ이라 혹 무도 손고락 갓치 잘막잘막 싸흐라 너허 무 졈이 붉 ᄭᅳᆯ여 ᄂᆡᄂᆞ니라

갈비를 토막 내어 질기고 흐느적한 껍질을 벗겨 버리고 칼금을 잘게 내어 깨소금을 많이 넣고 기름장에 주물러 (솥에) 안친다. 끓이다가 (갈비가) 물러지면 박고지, 다시마, 파, 생강, 후추를 넣어 끓이고 밀가루즙을 묽게 하고 달걀을 개어 풀어 넣는다. 접시에 담아 깨소금을 흩뿌리고 파, 다시마, 박고지를 짤막짤막하게 썰어 섞어 가장자리에 담는다. 혹은

1 차조기잎
2 '말다가니'라는 뜻을 정확히 알기 어렵다.
3 소엽(蘇葉): 차조기잎
4 가리: 갈비
5 집: 즙(汁)
6 홀홀이: 묽게, 후루루하다(멀겋다)

무도 손가락만 하게 짤막짤막 썰어 넣어 무의 색이 붉어지게 끓여 낸다.

셰산젹 · 세산적

황육 도라지 박고지 파 섯거 ᄭᅬ아 진말의 거피[1] ᄭᆡ소곰 섯거 무처 철의 기름 둘너 지져 염접ᄒᆞ여[2] 괴고 계란 부쳐 가늘게 싸흐라 우희 담속 언고 호초 쎼워 쓰ᄂᆞ이라 셰산젹 계란 부쳐 쓰ᄂᆞᆫ 거시 격이 아니오 셰산젹 ᄭᅬ 거시 너무 외도[3] 아니 되여시니 소졉시의 펴일 만치 ᄒᆞ라

소고기, 도라지, 박고지, 파를 섞어 꿰어 밀가루에 거피한 깨소금을 섞어 묻혀 번철에 기름을 둘러 지진다. 가장자리

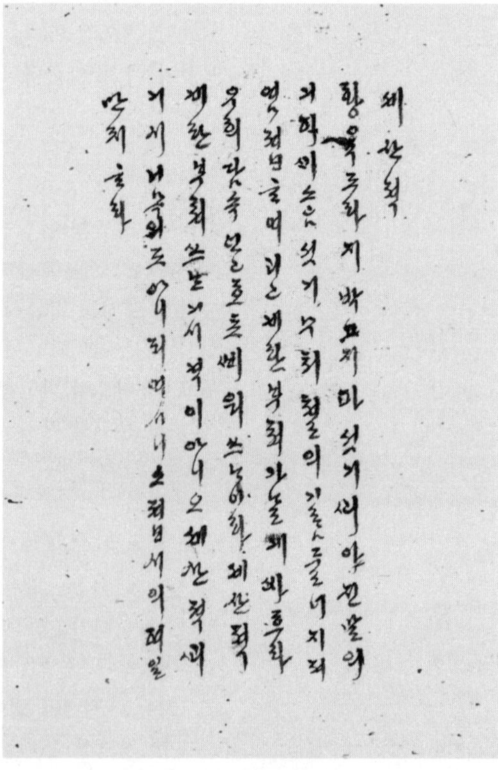

1 거피: 껍질을 벗기다
2 염접하다: 가장자리를 다듬다
3 외다: 야위다, 적다

를 다듬어 (접시에) 담고, 계란을 부쳐 가늘게 썰어 위에 듬뿍 얹고 후추를 뿌려 쓴다. 세산적에 달걀을 부쳐 쓰는 것이 격이 아니고, 세산적을 꿴 것이 너무 적어도 안 되니, 작은 접시에 펴질 만큼 한다.

동아느리미 · 동아느르미

동아를 벗겨 손바닥마큼 얍게 졈여 기ᄅᆞᆷ 장의 잠간 복가 노코 소ᄂᆞᆫ 황육 짓두드려 호초 파 ᄉᆡᆼ강 ᄭᆡ소곰 너허 염장[1] 반ᄉᆡᆼ반슉ᄒᆞ게 잠간 복가 왼잣 섯거 동아 졈원 ᄃᆡ 조곰식 너코 ᄃᆞᆺ 말 ᄃᆞᆺ 마라 싸 ᄡᅬ여 진말 ᄆᆞᆺ치고 계란 무쳐 지져 쓰되 흰ᄌᆞ만 무쳐 희게도 ᄒᆞ고 노른ᄌᆞ 무쳐 지져 잔치의ᄂᆞᆫ 식드리ᄂᆞ니라

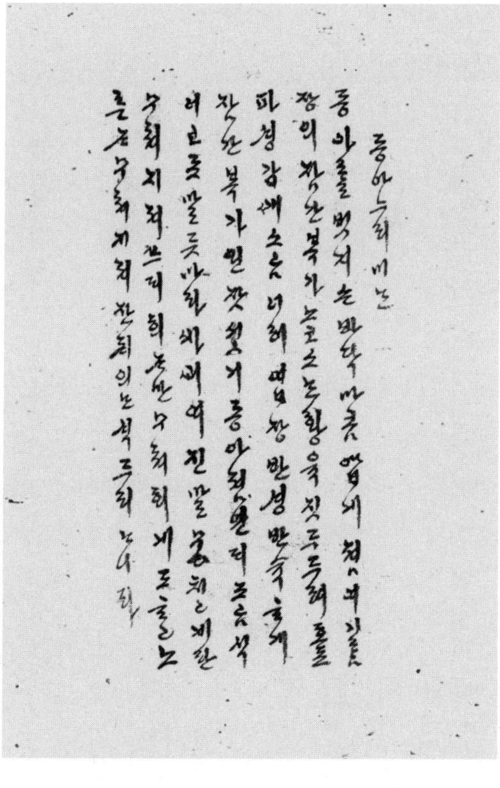

1 염장(鹽醬): 소금과 간장을 아울러 이르는 말. 음식의 간을 맞추는 양념을 통틀어 이르는 말

동아(껍질)를 벗겨 손바닥만큼 얇게 저며, 기름장에 잠깐 볶아 놓는다. 소는 소고기를 다져 후춧가루, 파, 생강, 깨소금을 넣어 양념하여 반쯤 익도록 잠깐 볶아 잣을 섞는다. 동아 저민 것에 (소를) 조금씩 넣고 돗자리 말듯 말아 밀가루를 묻히고 달걀물을 입혀 지진다. 흰자만 입혀 희게도 하고 노른자를 입혀 지져 잔치에는 색을 들여 한다.

어회 · 어회

창칼 들게 갈아 싱션을 두죽의 닉여 쎠 발나 바리고 빅지쟝 ᄀᆞᆺ치 졈여 칼 쯧ᄎᆞ로 터락[1] ᄀᆞᆺ치 가날게 죽죽 거어 쳐 졉시의 담고 칼 쯧ᄎᆞ로 살살 피워 뭉친 ᄃᆡ 업시 펴 노코 바리기깃[2]시 기롬 무쳐 우희 살살 칠ᄒᆞ여 파쑤리 가날고 길게 쳐 우희 언져 쓰ᄂᆞ니라

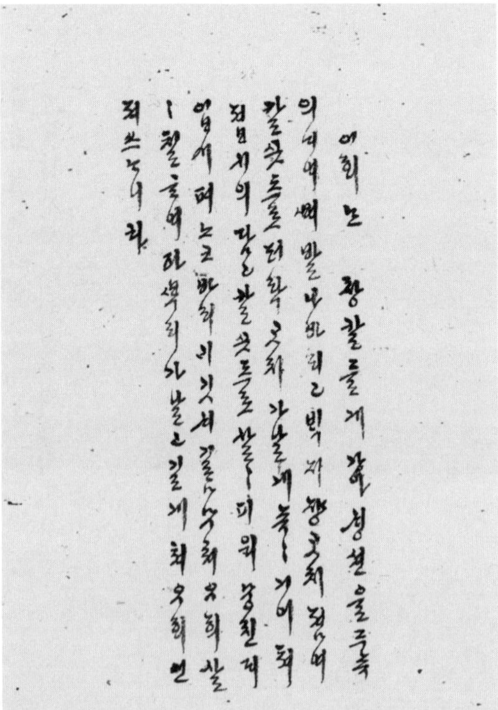

1 터락: 터럭, 머리카락

2 바리개깃: 기름 등을 바르는 용도로 쓰는 새의 날개 깃털

창칼이 잘 들게 갈아 생선을 두 쪽으로 내여 뼈를 발라 버리고, 백지장같이 저며 칼끝으로 터럭같이 가늘게 쭉쭉 그어 접시에 담는다. 칼끝으로 살살 펴서 뭉친 데 없이 펴 놓고, 깃털에 기름을 묻혀 위에 살살 칠하고 파뿌리를 가늘고 길게 썰어 위에 얹어 쓴다.

계ᄌᆞ · 겨자

겨ᄌᆞ ᄡᅡ아 체로 쳐 물의 되게 ᄀᆡ여 진ᄯᅡᆼ의 잠간 업텨다가 초지령에 ᄀᆡ여 고은 톄의 걸너 ᄭᅮᆯ 조곰 타 쓰ᄂᆞ니라

겨자는 빻아 체로 쳐 물에 되게 개어 질척한 땅에 잠깐 엎어 둔다. (불린 겨자를) 초간장에 개어 고운체에 걸러 꿀을 조금 타서 쓴다.

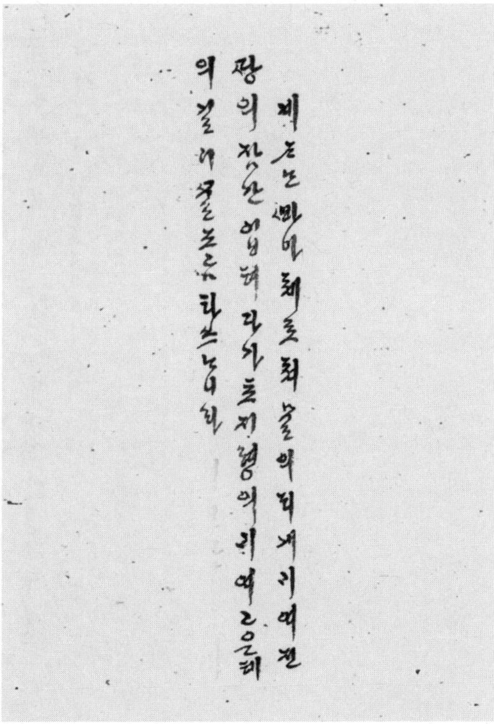

굴전유 · 굴전유어

굴의 소곰 쎄워다 물의 살살 흔들여야 젹이 잘 써러지고 허여지지 아니ᄒᆞ니 어러미혜 건져다 물 빠지거든 호초 파 다져 너코 기소곰 진말 다 섯거 편지어 가로 무치고 계란 씨워 지지라 굴의 진말 넌는 거시 조치 아니ᄒᆞ되 조곰 얍게 ᄒᆞ려 ᄒᆞ면 부셔지니 가로를 조곰 셕나이라 대져 젼유의 가로 마니 무더 익은 거시 아니 된 음식이니라

굴에 소금을 뿌렸다가 물에 살살 흔들어야 적이 잘 떨어지고 헤어지지 않는다. (굴을) 어레미에 건져 물이 빠지면 후춧가루, 파를 다져 넣고, 깨소금, 밀가루를 모두 섞어 편지어

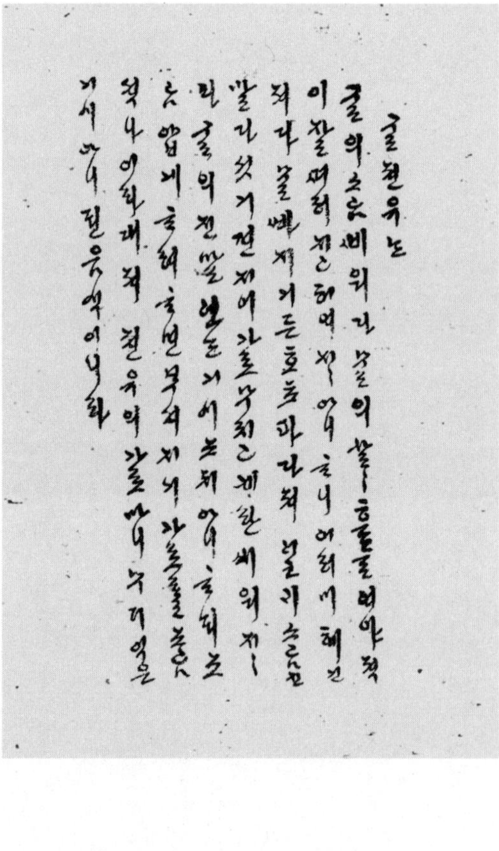

(밀)가루를 묻히고 달걀물을 씌워 지진다. 굴에 밀가루를 넣는 것이 좋지 않아 조금 얇게 하면 부서지니 가루는 조금만 섞는다. 보통 전유어에 가루를 많이 묻혀 익힌 것은 맛이 좋지 않다.

골독젼유 · 꼴뚜기전유어

쪼기여 셔너흘 부쳐 가로 무치고 계란 무쳐 지지 ᄂᆞ이라

(꼴뚜기를) 쪼개 3~4개를 붙여 (밀)가루를 묻히고, 달걀물을 입혀 지진다.

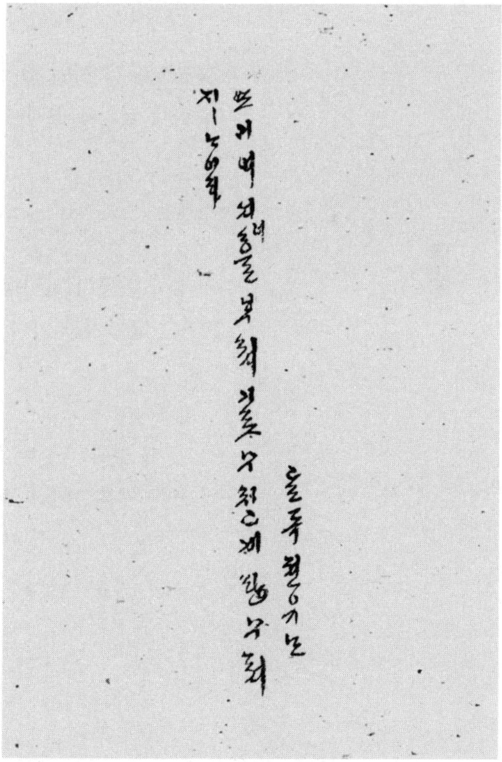
골독젼유
쪼기여 셔너흘 부쳐 가로 무치고 계란 무쳐
지지 ᄂᆞ이라

홍합젼유 · 홍합전유어

싱거ᄉᆞᆫ 더 조코 마른 홍합이라도 불워 쪼ᄀᆡ여 슈염 쎄고 얍게 졈여 서넛식 부쳐 가로 무치고 계란 무쳐 지지 나이라

생것이면 더 좋고 마른 홍합이라도 불려 쪼개 수염을 빼고, 얇게 저며 서너 개씩 부쳐 가루를 묻히고 달걀물을 입혀 지진다.

싱복회 · 생복회

싱복을 얍게 졈여 졉시의 차차 펴 노코 초지령 양념 갓초와 우희 언거나 죵ᄌᆞ의 쓰거나 ᄒᆞᄂᆞ니라

생복을 얇게 저며 접시에 착착 펴 놓고, 초간장 양념을 갖추어 위에 얹거나 종지에 (따로 담아) 쓰거나 한다.

굴회 · 굴회

젹 업시 흔드러 초지령 양념 갓초와 언쳐 쓰ᄂᆞ이라 졔ᄉᆞ의 쓰ᄂᆞᆫ거ᄉᆞᆫ 고초가로 아니 너코 먹난 ᄃᆡ 너허 먹ᄂᆞ니라

(굴을) 적 없이 흔들어 초간장 양념을 갖추어 얹어 쓴다. 제사에 쓰는 것은 고춧가루를 넣지 않고, 먹을 때 넣어 먹는다.

홍합 혈육는 셩거는데 즈근맘

를홍합이라는 별워나비여 슈몃쌔긴얍

게되며 셔녁식목최갈로수쉬근게환●수최

지ᄂᆞ니라

셩복회는

셩복을얇게 졈며 졈셔의 된수저 눈코체

형양 엿샷도와 우희 연거나 놓는의 쓰거나 흘

ᄂᆡ라

졸회고 뒥업시 흔드러 놓지 형양 엿

갓도와 연되쳐 쓰ᄂᆞ니라 뎨 소의 쓰는거 손ᄅᆞ 곳 갈혼

어ᄂᆡ 얼은 떡 난되 너허 떡ᄂᆞ니라

육회 · 육회

양깃머리 간 콩팟 쳐엽 얍게 졈여 싸흘고 쳔엽은 입ᄉᆡ 쓰더 포ᄀᆡ여 여러 입ᄉᆡ로 도톰 ᄒᆞ거든 네모 번듯 대소 업시 고로 돈마큼 싸흘ᄂᆞ 노코 또 입ᄉᆡ 돗 말 듯 마라 몸픠[1]ᄂᆞᆫ 큰 간자 총[2] 망콤ᄒᆞ고 기릐ᄂᆞᆫ 육칠 푼 기릐식 잘르고 입ᄉᆡ 뜻고 남은 바탕은 양회 ᄀᆞᆺ치 싸흐라 졉시의 겻겻 드려 괴고 우희 조희 동골게 쏫젼 만치 베혀 펴 노코 소곰 호초가로 섯거 노코 초지령 양념 가초아 쓰ᄂᆞ이라

소곰 초지령 쓰기ᄂᆞᆫ 간과 콩팟슨 소곰의 당ᄒᆞᆫ 음식이라 그만 회라도 짐작 숭덩숭덩 싸흐라 졉시의 뒤숭숭 담으면 갓튼 음식이ᄅᆞ도 모양 아니 되ᄂᆞ니라

양깃머리, 간, 콩팥, 천엽을 얇게 저며 썬다. 천엽을 잎새로 뜯어 포개어 여러 잎새로 도톰하거든 네모반듯하게 크기에 상관없이 고루 돈만큼 썰어 놓는다. 또는 잎새 돗자리 말듯이 말아 굵기는 어른 숟가락 자루만하게 하고, 길이는 6~7푼(1.8~2.1cm) 길이씩 자른다. (천엽의) 잎새를 뜯고 남은 바탕은 양회같이 썬다. 접시에 켜켜이 담고 위에 종이를 둥글게 꽃전만 하게 베어 펴 놓는다. 소금, 후춧가루를 섞어 놓고 초간장 양념을 갖추어 쓴다.

소금, 초간장을 쓰기에 간과 콩팥은 소금에 (적)당한 음식이다. 어떤 회라도 대충 숭덩숭덩 썰어 접시에 뒤숭숭하게 담으면 같은 음식이라도 모양이 좋지 않다.

1 몸피: 몸통의 굵기
2 간자총: 어른 숟가락 자루

옥희ᄂᆞᆫ 양깃 내쇠 간ᄀᆞᆼ막 ᄃᆡ 업 양ᄉᆡ게 ᄒᆞᆺ
여ᄭᅢ ᄒᆞᆯ을 ᄃᆡ ᄒᆞᆸ은 어ᄇᆡ셔 ᄯᅳ여 ᄑᆞ리ᄇᆡ ᄒᆡ 엽
시ᄅᆞᄂᆞᆫ ᄒᆞ시ᄂᆞᆫ 네 ᄆᆞ볼 ᄃᆞᆺ ᄃᆡ ᄎᆞ 어ᄇᆡ셔 ᄒᆞᆯᄂᆞᆫ
ᄆᆞ 존ᄭᅢ ᄒᆞᆯ ᄂᆞ고 ᄯᅳ 입ᄇᆡ셔 ᄃᆞᆺ 말 ᄃᆞᆺ ᄆᆞ리 ᄆᆞᆺ 피ᄂᆞ
ᄎᆞᆫ 간 샤 ᄒᆞᆼ 방 ᄒᆞᆷ ᄒᆞᆯ 기리 ᄂᆞ 욱 ᄒᆞᆯ 부ᄅᆞ 기리 ᄒᆞᆨ
쟐ᄅᆞ ᄅᆞ 어ᄇᆡ 너 ᄌᆞᆺ 날은 ᄇᆞᆫ당은 양희 ᄀᆞ쳐 ᄭᅢ
ᄃᆞ구리 ᄃᆡᄇᆡ 세의 처ᄋᆡ ᄃᆞ쇠 리ᄅᆞ 우희 초희 ᄌᆞᆼ을
재 ᄉᆞᆺ 취ᄆᆞᆫ 만취 ᄲᅢ쳐 져 ᄂᆞ고 ᄉᆞ은 ᄒᆞᆫ ᄎᆞ가 ᄒᆞᆺ 섯거
ᄂᆞ고 ᄒᆞᆼ치 ᄒᆡᆼ 양엿 가ᄒᆞ야 ᄌᆞᄂᆞ 어ᄉᆡ 소은ᄂᆞᆫ 져ᄒᆡᆼ
ᄲᅳ기ᄂᆞᆫ 가라 ᄀᆞᆼ막ᄂᆞᆫ 소은의 탕은 욱쳑 이ᄒᆞᆫ고
만희 라ᄅᆞ 쳑작 숑ᄒᆡᆼ ᄉᆡᄒᆞ리 ᄒᆞᆸ 져의 듸
숑 당우ᄒᆞᆫ 갓ᄂᆞᆫ 욱ᄉᆡᆨ ᄇᆞᄅᆞᄂᆞ ᄂᆞ양 어ᄋᆡ 되ᄂᆞᆫ
라

큰상에 차리는 음식

제사나 잔치

조상을 기리기 위해 지내는 제사와 함께 잔치 큰상에 올리는 음식들이 소개되어 있다. 적과 절육, 전유어, 동아선 총 12종의 음식 만드는 법을 살펴볼 수 있는데, 이들은 지역이나 가풍에 따라 조금씩 차이가 있는 것이 특징이다.

번철과 삼발이_ 번철은 쇠나 돌로 넓적하고 낮게 만들어 불 위에 올리고 지짐을 할 때 쓰는 부엌 용구다. 번철을 올리려면 둥그런 테에 막대 같은 발이 세 개 달린 삼발이가 있어야 안정되게 올릴 수 있으며, 아예 번철에 다리까지 붙은 것도 있다. 집안에 제사나 잔치가 있으면 기름칠을 한 번철에 빈대떡, 전유화, 느름적 등을 지진다. 번철에 지짐질하는 고소한 기름 냄새가 집안에 온통 번지면 잔치 차림새는 분주해진다.

젹 · 적

황육을 일곱 치식 하고 몸픠 크게 ᄒᆞ여 기리ᄂᆞᆫ 자 기ᄅᆡᄂᆞ ᄒᆞ니 산젹 졈의 마니 드라 곳창이 셰희 가온ᄃᆡ와 엽희 쐬고 가리젹 둘식 부쳐 젹 기ᄅᆡ와 ᄀᆞᆺ치 길게 자르고 가리 겁질 벗기고 칼금 잘게 지우고 젹도 칼금 잠간 지우고 장 기름 ᄭᆡ소곰 파 ᄉᆡᆼ강 호초 너허 쥬물어 쐬고 셜하묵이라

ᄯᅩ 황육 ᄃᆞᆺ겁고 길게 젹 기ᄅᆡ ᄀᆞᆺ치 ᄒᆞ고 넙의 세 치나 되게 ᄒᆞ여 괴고 간젹도 셜하묵 갓치 넙게 길게 ᄒᆞ여 괴고 ᄉᆡᆼ치젹도 여름이 아니면 ᄒᆞᄂᆞ이라 계육젹 왼ᄎᆡ ᄒᆞ여 괴고 족젹 튀ᄒᆞ여[1] 정히 ᄒᆞ여 ᄭᅩᆺ창이에 족을 이어 쐬고 ᄉᆡᆼ션젹 큰 거ᄉᆞ로 머리 눈게만 버히고 구어 쓰되 ᄉᆡᆼ션 썅젹으로 둘식 쐬여 쓰기도 ᄒᆞᄂᆞ이라 ᄉᆡᆼ션구이ᄂᆞᆫ 제ᄉᆞ의 쓰ᄂᆞᆫ 거ᄉᆞᆫ ᄃᆡ가리 베히면 모양이 아니 되니라 상의 노아 먹ᄂᆞᆫ 것 ᄃᆡ소 업시 머리 잘나 ᄇᆞ리ᄂᆞ이라

소고기를 (폭은) 7치(21cm)씩 하고 굵기는 크게 하며 길이는 1자(30cm)로 한다. 산적감으로 많이 드니 꼬치 셋을 가운데와 (양)옆에 꿴다. 갈비적은 둘씩 붙여 적 길이[2]와 같이 길게 자르고 갈비 껍질을 벗기고 칼금을 잘게 내고, 적도 칼금을 약간 낸다. 장, 기름, 깨소금, 파, 생강, 후춧가루를 넣어 주물러 꿰면 설하멱이다.

또 소고기를 두껍고 길게 적 길이같이 하고 너비 3치(9cm)나 되게 하여 괴고, 간적도 설하멱같이 넓고 길게 하여 괴고, 생치적도 여름이 아니면 한다. 계육적은 통째로 하여 괴고, 족적은 (족을) 끓는 물에 잠깐 넣었다가 꺼내어 털을 뽑고 깨끗이 하여 꼬챙이에 족을 이어 꿴다.

생선적은 (생선) 큰 것으로 머리, 눈만 베고 구워 쓰되, 생선 쌍적으로 둘씩 꿰어 쓰기도 한다. 생선구이는 제사에 쓸 때 대가리를 베면 모양이 좋지 못하다. 상에 놓아 먹는 것은 크기에 상관없이 대가리를 잘라버린다.

1 튀하다: 짐승이나 닭 등을 잡아 뜨거운 물에 잠깐 넣었다가 꺼내어 털을 뽑다.

2 적 길이: 제사나 잔치 때 쓰는 네모진 적 틀의 크기에 맞춘 길이를 말함

책ᄉᆞ의나 찬 쇠 큰 쌍의나 책도

황육을 엇드되 책ᄒᆞᆯ 붓퇴 크게 ᄒᆞ여 거
러ᄂᆞᆫ 재거퇴 ᄂᆞ ᄒᆞᄂᆞ 찬 책 쇠ᄉᆞ의 ᄲᅢ나 드러 ᄯᅩ
쌍이 세퇴 가온ᄃᆡ 안 ᄯᅢ보히 ᄭᅴᄂᆞᆫ 가져 책 줄
삭부퇴 책 기퇴 안 ᄯᅩ 쳐 길게 자르ᄂᆞᆫ 가져 길쳘
벗기ᄂᆞᆫ 칼근 찰세 ᄭᅦ우ᄂᆞᆫ 책도 칼근 찬ᄉᆞᆫ 새우ᄂᆞᆫ 쌍
기ᄅᆞᆫ 쇠 소ᄅᆞᆫ 바 ᄂᆞᆼ 쌍호ᄂᆞᆯ 더 쇠 ᄎᆞᆷ울 어ᄯᅥᄂᆞᆫ 쳘ᄒᆞ
무어라 ᄯᅩ 황육 ᄃᆞᆺ 거ᄃᆞᆫ 길세 책기퇴 고쳐
ᄒᆞᆯ ᄯᅥᄃᆞ의 세 퇴나 되게 ᄒᆞ여 ᄃᆞᄂᆞᆫ 각책도 쳘
하욱 각쳐 ᄯᅥᄃᆞ세 길게 ᄒᆞ여 ᄃᆞᄂᆞᆫ 쇵쳐 책도 ᄯᅡᆯ
이 ᄯᅡ니 면 ᄒᆞᄂᆞ여라 ᄍᆡ육 책 안쇠 ᄒᆞ여 ᄃᆞᄂᆞᆫ 눅
책 퇴어 ᄒᆞ여 쳐ᄋᆞ히 ᄒᆞ여 ᄯᅳᆺ황에 ᄯᅢ 즙을 에 ᄯᅢ
셰ᄂᆞᆫ 쌍 쎤 책 쿨 ᄂᆡᄉᆞᄒᆞ ᄯᅥ러 눈게 ᄯᅡ버히ᄂᆞᆫ 굿
쓰퇴 쌍 쎤 쌍 책 ᄋᆞ을ᄂᆞᆫ 굴 직ᄯᅢ여 쓰가ᄌᆞᆺ ᄒᆞ
누이라 쌍 쎤 ᄀᆞ어노 ᄍᆡᄉᆞ의 쓰ᄂᆞᆫ 거ᄉᆞᆫ 되ᄉᆞ퇴 ᄯᅢ
하면 ᄯᅳᆨ양이어ᄂᆞ 되니라 쌍의 누어ᄂᆞᆫ 것 라
요ᄯᅥᆸ에 버쇠 ᄯᅳᆯ오보되ᄂᆞ이라

쳘육ᄌᆞ
되ᄀᆞ 항에 담에 젹ᄂᆞ멍울을 길ᄂᆞᆫ 넙세ᄒᆞᆫ에
리이리 되ᄀᆞ와 항에 올 겸 쳘 벗 져ᄀᆞ 싹
너여 연 쳔ᄒᆞ여 쳔 리ᄃᆞᆺ 내 번되 업서 니타
뎍ᄀᆞ ᄯᅥᆺ 뇌 리ᄒᆞ여 항어 ᄃᆡᄂᆞᆫ 담에 ᄃᆡᆫ구ᄒᆞ회
토리ᄂᆞᆫ 옷ᄒᆞ의 운여 오ᄒᆞ리ᄂᆞᆫ 쳔복물의 담ᄉᆞ
봇기ᄂᆞᆫ 보ᄂᆞᆫ의 ᄉᆡ다 쳔ᄒᆞ여 여ᄃᆡ즁올 ᄒᆞᆫ되 쇄
거 쳠ᄇᆞ시 갓쇄 ᄃᆞᆼ화ᄃᆡ 민ᄃᆞ래 강올 되ᄂᆞᆫ
벽져ᄉᆞ 쳔ᄇᆞᆫ 쳐ᄲᆞᆫ쳐 즁올게 ᄇᆡ쳐 연ᄒᆞᆫ 할ᄲᆞ벅
ᄭᅢ여비 봇ᄒᆞ여ᄉᆡ 담ᄉᆞᆨ 연ᄒᆞ 쓸ᄒᆞ여 쇠되ᄀᆞ 항여담
에 다엿ᄉᆡ나 ᄒᆞᆫ되 봇 쳐ᄇᆞᆫ여 ᄒᆞᆫ 모ᄒᆞ여 다엿올쇄
나 ᄒᆞᆯ되 쳡ᄇᆞᆨ 다엿ᄉᆡ나 ᄒᆞ여야 젹ᄒᆞ여 ᄒᆞᆫ
ᄒᆞ여라 쇠ᄂᆞᆫ의나 찬쇠 큰 항의 랑향올 ᄲᅥᄃᆡ
ᄂᆞᆫ 찬쇠 큰 항ᄃᆞᆺ 이러커 ᄒᆞᆫ치 셕ᄇᆡᆨ 쳔의야
형세 잇세ᄃᆞ여 ᄒᆞ여 ᄀᆡ ᄒᆞᆯ 갓ᄂᆞᆫ 여보ᄂᆞᆫ 니라

ᄃᆡ구 상어 광어 젹 모양으로 길고 넙게 ᄒᆞ여 괴이되 ᄃᆡ구와 상어를 겁질 벗겨 두 ᄶᅩ각 ᄂᆡ여 염졉ᄒᆞ여 편 괴듯 내민 ᄃᆡ 업시 괴되 ᄃᆡ구 밋틔 괴이되 상어 괴고 광어 괴고 그 우희 포 괴고 우희 문어 오려 괴고 젼복 물의 담가 붓거든 보ᄌᆞ의 싸다 졈여 이 더흘 ᄒᆞ되 쳬거 접시 갓치 동고라ᄏᆡ ᄆᆡᆫ드러 가온ᄃᆡ 괴고 ᄇᆡᆨ지 소졉시 만치 동골게 버혀 언고 잣 ᄶᅡ ᄇᆡᆨ지 아니 보이게 담속 언져 쓰ᄂᆞ이라 ᄃᆡ구 상어 광어 다엿시나 ᄒᆞ고 ᄃᆡ포 졉이ᄂᆞ ᄒᆞ고 문어 다엿 오리나 ᄒᆞ고 ᄃᆡ젼복 다엿시나 ᄒᆞ여야 젹과 어둥어둥ᄒᆞ이라
졔ᄉᆞ의ᄂᆞ 잔ᄎᆡ 큰 상의 관향[1]으로 지ᄂᆡ고 잔ᄎᆡ 큰 상도 이러ᄏᆡᄒᆞ지 션ᄇᆡ집의야 형셰 잇셔도 이러ᄏᆡ ᄒᆞᆯ 길은 업ᄂᆞ니라

대구, 상어, 광어를 적 모양으로 길고 넓게 하여 고이되, 대구와 상어는 껍질을 벗겨 두 조각을 내어 염접하여 편 괴듯 내민 데(튀어나온 부분) 없이 고인다. 대구를 밑에 고이되 상어를 괴고, 광어를 괴고, 그 위에 포를 괴고, 위에 문어를 오려 괴고, 전복은 물에 담가 붇거든 보자기에 싸서 저며 이를 더하되 제기 접시같이 동그랗게 만들어 가운데 괸다. 백지를 소접시만 하게 둥글게 오려 얹고 잣은 백지가 보이지 않도록 듬뿍 얹어 쓴다. 대구, 상어, 광어를 5~6마리나 하고, 큰 (육)포는 1접이나 하고, 문어 5~6오리나 하고, 대전복은 5~6(개)나 하여야 적과 (높이가) 엇비슷하다.
제사에나 잔치 큰상이라도 관향으로 지내는 것이나 이렇게 하지 선비집에야 형세 있어도 이렇게 할 길이 없다.

1 관향(貫鄕): 시조(始祖)의 고향(故鄕)

간납 · 간납

전유어

육전 어전 각각 졉시의 괴고 형셰 여부듸로 자그면 어육젼 흔 졉시의 괴여도 쓰느니라 뮈뎐은 각각 짜로 괴이나리라 졔스의는 잔치의 쓰는 잡탕 갓치 흐여셔는 아니 쓰느니라

육전, 어전을 각각 접시에 괴고, 형세 여부대로 작으면 어육전 한 접시에 괴어도 쓴다. 해삼전은 각각 따로 담는다.
제사의 (간납)은 잔치에 쓰는 잡탕의 (간납)같이 하여서는 안 된다.

동아션 · 동아선

셴동아를 겁질 벗겨 브리고 속 무른 것 벗기고 큰 다식 망큼 싸흘고 네모 반듯흐게도 싸흘고 둣테는 도톰도톰흐게 흐여 소곰 잠간 쎄워 저어 솟찰 다르고 기름 마니 두루고 동

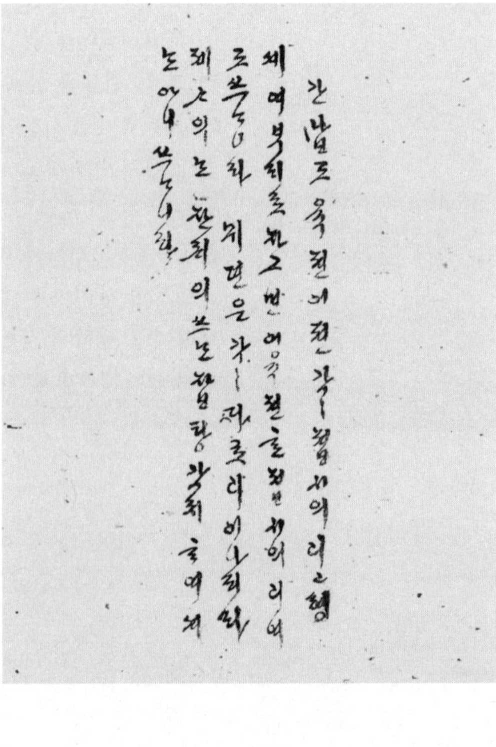
간납은 육젼 어젼 각각 졉시의 괴고 형
셰 여부듸로 자그면 어육젼을 흔 졉시의 괴여
도 쓰느니라 뮈뎐은 각각 짜로 괴이나리라
졔스의는 잔치의 쓰는 잡탕 갓치 흐여셔
는 아니 쓰느니라

아ᄅᆞᆯ 건져 너허 무루지 아니케 불을 싸게 ᄣᅵ 급피 둘너 복가 동ᄋᆞ 졈이 잠간 익어거든 퍼셔 국 익거든 ᄯᅡ라 노코 혜쳐 식은 후 계ᄌᆞ의 담가 항의 너허 두고 반ᄒᆞ고 초지령도 타 쓰ᄂᆞ니 파 싱강 만날 곳초 다져 너허 처셔 항의 너허 반찬ᄒᆞ되 계ᄌᆞ가 오ᄅᆡ 두고 못 먹ᄂᆞ니라 졔ᄉᆞ의도 쓰ᄂᆞ이라

센 동아를 껍질 벗겨 버리고 속 무른 것을 벗기고, 큰 다식(크기)만큼 썰고 네모반듯하게도 썰고, 두께는 도톰도톰하게 하여 소금을 살짝 뿌려 절여둔다. 솥을 달구고 기름을 많이 두르고, 동아를 건져 넣어 무르지 않도록 불을 세게 때어 급히 둘러 볶는다. 동아 쪽이 살짝 익었거든 퍼서 국(물)이 있거든 따라 놓고, 헤쳐 식힌 후에 겨자에 담가 항에 넣어 두고 반(찬)하고 초간장도 타 쓴다. 파, 생강, 마늘, 고추를 다져 항아리에 넣어 반찬으로 한다. 겨자는 오래 두고 먹지 못한다. 제사에도 쓴다.

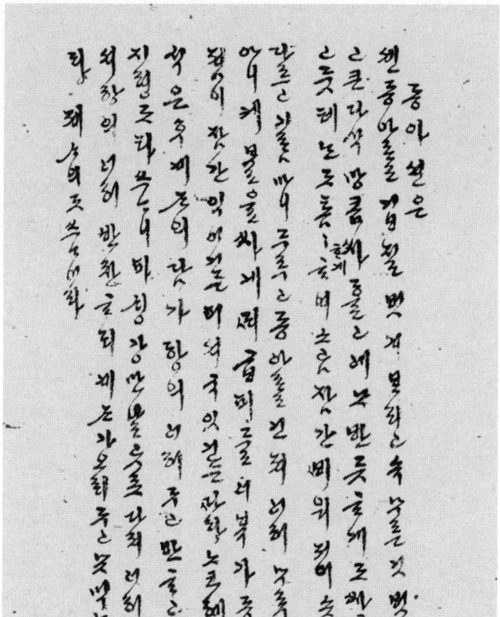

혼인 신행 음식

신행 즉 혼인할 때에 신랑이 신부 집으로 가거나 신부가 신랑 집으로 들어올 때 차리는 상차림을 소개하였다. 응이상, 밤참, 아침 죽상차림, 아침·저녁 반상차림에 대해 각각 어떻게 음식을 구성하여 차리는지를 자세히 설명했다. 구이, 자반, 나물, 젓갈 등 여러 가지 음식을 한 그릇에 어울려 담는 방법도 알려준다. 신행 상차림에 이어 상차림에서 언급했던 음식들의 조리법이 적혀 있다. 탕, 적이나 구이, 좌반, 전골, 김치 등 총 23종을 소개하였다.

놋반상 _ 예전에는 격식을 차리는 집에서는 식사를 1인 반상으로 차려냈다. 상 위에 올릴 때는 국, 밥, 김치, 장과 반찬류 3~9가지를 주발, 대접, 보시기, 종지, 쟁첩이라는 식기에 담는다. 뚜껑이 있으며 놋그릇으로 크기와 높이가 차이가 난다. 위가 바라진 것은 연엽반상으로 남성용이고 오목하게 배가 부르고 꼭지가 달린 것은 '옥바리'라 하며 여성용이다. 집안에 혼사가 있고 신랑이 신행을 오면 아침 저녁 갖은 찬을 차려 반상기에 담아 새 식구 대접을 해주었다.

혼힝[1] 드러오거든 가을 겨울 봄이여든 갈분의이ㄴ 녹말의이ㄴ 쑤어 노코 슈육 ᄒᆞᆫ 졉시 노코 젼유 ᄒᆞᆫ 졉시 노코 유과 다식 겻드려 노코 중과[2] 조곰 그 엽희 노아 ᄒᆞᆫ 졉시 노코 각ᄉᆡᆨ 실과 ᄒᆞᆫ 졉시 노코 가을 봄이여든 홧치 ᄒᆞᆫ 보 겨울이여든 슈뎡과 ᄒᆞᆫ 보 노코 ᄡᆞᆯ ᄒᆞᆫ 죵ᄌᆞ 초지령 ᄒᆞᆫ 죵ᄌᆞ 노아 식지[3] 덥고 고은 보 싸ᄆᆡ여 ᄂᆡ여 보ᄂᆡ고 징반의 쥬젼ᄌᆞ 술 너코 잔 노아 ᄂᆡ여 보ᄂᆡ나이라

혼행이 들어오거든 가을, 겨울, 봄이면 갈분의이나 녹말의이나 쑤어 놓고, 수육 한 접시를 놓고, 전유(어) 한 접시를 놓고, 유과와 다식을 곁들여 놓고, 중계를 그 옆에 조금 놓아

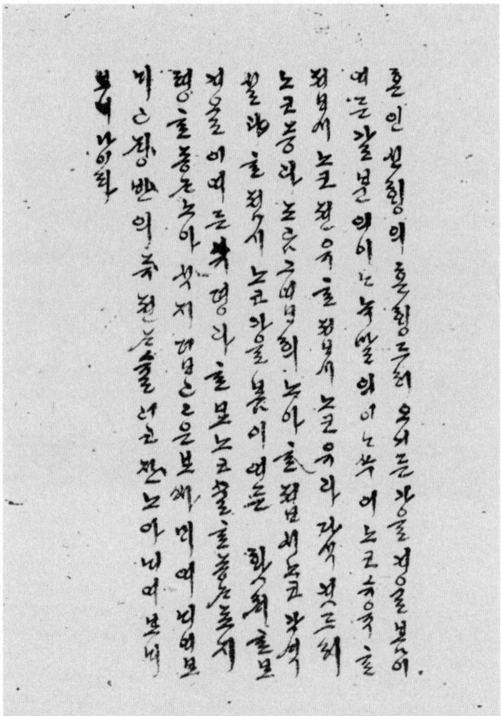

1 혼행(婚行): 혼인할 때에, 신랑이 신부 집으로 가거나 신부가 신랑 집으로 감

2 중과: 중계

3 식지(食紙): 밥상이나 음식물을 덮는 데 쓰는 기름종이

한 접시 놓고, 각색 실과 한 접시를 놓는다. 가을과 봄이면 화채 한 보(시기)를, 겨울이면 수정과 한 보(시기)를 놓는다. 꿀 한 종지, 초간장 한 종지를 놓아 식지를 덮어 고운 보(자기)에 싸매 내어 보낸다. 쟁반에 주전자 술을 놓고 잔을 놓아 내어 보낸다.

밤참 · 밤참

탄면[1]이ᄂᆞ 잘ᄒᆞ고 약념 ᄉᆡᆨ드려 너허 ᄒᆞᆫ 탕기 육회 ᄒᆞᆫ 접시 슈육 ᄒᆞᆫ 접시 실과ᄂᆞᆫ 쳐음 ᄀᆞᆺ치 노아 ᄂᆡ여 보ᄂᆡ고

창면이나 잘 하고 양념에 색을 들여 넣어 한 탕기, 육회 한 접시, 수육 한 접시, 실과는 처음같이 놓아 내어 보낸다.

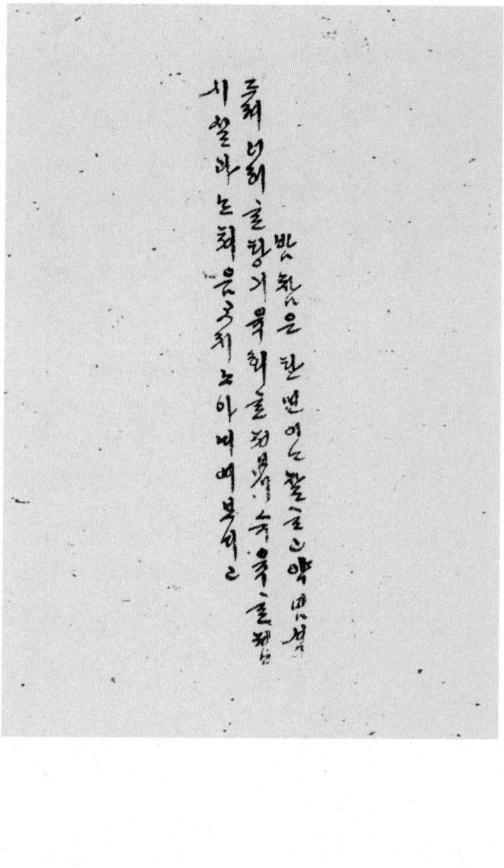

1 탄면: 창면. 녹말을 물에 풀어 그릇에 담아 끓는 물에 넣어 익힌 다음, 채를 쳐서 꿀을 탄 오미자 국물이나 장국에 넣어 먹는 음식

조ᄒᆞᆫ은
흰 ᄂᆞᆨ쌀 옥ᄀᆞᆺ치 쓸혀 ᄌᆞ박 ᄭᅧᆫ 쌀을 ᄆᆞᆯ가케
박ᄂᆞ 쌀 ᄒᆞᆯ 되 ᄂᆡ는 기ᄅᆞᆷ 서너 술 여ᄒᆞ 쳐 ᄯᅩ 술
ᄆᆞᆯ가커 ᄇᆡᄂᆞᆫ 주어 ᄲᅧᆫ을 ᄭᅳ어 ᄇᆞᆺᄂᆞᆫ 다ᄅᆞᆫ 쌀 ᄂᆞ ᄆᆞ숵
이 ᄋᆞᆯ ᄭᅳ어 ᄃᆞ분 ᄒᆞᄅᆞ록 을 ᄭᅳ어 ᄇᆞᆺᄂᆞᆫ 우ᄅᆞᆫ ᄌᆞ박 ᄭᅧᆫ
쌀은 ᄇᆞᆺ지 ᄆᆞᆯᄂᆞ 마노 ᄒᆞᄅᆞᆯ 이 ᄒᆞ여 푹 ᄯᅳᆫ 우희 ᄂᆞᆨ
ᄭᅮᆯ 쳐 ᄒᆡᆨ ᄲᅧᆫ ᄀᆞᆺ치 어ᄃᆡᄂᆞ ᄯᅧ며 ᄆᆞᄉᆞᆫ 일 쌀 되 엿
쳐 밀ᄀᆞᆺ ᄀᆞᆺᄂᆞᆫ ᄂᆞᄅᆞᆨ에 ᄒᆞ라 항ᄎᆡ 먹ᄂᆞ 흰 ᄂᆞᆨ 에야
악 쳐 노 쌀 노 ᄃᆞᆺ을 ᄭᅳ어 ᄇᆞ우라 쌀이 ᄒᆞ 쳐 울ᄂᆞ게
쌀 어 서 어 ᄎᆡ 쟈 악 어 ᄃᆡ 어 게 울 우 ᄆᆞᆯ ᄃᆡ 악 ᄒᆞᄂᆞᆫ라
ᄒᆞ ᄂᆞᆨ 쟈 아니 ᄂᆞᆨ 어 ᄒᆞ로 ᄆᆞᆯ ᄒᆞᆫ ᄒᆞᄂᆞᆫ 쌀ᄂᆞᆫ 은 보
ᄂᆞ 오ᄅᆞ니 찰 ᄆᆞᆺ ᄒᆞ니 여 ᄒᆞᆫ 쟈 양 ᄒᆞᄂᆞ니라

조반 흰쥭 · 조반 흰죽

ᄡᆞᆯ 옥 ᄀᆞᆺ치 쓸러 도막진 쌀은 말가킈 밧고 ᄡᆞᆯ ᄒᆞᆫ 되여든 기ᄅᆞᆷ 서너 술이나 쳐 ᄯᅳ물 말가킈 ᄂᆡ고 두어 번을 워 붓고 다른 ᄡᆞᆯ 노 무슈이 울워 탑탑ᄒᆞ도록[1] 울워 붓고 으르고[2] 도막진 ᄡᆞᆯ은 붓지 말고 마초 훌훌이 ᄭᅳ여 푸면 우희 죽물리 ᄎᆡᆨ면 ᄀᆞᆺ치 어리고 ᄯᅥ 머으면 왼ᄡᆞᆯ리 잇셔 ᄇᆡᆨᄭᅩᆺ 갓고 조ᄒᆞ이라

상ᄒᆡ 먹ᄂᆞᆫ 흰쥭이야 안치ᄂᆞᆫ ᄡᆞᆯ노 곳 울워 부으되 ᄡᆞᆯ이 비셔 울니지 ᄡᆞᆯ이 ᄭᆡ여져 싸락이 되여 게울우면 괴약 ᄒᆞ이라 금즉[3] 지 아니고 쥭이라도 몰르고 ᄒᆞᄂᆞᆫ 집 사ᄅᆞᆷ은 보고 우스니 잘못ᄒᆞ기여 ᄃᆞᆱ지 아니ᄒᆞ랴

쌀을 옥같이 쓿어 토막진 쌀은 말갛게 받고, 쌀 1되면 기름 3~4숟가락을 친다. (쌀)뜨물을 말갛게 내고 두어 번 우려 붓고, 다른 쌀로 무수히 우려 탑탑하도록 우려 붓는다. 으깨지고 토막진 쌀은 넣지 않으며 알맞게 훌훌히 끓여 푼다. 위에 죽물이 책면같이 어리고 떠 먹으면 온쌀이 있어 배꽃과 같고 좋다.

평소 먹는 흰죽은 안치는 쌀로 곧 우려 붓되, 쌀이 깨져 싸래기가 되어 거르면 고약하다. 끔찍하지 않은 죽이라도 모르고 하는 집 사람으로 보고 웃으니 잘못하기에 닮지 말아야 한다.

1 탑탑하다: 매끄럽지 않거나 개운치 않은 느낌이 있거나 걸쭉한 액체와 같은 느낌

2 으르다: 방망이 같은 것으로 으깨다

3 금즉하다: 끔찍하다

민어 약포 어란 젼복 삼ᄉᆞ ᄉᆡᆨ을 겻드려 반 졉시나 되게 담고 만나지 ᄒᆞᆫ 졉시 화란[1] ᄒᆞᆫ 졉시 녹도나물[2]이나 복근나물이나 ᄒᆞᆫ 졉시 ᄃᆡ화 두드려 무치고 짐 뭇치고 겻드려 노코 싱거온 짐ᄎᆡ 노코 고기 다린 지령 종ᄌᆞ의 노아 ᄂᆡ여 보ᄂᆡ고

드려온 후ᄂᆞᆫ 만두 ᄒᆞᆫ ᄢᅵ나 ᄒᆞ고 ᄯᅥᆨ국 ᄒᆞᆫᄢᅵ ᄒᆞ고 거문ᄭᆡ쥭 ᄒᆞᆫ ᄢᅵ나 ᄒᆞ고 슈슈의이도 ᄒᆞ고 이 네 가지의ᄂᆞᆫ 실과 간남[3] ᄉᆡᆨ 가라가며 노아 ᄂᆡ여 보ᄂᆡ고 혹여 참이여든 미슈 타 노코 국슈도 ᄒᆞ고 ᄎᆡᆨ면도 ᄒᆞ고 실과 노코 간납 어믄도 어ᄎᆡ 슈육 젼유 ᄉᆡᆨ 가라 두 졉시식 노코 어ᄎᆡ 슈육 ᄒᆞᆫ ᄢᅵ 어만도 젼유 ᄒᆞᆫᄢᅵ 노아 내여 보ᄂᆡ라

여롬이라도 조반은 흰쥭 ᄭᆡ쥭 잣쥭은 ᄒᆞ나이라

셔울 호사ᄒᆞᄂᆞᆫ 집 신낭 집의 드러오던 날 조반쥭은 잣쥭 ᄭᆡ쥭 흰쥭 셰 그릇 쑤어 놋ᄂᆞᆫ다 ᄒᆞ되 우리 집의셔ᄂᆞᆫ 그러키 ᄒᆞ여 본 일은 업다

갈분의이ᄂᆞᆫ ᄎᆞᆰᄲᅮ리 ᄏᆡ여 ᄲᅡ아 수비ᄒᆞ여[4] ᄒᆞᆫ다 ᄒᆞ나 셔울이나 관가의셔 갓다 쓰라 갈분의이 상품이요 지ᄎᆞ 녹말의이요 수수의이ᄂᆞᆫ 수비ᄒᆞ여 ᄒᆞ면 먹기 조흐되 하등되ᄂᆞᆫ 의이니라 율무의이도 쓸만ᄒᆞ니라

민어, 약포, 어란, 전복 3~4가지 색을 곁들여 반 접시나 되게 담고, 만나지 한 접시, 새우알 한 접시, 숙주나물 또는 볶은 나물 한 접시, 대하를 두드려 무치고, 김을 무쳐 곁들여 놓고, 싱거운 김치를 놓고, 고기 달인 간장을 종지에 놓아 내여 보낸다.

들여보낸 후에는 만두를 한 때(끼) 하고, 떡국을 한 때(끼) 하고, 검은깨죽을 한 때 하고, 수수의이도 한다. 이 네 가지에는 실과, 간납(전유어)을 색 바꿔 가며 놓아 낸다.

혹 참이라면 미수를 타 놓고, 국수도 하고, 책면도 하고, 실과를 놓고, 간납·어만두·어채·수육·전유어를 색을 바꿔 두 접시씩 놓고, 어채와 수육을 한 때, 어만두와 전유어를 한 때 놓아 내어 보낸다.

1 하란(蝦卵): 새우의 알
2 녹도나물: 숙주나물
3 간납: 간랍, 전유어
4 수비(水飛)하다: 곡식 가루나 그릇을 만들 흙 따위를 물속에 넣고 휘저어 이물질을 없앤다.

여름이라도 조반에 흰죽, 깨죽, 잣죽은 한다.

서울 호사하는 집에 신랑이 들어오는 날이면 조반죽은 잣죽, 깨죽, 흰죽, 세 그릇을 쑤어놓는다고 하는데, 우리 집에서는 그렇게 해 본 일은 없다.

갈분의이는 칡뿌리를 캐어 빻아 수비하여 한다 하나, 서울이나 관가에서 갖다 쓴다. 갈분의이는 상품이고, 그다음은 녹말의이며, 수수의이는 수비하면 먹기 좋지만 하등의이이다. 율무의이도 쓸 만하다.

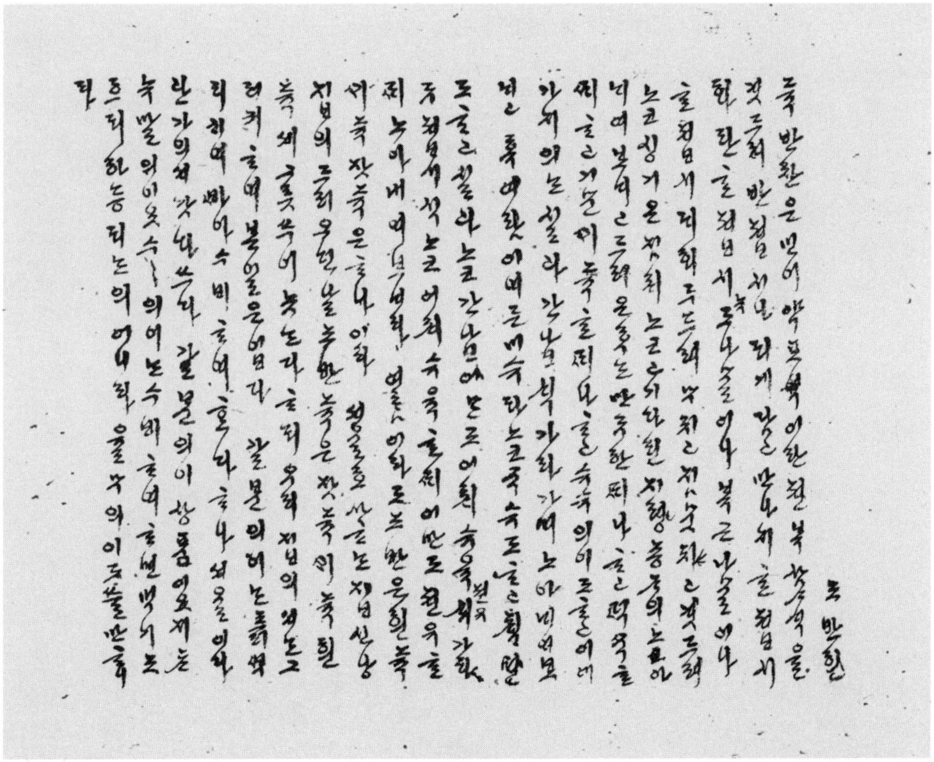

탕

ᄆᆡ탕[1]도 잡탕으로도 ᄒᆞ고 고음탕으로도 ᄒᆞ고 셧복기국으로도 ᄒᆞ고 모시조ᄀᆡ탕도 ᄒᆞ고 감곽[2]국도 ᄉᆡᆼ치나 황육 ᄭᅮ미 너허 ᄭᅳᄂᆡ ᄃᆡ화가로 우희 언져도 노코 ᄉᆡᆼ션국도 ᄒᆞ고 낙지복기도 ᄒᆞ고 게 ᄢᅵ여든 게탕도 ᄒᆞ고 ᄌᆞ라탕도 ᄒᆞ고 겨이요 여러 ᄢᅵ 되거든 연포도 ᄒᆞ고 ᄢᅵ 마조 거포[3] 노치 말고 ᄉᆡᆨ 가라[4] 노으라 ᄋᆡ탕도 ᄡᅮᆨ 잇ᄂᆞᆫ ᄢᅵ여든 ᄒᆞᄂᆞ니라

메탕은 잡탕으로도 하고, 고음탕으로도 하고, 섞볶기국으로도 하고, 모시조개탕으로도 한다. 미역국은 생치(꿩)나 소고기 꾸미를 넣어 끓여 대하가루를 위에도 얹어 놓는다. 생선국도 하고 낙지볶음도 한다. 게 (나오는) 때가 되면 게탕도 하고, 자라탕도 한다. 여러 때 되면 연포도 하고 때를 맞춰 거푸 놓지 말고 색(종류)을 바꿔가며 놓는다. 애탕도 쑥이 있는 때거든 한다.

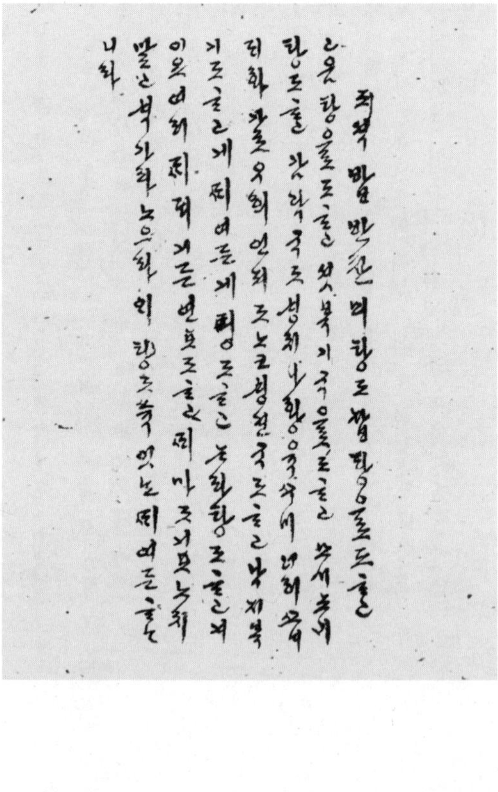

1 메탕: 밥과 함께 내는 국
2 감곽: 미역
3 거푸: 잇따라 거듭
4 색 갈아: 종류를 바꿔

조
치

양복기도 ᄒᆞ고 붕어찜도 ᄒᆞ고 수단지도 ᄒᆞ고 양회 염통 콩팟 복가도 ᄒᆞ고 굴젼유 반듯반듯 싸흐라 양염 갓초워 ᄯᅳ여도 ᄒᆞ고 낙지찜으로 국잇게 ᄒᆞ여 하고 골둑찜으로도 ᄒᆞ고 분조기 알노도 양념 갓초아 지져도[1] ᄒᆞ고 쇠골 젼유 만다라 싸흐라 양념 갓초아 ᄒᆞ고 형세ᄃᆡ로 업ᄉᆞ면 묵도 초[2]하여 ᄊᆞ미 너허 ᄒᆞ고 잡탕도 ᄒᆞ고 가난ᄒᆞᆫ 사ᄅᆞᆷ이야 션이야 귀경인들 ᄒᆞ야 의빙이나[3] ᄒᆞ노라

엇지엇지ᄒᆞ여 소고기의 셔ᄂᆞᆫ 거시나 양이나 쳐녑이나 그리져리ᄒᆞ니 뫼양[4]이 되ᄂᆞ냐 긔구[5] 잇ᄂᆞ 니ᄂᆞᆫ 다 뮈역ᄒᆞ여[6] 드려ᄒᆞ니 못ᄒᆞᆯ 거시 업시며 뫼양이 나고 업ᄂᆞ 이ᄂᆞᆫ 식도 못 갈고 노아던 식슬 되노코[7] 노코ᄒᆞ니 무슨 모양이 이스되 그러ᄂᆞ 나물이라도 거포 노치 말고 식가라 노으라

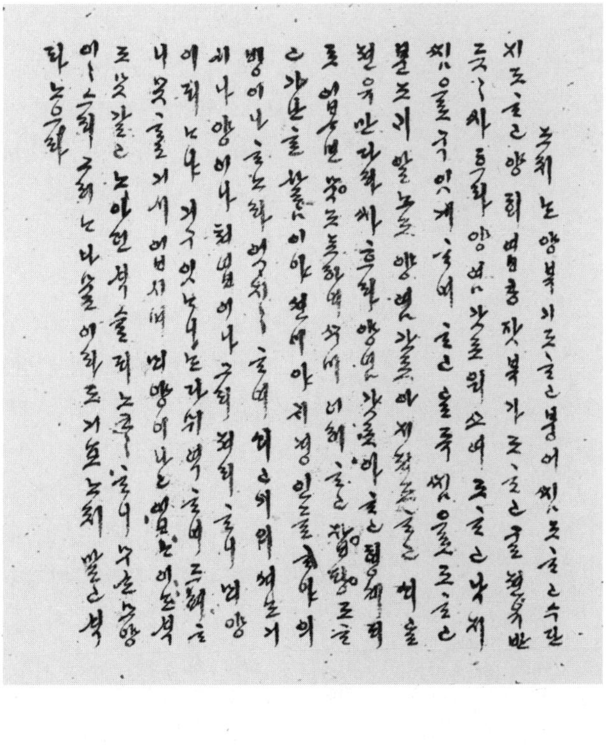

1 지지다: 국물을 조금 붓고 끓여 익히다
2 초(炒): 볶다
3 의빙이나 한다: 흉내를 낸다
4 매양: 한결같이 늘
5 기구(祈求): 빌려서 구하다
6 무역하다: 서로 사고팔거나 교환하다
7 되놓다: 도로 놓다

양볶음도 하고, 붕어찜도 하고, 수잔지도 하고, 양회·염통·콩팥을 볶기도 한다. (굴조치는) 굴전유(어)를 반듯반듯 썰어 양념을 갖추어 끓이기도 한다. 낙지찜으로 국(물) 있게 하고, 꼴뚜기찜으로도 한다. 분조기 알로도 양념을 갖추어 지지기도 한다. (쇠골조치는) 쇠골을 전유(어)로 만들어 썰어 양념을 갖춰 지지기로 한다. 형세대로 없으면 묵도 볶아 꾸미를 넣어 하고, 잡탕도 한다. 가난한 사람이야 먼저 구경인들 하랴마는 흉내나 낸다.

어찌어찌하여 소고기를 쓰는 것이나 양이나 천엽이나 그리저리하여 모양이 되니, 빌려서 구할 수 있는 이는 모두 무역하여 들여 하니 못 할 것이 없다. 모양이 나고 없는 것은 색도 못 갈고, 놓았던 색을 도로 놓으니 무슨 모양이 있겠는가. 그러나 나물이라도 거푸 놓지 말고 종류를 바꿔 놓는다.

구이

셥산젹 미틔 노코 그 우희 싱션구이 노코 ᄒᆞᆫ ᄯᅢᄂᆞᆫ 가리구이 ᄒᆞ고 우희 싱션구이 노코 ᄒᆞᆫ ᄯᅢᄂᆞᆫ 염통산젹 노코 싱션구이 노코 황육을 만션산[1] 갓치 ᄒᆞ여 구어 노코 황육의 파 셧거 쐬여 굽고 싱션구이 우희 노코 싱치구어 노코 싱션우희 구어 노코 ᄒᆞᆫ ᄯᅢ난 ᄃᆞᆰ의 다리 굽고 싱션 구어 우희 노코 ᄯᅢ마다 ᄒᆞᆫ 졉시식 ᄉᆡᆨ 가라 놋ᄂᆞ니라

섭산적을 밑에 놓고, 그 위에 생선구이를 놓는다. 한 때는 갈비구이를 하고, 위에 생선구이를 놓는다. 한 때는 염통산적을 놓고, 생선구이를 놓는다. 소고기를 만선이나 산같이 하여 구워 놓고, 소고기와 파를 섞어 꿰어 굽고, 생선구이를 위에 놓는다. 생치구이를 놓고 생선을 위에 구워 놓는다. 한 때는 닭의 다리를 굽고, 생선을 구워 위에 놓는다. 때마다 한 접시씩 종류를 바꿔 놓는다.

1 만선산: 만선이나 산같이 수북히

ᄒᆞ야ᄂᆞᆫ 셤산쳑매릐 ᄂᆞ구ᄋᆞ희셩
쳔ᄒᆞ여 ᄂᆞᆷ훌쬐ᄂᆞ가릐ᄒᆞ여흐ᄃᆞ우희 셩쳔ᄒᆞ여
ᄂᆞᆫ·훌쬐ᄂᆞ연ᄃᆞᆼ산쳑ᄂᆞᆫ셩쳔ᄒᆞ여ᄂᆞᆫ황
육울만쳔산갓치·흐여ᄒᆞ여ᄂᆞᆫ황육의쾌쳐
거씨여ᄒᆞᆸᄃᆞ셩셜ᄒᆞ이우희ᄂᆞᆫ셩쇄ᄒᆞ여
ᄂᆞᆫ쳥쳔우희ᄒᆞ여ᄂᆞᆫ·훌쬐난ᄃᆞ릐의ᄃᆞ릐굽
ᄃᆞ셩쳔ᄒᆞ여우희ᄂᆞᆫ쬐며ᄃᆞ훌쳐ᄆᆞ시셕쳑
가릐·ᄂᆞᆺᄂᆞ니릐

자반

민어 약포육 어란 노코 가조기 노코 자반은 ᄒᆞᆫ ᄢᅴ도 폐튼 못 ᄒᆞᆯ 거시요 별노 ᄉᆡᆨ가라 노을 거ᄉᆞᆫ 업ᄉᆞ니 ᄢᅴ마다 이ᄃᆡ로 노ᄒᆞ되 굴비 ᄂᆞ난 ᄢᅴ여든 굴비도 ᄯᅳ더 노코 기ᄅᆞᆷ상어[1]도 약포육 어란 겻드려 놋나이라

민어, 약포육, 어란을 놓고 가조기를 놓는다. 자반은 한 때도 빼지는 못할 것이다. 별로 색 갈아 놓을 것이 없으니 때마다 이대로 놓는다. 굴비가 나는 때는 굴비도 뜯어 놓는다. 기름상어도 약포육, 어란을 곁들여 놓는다.

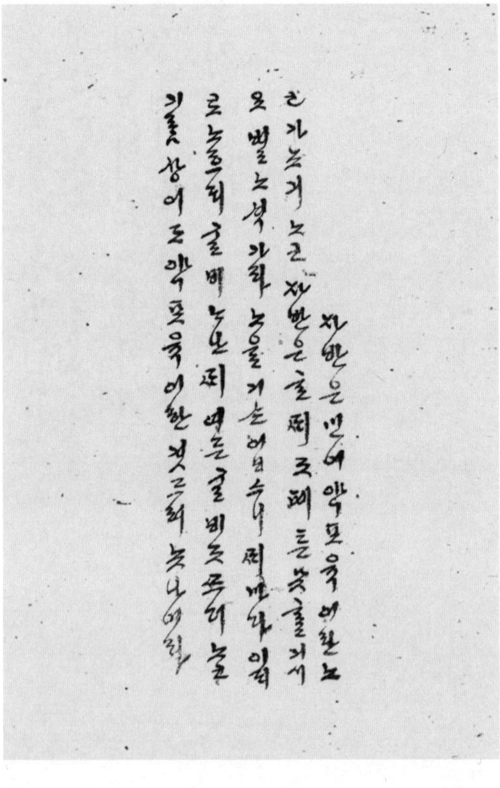

1 기름상어: 돔발상엇과에 속한 바닷물고기

젓갈

젓슨 계젓도 노코 소라젓도 노코 난젓도 노코 화란도 노코 되화젓도 까셔 염졍ᄒᆞ여 초 쳐 노코 되화젓 솔아젓 겻드려 ᄉᆡᆨ나게도 놋ᄂᆞ니라 난젓도 여러가지니 ᄯᅢ마다 ᄉᆡᆨ가라 노으라

게젓도 놓고, 소라젓도 놓고, 난젓도 놓고, 하란(새우젓)도 놓는다. 대하젓도 까서 염접하여 (식)초를 쳐 놓고, 대하젓·소라젓을 곁들여 색이 나게 놓는다. 난젓도 여러 가지니 때마다 색 갈아 놓는다.

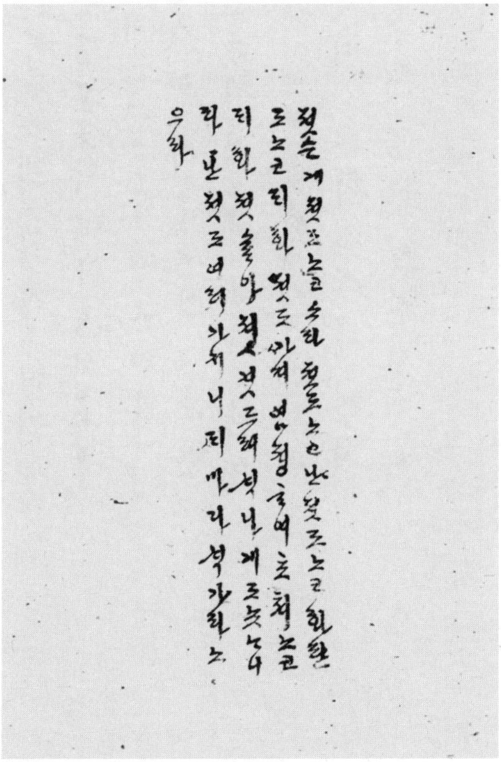
젓슨 계젓도 노코 소라젓도 노코 난젓도 노코 화란
도 노코 되화젓도 까셔 염졍ᄒᆞ여 초 쳐 노코
되화젓 솔아젓 겻드려 ᄉᆡᆨ나게도 놋ᄂᆞ니
라 난젓도 여러가지니 ᄯᅢ마다 ᄉᆡᆨ가라 노
으라

나날 즈음 나날 주라 지 나날 느리 나날
느뵈 날세 석을 젓느레 노근 누 즈 나날 팡
너희 무쳐 눈 겨울 어연 그즈 가치 호 번 가라
노근 봇이 메 즌 이라쇠 나날 리 쉬라 나날 녹
즈 나날 노근 못 엽 노 쯰 에 즌 주라 지 느려 ᄒᆞ
느 미라 리 쇄 흐라 복 가 세 가 처 져스 느려 늘
느쇠 흔 벌 노쇠 흔느 여 다솟 첩 세 가 노히 되라 평
쎄 엇쳐 쿨 홀 ᄒᆞ는 쩔은 노차 여 여 솟 첩서 클
놀흐니 흔 첩에 난 어 희 노근 흔 띠 난 어 반 도로
그 어 쳐 도 노 희 여 솟 첩 세 울 흔 기 가는 반
장 은 첩 시 가 다 솟 주 쳐 보 모 여 여 솟 세 되 는
나 라 노 치 여 다 솟 첩 세 번 난 망 쳐 갓 흘 빗
엄 나 니 라 쳐 날 라 찬 쳐 ᄒᆞᆫ 상 의 청 쇄
되 로 찬 라 노 가 시 니 운 셕 법 만 알 연 청 쇄 되
로 ᄒᆞ ᄂᆞ 니 라

나물

무나물 도라지나물 고ᄉᆞ리나물 고비ᄂᆞ물 셰식을 겻드려 노코 녹도나물 파 너허 무쳐 노코 겨울이면 그 두 가지로 번가라 노코 봄이여든 미라리나물 ᄀᆡ라리나물 녹도나물 노코 무 업ᄂᆞᆫ ᄯᆡ여든 도라지 고ᄉᆞ리 ᄒᆞ고 미라리 싸흐라 복가 셰가지 겻드려 노코

그리ᄒᆞ면 조치ᄒᆞ고 ᄭᅧ 다ᄉᆞᆺ 졉시가 노히되 형셰 잇셔 물글ᄒᆞᄂᆞᆫ 집은 조치 ᄭᅧ 여섯 졉시롤 노흐니 ᄒᆞᆫ 졉시ᄂᆞᆫ 어회 노코 ᄒᆞᆫ ᄯᆡ난 어만도 노코 어ᄎᆡ도 노하 여ᄉᆞᆺ 졉시을 ᄒᆞ기 가ᄌᆞᆫ 반상은 졉시가 다ᄉᆞᆺ 조치보오 ᄭᅧ 여ᄉᆞᆺ시 되ᄂᆞ니라 조치 ᄭᅧ 다ᄉᆞᆺ 졉시면 난 만치 못ᄒᆞᆯ 밧업나니라

졔물과 잔ᄎᆡ 큰 상의 형셰ᄃᆡ로 차리ᄂᆞᆫ 거시니 음식 법만 알면 형셰ᄃᆡ로 ᄒᆞᄂᆞ니라

무나물, 도라지나물, 고사리나물, 고비나물 (등) 삼색을 곁들여 놓는다. 숙주나물에 파를 넣어 무쳐 놓고, 겨울이면 그 두 가지로 번갈아 놓는다. 봄에는 미나리나물, 개나리나물[1], 숙주나물을 놓는다. 무가 없는 때에는 도라지, 고사리로 하고, 미나리를 썰어 볶아 세 가지를 곁들여 놓는다.

그리하면 조치하고 (구이, 자반, 젓갈 나물까지) 다섯 접시가 놓인다. 형세 있게 말하고 글을 하는 집은 조치를 끼워 여섯 접시를 놓는데, 한 접시는 어회를 놓고, 한 때는 어만두를 놓고, 어채도 놓아 여섯 접시를 한다.

갖은 반상은 접시가 다섯, 조치보를 끼워 여섯이 된다. 조치를 끼워 다섯 접시면 남만큼 못할 것은 없다.

제물과 잔치 큰상은 형세대로 차리는 것이니 음식법만 알면 형세대로 한다.

1 개나리나물: 어아리나물

고음탕 · 고음탕

계육 토육 독안니 양 창 가리 젼복 뮈[1] 너허 양이 무루도록 고아 참기름 쳐 염장[2] 마초아 쓰고

닭고기, 토끼고기, 도가니, 양, 창자, 갈비, 전복, 해삼을 넣어 (끓인다.) 양이 무르도록 고아 참기름을 쳐 염장을 맞추어 쓴다.

게탕 · 게탕

게를 말가게 씨쳐 바리고 싱게를 쓰더 싹지는 그듸로 속 훌터 담고 발의 붓튼 골도 훌터 담아 동아를 벗겨 바리고 골파 망큼 싸흐라 게집의 다가 버므려 노코 긔발을 짓두드려 물의 빠라 쎠만 남거든 그 물을 기름장 쳐 끄리다 동아 집의 진 거술 쓰더 부으 끄려 쓰나니라

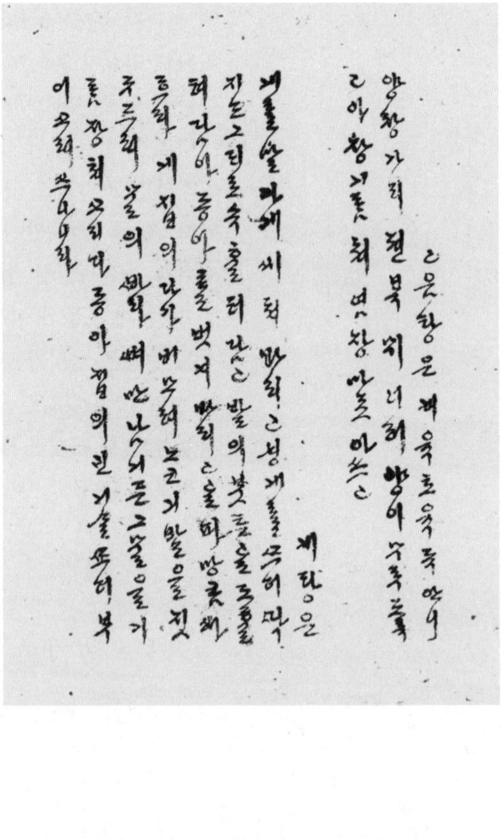

1 뮈: 해삼
2 염장: 간

게를 말갛게 씻어버리고 생게를 뜯어 딱지는 그대로 속을 훑어 담고 발에 붙은 것도 훑어 담는다. 동아 (껍질을) 벗겨 버리고 골패만큼 썰어 게즙에 버무려 놓는다. 게발을 짓두드려 물에 빨아 뼈(게의 발껍질)만 남거든 (뼈는 버리고) 그 물을 기름, 장을 쳐 끓이다 동아즙에 갠 것을 (숟가락으로) 떠서 부어 끓여 쓴다.

셕유탕 · 석류탕

황육이나 싱치나 계육이나 잠간 숢마 만도소 갓치 두드려[1] 호초 무우 표고 두드려 고기와 훈 듸 섯거 양념 갓초 너코 기름 지령의 간 마초와 잠간 복가 진말 넣여 잔밤망큼 진말 무쳐 밍그되 존셕유 뫼양으로 뮌드다 싱치 쪠친 물의 국ᄒᆞ여 오릐 쓰리고 비잔 거술 너허 익이 쓰여 자로 가만가만 쪄너여 상치 아니케 국치 간 마초 타 써 쓰나이라

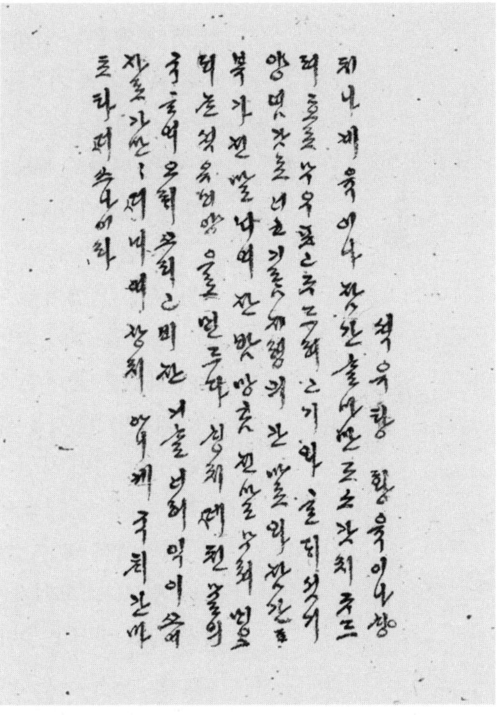

1 두드려: 다져

소고기나 꿩고기나 닭고기를 잠깐 삶아 만두소 같이 다진다. 후춧가루, 무, 표고버섯을 다져 고기와 한데 섞어 양념을 갖추어 넣고, 기름, 간장으로 간을 맞추어 잠깐 볶는다. 작은 밤만큼 (빚어) 밀가루를 묻혀 작은 석류 모양으로 만든다. 꿩 데친 물에 (육수로) 오래 끓이고, 빚은 것을 넣어 익혀 끓여 국자로 가만가만 떠내어 상치 않게 국에 간을 맞추어 타 쓴다.

* 밀가루를 반죽하여 만두피를 만들어 소를 넣는 과정이 생략된 것으로 생각된다.

애탕 · 애탕

어리 쑥을 웅ᄭᅵ여 씨쳐 죄오ᄶᅡ 계란 ᄒᆞᆫ 그ᄅᆞᆺ ᄒᆞ랴면 다엿시나 ᄭᅵ 쳐 쑥의 ᄀᆡ고 황육을 짓두드려 약념 가초아 계란 무쳐 지져 장국 ᄭᅮ미 너허 ᄭᅳ리다 모리[1] ᄒᆞᆫ 것 너코 계란의 쑥 ᄀᆡᆫ듸 기ᄅᆞᆷ 마니 쳐 ᄭᅳᆯ난 국의 너허 ᄭᅳ려 파 호초가로 너허 쓰ᄂᆞ니라 비록 쑥이라도 기ᄅᆞᆷ과 계란 어리도록 쳐 ᄭᅳ리면 마시 조흐니라 집 안의셔 먹ᄂᆞᆫ 거ᄉᆞᆫ ᄭᅮ미 업셔 계란 기ᄅᆞᆷ 잇스면 ᄒᆞ여 먹고 황육 이셔도 두드려 쑥의 셧거 ᄭᅳ리고 모리로 아니 하여 너허도 조흐니라

어린 쑥을 으깨어 씻어 꼭 짠다. 달걀 한 그릇을 하려면 (달걀) 5~6개를 깨어 쑥에 갠다. 소고기를 짓두드려 양념을 갖추어 계란을 묻혀 지진다. 장국에 꾸미를 넣어 끓이다가 모리(고기완자) 한 것을 넣고 계란에 쑥 갠 것에 기름을 많이 쳐 끓는 국에 넣어 끓여 파, 후춧가루를 넣어 쓴다.
비록 쑥이라도 기름과 계란을 어리도록 쳐 끓이면 맛이 좋다. 집안에서 먹는 것은 꾸미 없이 달걀과 기름이 있으면 만들어 먹고, 소고기가 있어도 다져 쑥에 섞어 끓이고 모리로 하지 않고 넣어도 좋다.

1 모리: 소고기 완자

애탕은 어린 쑥을 옹히
데시쳐 되오 ᄶᅡ 계란 흰ᄌᆞᆺ, ᄒᆞᆫ란 번 다ᄇᆞᆺ거나
어쳐 쑥의 거ᄅᆞ 환육을 짓두드려 약념ᄒᆞ가
조하 계란 무쳐 지져 장국국에 너허 쓰라
무쳐 흰것 너코 계란의 쑥 번 디 기ᄅᆞᆷ 만나 쳐
을 난국의 너허 쓰허 하 호초 가로 너허 쓰ᄂᆞ니
라 비록 쑥이라도 기ᄅᆞᆷ니라 계란 어쳐 조ᄒᆞ쳐
쓰리 번 만셔 조ᄒᆞ니라 쳠의 쳐 박는거 손쉬며
엄쳐 계란 ᄀᆞᆯᄅᆞᆺ 잇스면 흰데 박ᄂᆞᆫ 환육이
쳐도 조ᄒᆞ쳐 쑥의 섯거 쓰러 ᄂᆞ무로 ᄒᆞ나 ᄒᆞ며
너허도 조ᄒᆞ니라

셕복기국 · 섞볶기국

황육 각식 창 양 싸흐라 칼금 질 만치 두ᄃᆞ려 솟 달오고 기ᄅᆞᆷ 둘너 복가 펴 노코 장국의 ᄡᅧ나 고긔나 ᄭᅮ미 너허 ᄭᅳ려 복근 고기를 파 너허 ᄭᅳᆯᄂᆞᆫ 국의 부어 고기 오동가라지지[1] 아닐만 ᄒᆞ거든 급피 펴 호초 너허 쓰ᄂᆞ이라 창 양 너모 ᄭᅳᆯ히면 질긔 국은 ᄭᅮ미 너허 ᄀᆡ ᄭᅳ리고 고기 창은 먹을 만치 ᄒᆞ여야 연ᄒᆞ니라

소고기, 각색 창자, 양을 썰어 칼금질만큼 두드려 솥을 달구고 기름 둘러 볶아 펴 놓는다. 장국에 뼈나 고기나 꾸미를 넣어 끓여 볶은 고기와 파를 끓는 국에 넣고 고기가 오그라들지 않을 만큼 되면 급히 펴 후춧가루를 넣어 쓴다. 창자와 양은 너무 끓이면 질기고, 국은 꾸미를 넣어 꽤 끓이고 고기와 창자는 먹을 만큼 (끓여) 하여야 연하다.

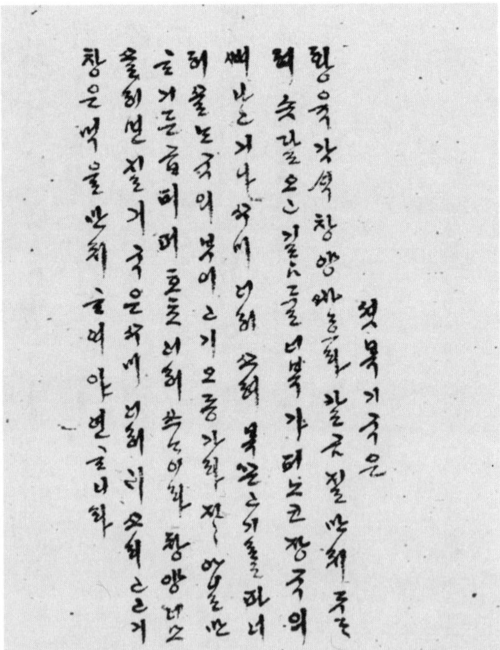

1 오동가라지다: 동강이. 물건이 짤막하게 잘라지거나 쓰다 남아 작게 된 부분

자라탕 · 자라탕

자라왕ᄇᆡ탕이라 ᄒᆞᄂᆞ니라
자라ᄅᆞᆯ 살마 드더 ᄲᅧ 말가킈 바르고 목 잘나 바리고 노고 다르고 밀[1]을 노고의 문질으고 들기ᄅᆞᆷ이 제둑ᄒᆞ기 들기ᄅᆞᆷ 두어 방울 두루고 쓰든 고기ᄅᆞᆯ 잠간 두루고 장국의 기ᄅᆞᆷ치고 ᄭᅬ ᄭᅳ려 파 너코 가로집 조곰ᄒᆞ여 쓰ᄂᆞ니라

자라왕배탕이라고 한다.
자라를 삶아 뜯어 뼈를 말갛게 바르고 목을 잘라 버린다. 노구를 달궈 밀랍을 노구에 문지르고 들기름이 독을 없애니 니 들기름 두어 방울을 두르고 뜯은 고기를 잠깐 볶아 장국에 기름을 치고 꽤 끓여 파를 넣고 가루즙을 조금하여 쓴다.

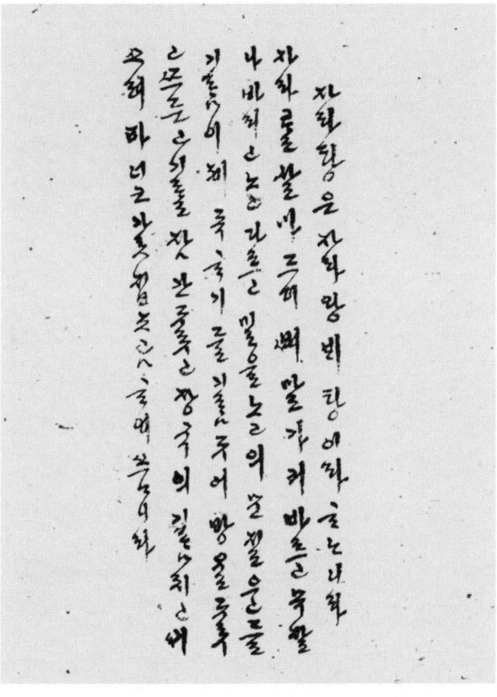

1 밀: 밀랍. 벌집을 만들기 위하여 꿀벌이 분비하는 물질

연포 · 연포

ᄃᆞᆰ을 푹 고으고 두부 부쳐 싸흐라 파 마니 다지고 ᄉᆡᆼ강은 조곰 다져 두부와 ᄃᆞᆰ 고은 ᄃᆡ 너허 ᄒᆞᆫ춤 ᄡᅳ리고 진말 집ᄒᆞ고 계란 푸러 호초가로 타 먹ᄂᆞ니라 어나 음식이 기롬 작게 쳐 조흔 음식이 업스ᄆᆡ 연포ᄂᆞᆫ 기롬 작게 치면 더 마시 업나니라

닭을 푹 고고, 두부를 부쳐 썬다. 파를 많이 다지고 생강을 조금 다져 두부와 닭 곤 것에 넣어 한참 끓이다가 밀가루 즙하고 계란을 풀어 후춧가루를 타 먹는다.
어느 음식이든 기름을 적게 쳐서 좋은 음식이 없으니 연포는 기름을 적게 치면 맛이 더 없다.

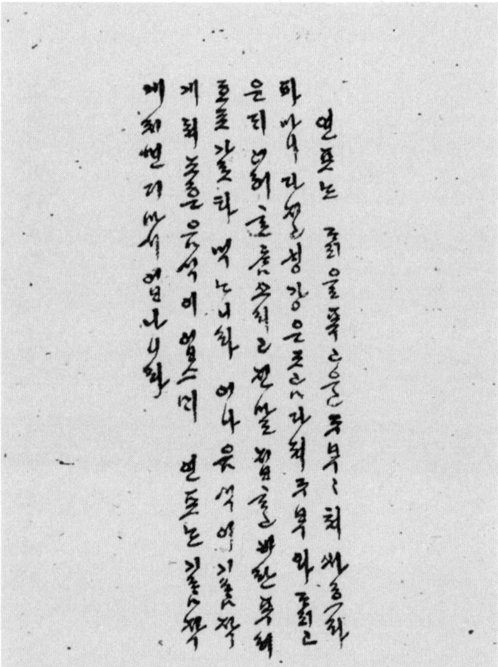

명ᄐᆡ겁질국법 · 명태껍질국법

겁질을 담가 붓거든 비늘과 즈느러미 ᄶᅵ어 ᄇᆞ리고 계란 ᄶᅡ 기ᄅᆞᆷ 쳐 겁질을 버무려 ᄭᅮ미 너어 장국 ᄭᅳ리다 명ᄐᆡ 겁질 드러부어 ᄶᅵ ᄭᅳ려 먹으면 명ᄐᆡ 국이 여 나으니라 집안 상의나 노ᄒᆞᆯ 국이라

(마른) 껍질을 (물에) 담가 불으면 비늘과 지느러미를 찢어 버린다. 계란을 까서 기름을 쳐 껍질을 버무린다. 꾸미를 넣어 장국을 끓이다가 명태 껍질을 들이부어 푹 끓여 먹는다. 명태국이 더 낫지만 집안 상에나 놓을 국이다.

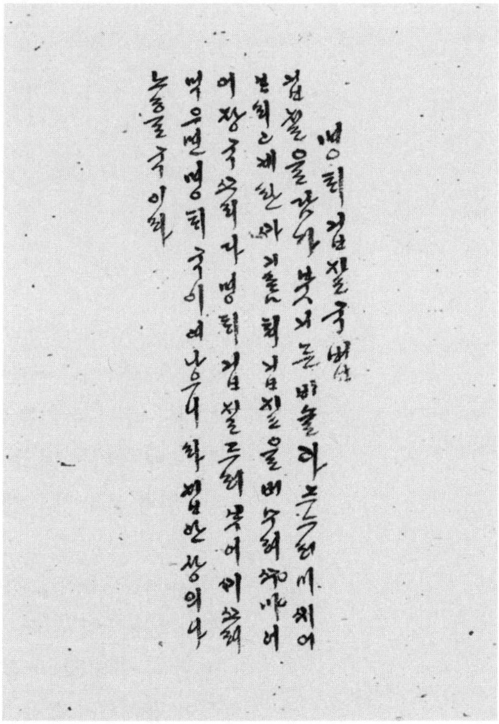

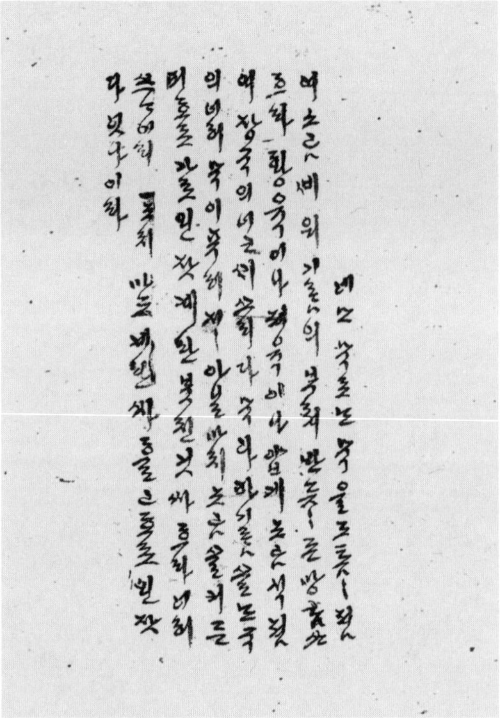

묵을 도톰도톰 졈여 소곰 쎄워 기롬의 부쳐 반듯반듯 돈망큼 ᄊᆞ흐라 황육이나 졔육이나 얍게 조곰식 졈여 장국의 너코 씌 쓰리다 묵과 파 기롬 쓸ᄂᆞᆫ 국의 너허 묵이 푸러지지 아닐 마치 조곰 쓸커든 펴 호초가로 왼잣 계란 붓친 것 싸흐라 너허 쓰ᄂᆞ이라 조치 마도 계란 싸흘고 호초 왼잣 다 넛나이라

묵을 도톰도톰하게 저며 소금을 뿌리고 기름에 부쳐 반듯반듯하게 돈만큼 썬다. 소고기나 돼지고기를 얇게 조금씩 저며 장국에 넣고 푹 끓이다 묵과 파, 기름을 끓는 국에 넣어 묵이 풀어지지 않을 만큼 조금 끓으면 퍼 후춧가루, 잣, 계

란 부친 것을 썰어 넣어 쓴다. 조치마다 달걀을 썰고 후춧가루, 잣을 다 넣는다.

ᄀᆡ이ᄂᆞᆫ 셥산젹 · 꿰는 섭산적

양긷머리 ᄊᆞ흘고 염통 싸흘고 콩팟 싸흘고 홍두ᄶᅵ 창 ᄊᆞ흘고 졍육도 싸흐라 각식 양념 너허 주물너 셰산젹 ᄭᅬ듯 ᄭᅬ여 칼금 잘게 지워 기름 흐르게 발나 쓰ᄂᆞ이라

양깃머리·염통·콩팥·홍두깨살·창자를 썰고, 정육도 썰어 각색 양념을 넣어 주물러 세산적을 꿰듯이 꿰어 칼금을 잘 게 넣어 기름이 흐르도록 발라 쓴다.

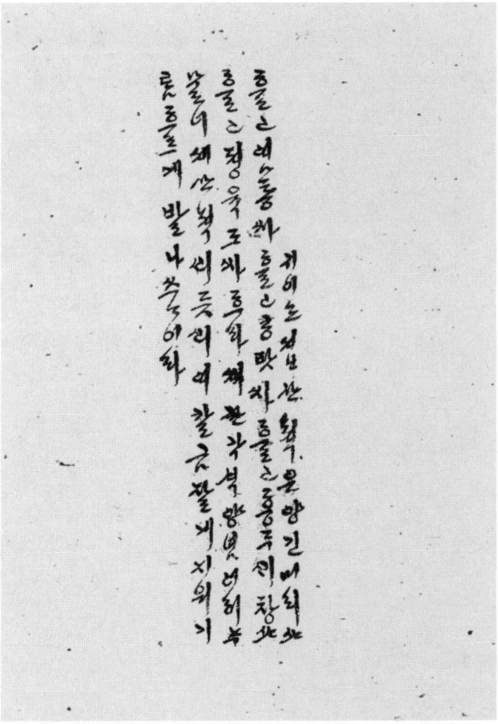

졍육구이 · 정육구이

고기를 세산적 갓치 싸흐되 굴게 싸흐라 약념 가초와 주물어 ᄭᅬ여 칼노 두드려 거죡으로ᄂᆞᆫ 합거든 ᄯᅩ ᄭᆡ소곰 호초 파 다져 우희 담숙 발나 구어 염졉ᄒᆞ여 졉시의 산젹곳 ᄲᅵ고 놋ᄂᆞ니라 고기를 칼금 데 지우면 고기졈이 다 ᄯᅡ로 나고 오동가라지고 졉시의 노흔 거시 괴약ᄒᆞ고[1] 우희 합ᄒᆞ게 다진 것ᄉᆞᆫ 숙은 고기졈이 왼졈으로 이시되 거죡은 ᄲᅡᆺᄲᅡᆺᄒᆞ여 편육 ᄀᆞᆺ트니 졉시 노흘 젹 쪽쪽 다엿졈 ᄯᅦ여 노흔 즉 졍ᄒᆞ니라[2]

고기를 세산적 모양으로 썰되 굵게 썰어 양념을 갖추어 주물러 꿰어 칼로 두드린다. 또 거죽으로 붙일 것(고기)은 깨소금, 후춧가루, 파를 다져 위에 듬뿍 발라 구워 염접하여 접시에 산적 꼬치를 빼고 놓는다.
고기에 칼금을 넣으면 고기점이 다 따로 나고 잘라져 접시에 놓을 것이 고약하다. 위에 다져 붙인 것(고기)은 익은 고기점이 통째로 있되 거죽은 빳빳하여 편육과 같으니 접시 놓을 때는 쪽쪽 5~6점을 떼어 놓으면 깨끗하다.

섭산적과 정육구이 담는 법

셥산젹은 그널가 업ᄀᆡ 졍육구이 밋ᄒᆡ 노코 우희 보기 조케 ᄲᅦ여 노코 ᄉᆡᆼ션은 가온ᄃᆡ 노치 말고 엽흐로 노코 육구이를 엽흐로 노아 두 가지 다 보이게 놋ᄂᆞ이라

섭산적은 밖으로 삐져나가는 것이 없게 정육구이 밑에 놓고 그 위에 보기 좋게 (꼬치를) 빼어 놓는다. 생선은 가운데에 놓지 말고 옆으로 놓고 육구이를 옆으로 놓아 두 가지 다 보이게 놓는다.

1 괴약하다: 고약하다, 생김새가 흉하거나 나쁘다.
2 정하다: 깨끗하다

쳥육 구어ᄂᆞᆫ 법

홀쇄 산젹 가ᄉᆞ치 ᄶᅡ 후되 홀쇄 ᄶᅡ ᄒᆞ야 구엇
가로와 주우ᄅᆞᆯ 에 ᄡᅥ여 ᄭᅡᆯ 노ᄒᆞ 드쇠 뇌 ᄂᆞᆨ우ᄅᆞᆯ ᄭᅩᆺ ᄂᆞ
하면 뇌 드른 ᄯᅩ에 ᄉᆞᆺ 호 초 마다 쇠 우희 닷ᄂᆞᆨ 발
나 구어 ᄲᆞᆺ 쳔ᄇᆞᆫ 여 쳔ᄉᆞᆼ 시의 산젹 ᄭᅩᆺ ᄲᆡᆫ ᄂᆞᆫ 것 나
니 화ᄅᆞᆫ 기ᄅᆞᆯ ᄀᆞᆯ 혼대 지오 ᄇᆞᆯᄂᆞᆫ 기 ᄭᅳᆺ 이 다 ᄯᅩᆯ 보ᄅᆞᆫ
오 뭉가 라지ᄅᆞᆫ 쳔ᄉᆞ새 의 노흔 뇌 시리 약ᄒᆞᆫ
우희 합ᄂᆞᆫᄒᆞ게 다진 뇌는 ᄂᆞᆨ은 ᄅᆞᆫ 기 ᄭᆡᆺ여 인쳣
우흐로 이시 되 뇌 ᄂᆞᆨ은 ᄲᆞᆨᄲᆞᆨ ᄒᆞᆫ 여 편육 ᄀᆞᆺᄂᆞ니
쳔ᄇᆞᆫ 시 노ᄆᆞᆯ 젹 ᄯᅳᆨᄯᅳᆨ 다 엿 ᄶᅢᆺ 때 여 노흔 ᄂᆞᆨ 쳥
ᄒᆞᄂᆞ니라

쳔ᄇᆞᆫ 산젹은 ᄀᆞᆯ 가 여ᄂᆞᆫ 뇌 쳥육 구
이 ᄭᅢᆺ 희 ᄂᆞᄅᆞᆫ 우희 ᄇᆞ시 ᄂᆞᆫ 케 ᄲᅵ여 ᄂᆞᄅᆞᆫ 셩셜
은 가 온 되 ᄂᆞ치 ᄯᅡᆯᄅᆞᆫ 엽ᄒᆞᆯ 노ᄅᆞᆫ 육 구어ᄅᆞᆯ
엽ᄒᆞᆯ 노아 주가지 다 보이게 ᄭᅩᆺᄂᆞ이라

가리구이 · 갈비구이

조흔 가리 힘즐 벗겨 ᄇ리고 칼금 무수이 지여 양염 가초아 구어 식ᄉ지 감아 노으되 세산젹 ᄉ지 ᄀᆺ치 길게 느리지 말고 조곰 느리우ᄂᆞ니라
노인상이여든 정육을 짓두드려 양염 가초아 젼지여 구어 싸흐라 치곡치곡 담아 노코 싱션 엽희 노코 가리도 짓두드려 살리 나른ᄒᆞ거든 가리ᄲᅧ의 부쳐 만다라 구어 놋ᄂᆞ니라
구이고 반찬을 ᄃᆞ정ᄆᆞᆺᄒᆞ게 노코 구이도 졉시 가이 드러나지 아니케 담숙[1] 노으라

좋은 갈비의 힘줄을 벗겨 버리고 칼금을 무수히 내어 양념을 갖추어 구워 색사지로 감아 놓는다. 세산적의 사지같이 길게 늘이지 말고 조금 늘어뜨린다.
노인 상이라면 정육을 짓두드려 양념을 갖추어 편지어 구워

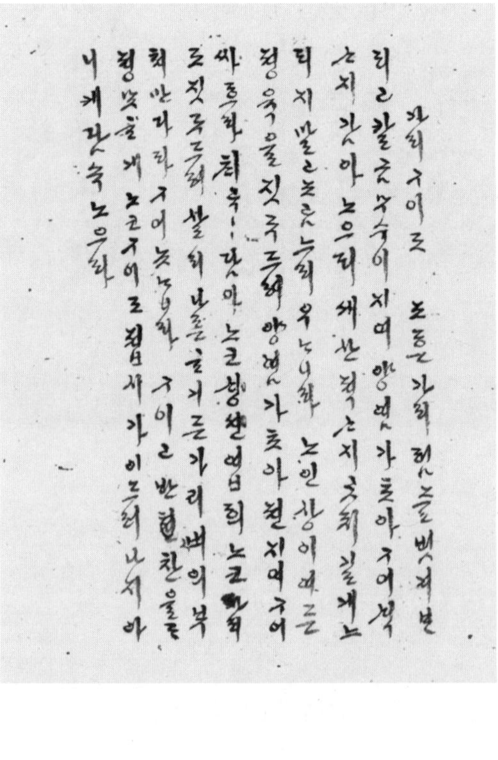

1 담숙: 듬뿍

썬다. 차곡차곡 담아 생선 옆에 놓고 갈비도 짓두드려 살이 나른하거든 갈비뼈에 붙여 만들어 구워 놓는다. 구이나 반찬을 정갈하게 담고 구이도 접시의 가장자리가 드러나지 않게 듬뿍 놓는다.

싱치죡구이 · 꿩다리구이

칼금 잘게 지우고 다리술 갈라 져치고 잔금 지워 구어 사지[1] 감아 노으되 다리 ᄒᆞ나 노코 싱션 노어도 불ᄉᆞᄒᆞ니[2] 쥭지와 둘을 구어 노코 싱션 노으라

(꿩살에) 칼금을 잘게 넣고 다릿살을 갈라 제치고 잔금을 넣어 구워 사지를 감아놓는다. 다리를 하나 놓고, 생선을 놓아도 괜찮으니 (날개)죽지와 둘을 구워 놓고 생선을 놓는다.

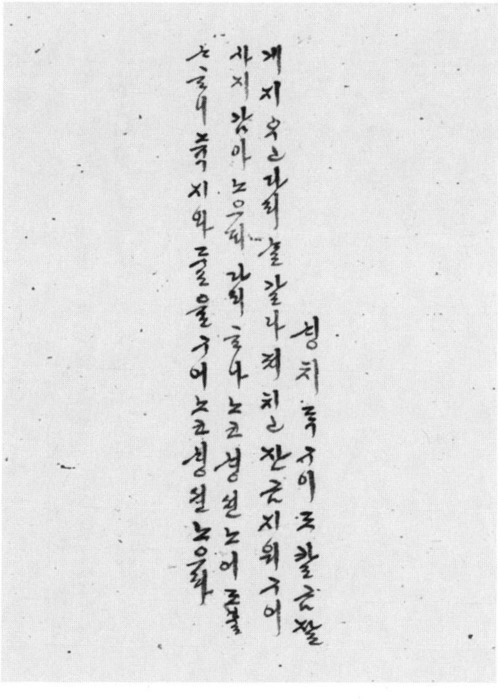

1 사지(絲紙): 제사나 잔치 때 누름적이나 산적 꼬치 끝에 감아 늘어뜨린, 좁고 가늘게 오린 종이
2 불사하다: 마다하거나 거절하지 않다. 괜찮다

민어 피워 놋나 니 잇스되 노인의 상은 피워 노코 졀무니 상은 반든반든 네모지워 싸흐라 졈여 노흐라 어란도 겁질 벗겨 ᄇᆞ리고 싸흐ᄂᆞ니라

민어(포)를 (보풀려) 피워 놓는 이가 있는데, 노인 상은 피워 놓고, 젊은이 상은 (민어자반을) 반듯반듯 네모지게 썰어 저며 놓는다. 어란도 껍질을 벗겨 썬다.

정육을 얍게 졈여 지령 기름의 주물너 장 ᄇᆡ거든 볏ᄒᆡ 너러 바득바득 마르거든 또 기름 호초가로 ᄭᅮᆯ ᄒᆞᆫ 술 너허 기름을 몸의 ᄇᆡ게 흐ᄅᆞ도록 만니 쳐 재와 다 ᄇᆡ거든 치반의 집 ᄭᆞᆯ고 펴노아 또 언간이 마르거든 잣가로 무쳐 쓰ᄂᆞ니라 약포육의 거피 ᄭᅢ ᄲᅢ워 쓰ᄂᆞ니 만ᄒᆞ나 우리집의셔ᄂᆞᆫ

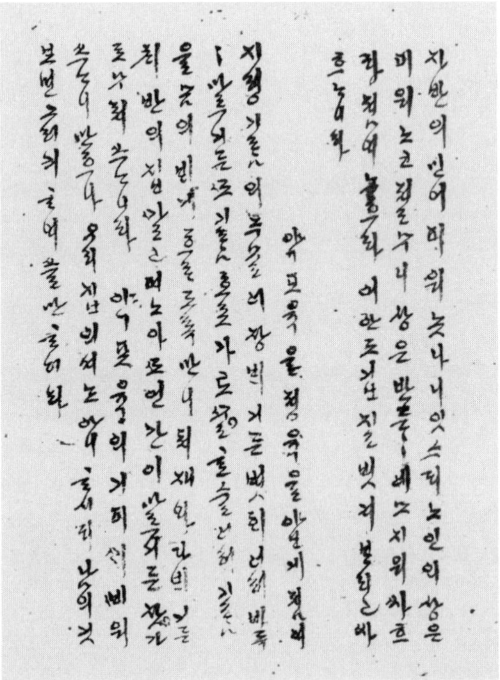

아니 ᄒᆞ시되 남의 것 보면 그러킈 ᄒᆞ여 쓸만 ᄒᆞ더라

정육을 얇게 저며 간장, 기름에 주물러 장이 배거든 볕에 널어 부둑부둑 말린다. 또 기름, 후춧가루, 꿀 한 숟가락을 넣어 기름이 몸에 배게 흐르도록 많이 쳐 재운다. 간이 배거든 채반에 짚을 깔고 펴 놓아 또 어느 정도 마르면 잣가루를 묻혀 쓴다. 약포육에 거피깨를 뿌려 쓰는 이가 많으나 우리 집에서는 아니하되 남의 것을 보면 그렇게 하여도 쓸 만하다.

편포 · 편포

황육[1]을 짓두드려 양염 가초와 소곰의 주물너 거피 ᄶᅵ 셧거 편지어 볃틔 말이워 싸흐라 자반 겻드려도쓰ᄂᆞ이라

소고기를 짓두드려 양념을 갖추어 소금에 주물러 거피깨를 섞어 편지어 볕에 말려 썬다. 자반의 곁들이로도 쓴다.

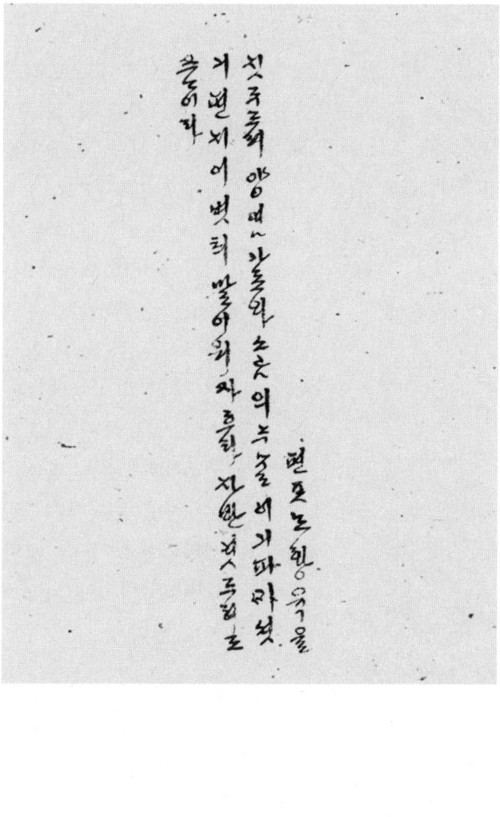
편포도 황육을 짓두드려 양염 가초와 소곰의 주물너 거피 ᄶᅵ 셧거 편지어 볃틔 말이워 싸흐라 자반 겻드려도 쓰ᄂᆞ이라

1 황육: 소고기

어만도 · 어만두

조흔 슝어를 얍게 졈여 소곰 좀 쳐 소를 황육이나 ᄉᆡᆼ치나 두드리고 ᄉᆡᆼ강 호초 파 양염 갓초와 너코 염장[1] 맛게 잠간 복가 송편 모양 ᄀᆞᆺ치 ᄉᆡᆼ션 졈인 거ᄉᆞᆯ 소ᄅᆞᆯ 너허 ᄆᆡᆼ그라 부리[2] 찬가의로 염졍ᄒᆞ고 녹말 무치되 부리의난 터지잔케 녹말을 담숙 무쳐 장국의 살마 익거든 건져 졉시의 담고 초지령 양염ᄒᆞ여 쓰ᄂᆞ니라

좋은 숭어를 얇게 저며 소금을 조금 친다. 소는 소고기나 꿩고기를 다져 생강, 후춧, 파, 양념을 갖추어 넣고 간이 맞게 잠깐 볶는다. 생선 저민 것에 소를 넣어 송편 모양같이 만든다. 부리는 찬가위로 염접하고 녹말을 묻히는데 부리에는 터지지 않게 녹말을 듬뿍 묻혀 장국에 삶는다. 익거든 건져 접시에 담고 초간장 양념을 하여 쓴다.

ᄉᆡᆼ치만도 · 꿩만두

ᄉᆡᆼ치ᄅᆞᆯ 시지 ᄲᅦ여 지령 조곰 쳐 ᄶᅵ 살마 먹을 만 ᄒᆞ거든 건져다 살만 ᄠᅳ더 ᄯᅮ드리고[3] 소ᄂᆞᆫ 두부 죄오 나물 ᄶᅡ듯 ᄒᆞ고 황육 두드리고 포고 호초 파 ᄉᆡᆼ강 ᄭᆡ소곰 가초 너허 ᄉᆡᆼ치 ᄶᅵᆫ 지령의 잔간 복가ᄂᆡ여 모밀가로ᄅᆞᆯ 곱게 ᄂᆡ여 손의 무쳐가며 ᄉᆡᆼ치 두드린 거ᄉᆞᆯ 소 너허 비져 메밀가로 무쳐 장국 소쳐 ᄭᅳᆯ을 ᄶᅥᆨ 만도ᄅᆞᆯ 드리쳐 ᄭᅳ려 막 ᄭᅳ거든 퍼 탕긔예 국채 ᄯᅥ 스ᄂᆞ니라 초지령 약염ᄒᆞ여도 먹ᄂᆞ니라

꿩의 사지를 떼어 간장을 조금 쳐 푹 삶아 먹을 만하거든 건져 살만 뜯어 다진다. 소는 두부를 쥐어 나물 짜듯 하고, 소고기는 다지고 표고, 후춧가루, 파, 생강, 깨소금을 넣어 꿩을 찐 간장(국물)에 잠깐 볶아 낸다. 메밀가루를 곱게 내어 손에 묻혀가며 꿩고기 두드린 것에 소를 넣어 빚는다. 메밀가루를 묻혀 솥의 장국이 끓을 때 만두를 넣어 끓어오르면 퍼 탕기에 국물째 떠서 쓴다. 초간장으로 양념해서 먹기도 한다.

1 염장: 간
2 부리: 물건의 한끝이 터진 부분
3 두드리다: 다지다의 옛말

이ᄯᆡ 도노 초혼ᄒᆞ야 ᄅᆞᆯ 알게 ᄒᆞ엿더 ᄉᆞᄅᆞᆷ
ᄎᆞᆫ 뒤 ᄉᆞᄅᆞᆷ ᄒᆞᆫ 우ᄒᆞ이라 ᄇᆡᆼ치니 ᄯᅩ ᄀᆞᄐᆞᆫ ᄇᆡᆼ강
ᄒᆞᆯ 바 ᄋᆡᆼ ᄒᆞᆫ 가ᄉᆞᆷ이 ᄀᆞᆫ ᄒᆞᆫ ᄉᆞᆼ 막게 ᄒᆞᆫ 복ᄉᆞ ᄉᆞᆼ
면ᄉᆞ 양 ᄀᆞᆺ ᄎᆡ ᄒᆞᆫ 편안케 ᄒᆞᆯ ᄉᆞᄅᆞᆷ 너희 ᄇᆡᆼ고ᄅᆡ
북ᄃᆡ 찬 ᄀᆞ 의로 연ᄂᆞᆫ ᄇᆞᆺᄒᆞᆫ 츠ᄂᆞᆫ 발 ᄆᆞᄎᆡ 뎌 북ᄃᆡ의
난ᄒᆡ지 찬게 녹 발을 닷줍 ᄆᆞ ᄎᆡ 장ᄉᆞ의 ᄒᆞᆯ ᄯᅢ익
거든 ᄂᆡ 쳐 ᄎᆡ 너 ᄎᆡ의 닷ᄂᆞᆫ 호 제ᄒᆞᆼ 앙 연ᄒᆞ여 울ᄂᆡ
다

ᄇᆡᆼ ᄎᆡ ᄲᅡᆫ ᄌᆞᆫ ᄇᆡᆼ ᄎᆡ ᄅᆞᆯ 시지 ᄯᅢ여 재ᄒᆞᆼ 조ᄎᆞ ᄎᆡ
쉬 ᄒᆞᆯ사 백을 만ᄒᆞ니 든 건 ᄎᆡ 다 ᄒᆞᆯ 싼 ᄯᅩᄒᆞ야 ᄯᅩ 드
리ᄂᆞᆫ ᄉᆞᆯᄂᆞᆫ ᄂᆞ부 되오 나ᄉᆞᆯ 차ᄌᆞᆫ ᄒᆞᄂᆞᆫ 황욱ᄉᆞ 주ᄃᆞᆫ 놀ᄂᆞᆫ 묘
ᄂᆞᆫ 호놀 디 ᄇᆡᆼ강ᄉᆡ 소ᄅᆡᄒᆞᄂᆞᆫ 너희 ᄇᆡᆼ치 쳔 재ᄒᆞᆼ의
찬ᄒᆞᆫ 복 가 니여 ᄆᆞ ᄯᅢᆯ 가로 ᄃᆞᆯ ᄂᆞᆫ ᄇᆡ게 니여 ᄉᆞᆯ의 ᄆᆞ
되가셔 ᄇᆡᆼ치 ᄌᆞ드ᄅᆡᆫ 사ᄅᆞᆷ조 너희 버 ᄎᆡ 욕ᄯᅥᆯ 갈ᄅᆞᆯ
ᄆᆞ 쳐 장ᄉᆞ 쳐 울을 뒤 ᄲᅡᆫ ᄌᆞᄅᆞᆯ ᄀᆞᄅᆡ ᄎᆡ ᄋᆞᄒᆡ야
ᄯᅳ시든 며 탕기예 ᄉᆞ ᄎᆡ 펴 ᄉᆞᆫᄂᆡ라 조지 평ᄒᆞ엿
ᄒᆞ여도 ᄇᆡᆨ ᄂᆞᄂᆡ라

메밀만도 · 메밀만두

모밀가로 곱게 ᄂᆡ여 그 가로로 죽 조곰 쑤어 반쥭을 누긋ᄒᆞ게 ᄒᆞ고 소를 배치김치 잔맛 업시 말가킈 빨고 김치의 풋고초[1] 쪼ᄀᆡ여 씨 바리고 만니 ᄇᆡ차와 두드려 나른 ᄒᆞ거든 황육 두드리고 두부 죄오 짜 ᄒᆞᆫᄃᆡ 너코 각식 양염 가초와 기름 흐르도록 마니 치고 염장 맛초와 복가 만도를 비지되 ᄲᅵᆨ지 장ᄀᆞᆺ치 비져 소를 잔득 너허 모밀가로 손의 무쳐 가며 비져 ᄲᅮ미 너코 기름 쳐 장국 ᄭᅳ리다 만도를 너허 ᄭᅳᆯ여 ᄯᅳ거든 퍼 호초가로 너허 먹ᄂᆞ니라

메밀가루를 곱게 내어 그 가루로 죽을 조금 쑤어 반죽을 누긋하게 한다. 소는 배추김치를 잡맛 없도록 말갛게 빨고(씻고) 풋고추지를 쪼개어 씨를 버리고 배추(김치)와 나른하

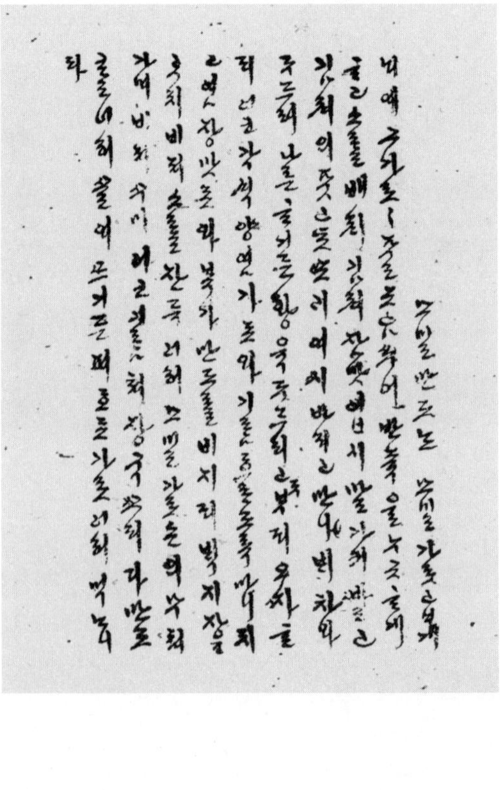

1 김치의 풋고추: 풋고추 짠지

게 두드린다. 소고기는 다지고 두부는 쥐어짜 한데 넣고 각색 양념을 갖추어 기름이 흐르도록 많이 치고 간을 맞춰 볶는다. 만두를 빚는데 (메밀반죽을) 백지장같이 얇게 하여 소를 잔뜩 넣어 메밀가루를 손에 묻혀가며 빚는다. 꾸미를 넣고 기름을 쳐 장국을 끓이다가 만두를 넣고 끓어오르거든 퍼 후춧가루를 쳐 먹는다.

썩복기 · 떡볶이

흰썩을 도톰도톰ᄒ게 쏘지여 둥게 반도막망콤 갸옴갸옴 싸흐라 황육 너허 기름 지령의 간 마초와 숏 다루고 기름 마니 두루고 썩을 너허 복가 졉시의 담고 호초가로 잣가로 쎄워 먹ᄂ니라 디ᄉ 씨 신낭 즘심의 밥ᄒ 씨나 ᄒ고 별미로 씨예 썩도 ᄒ고 약밥도 ᄒ고 씨예 음식으로 ᄒ라

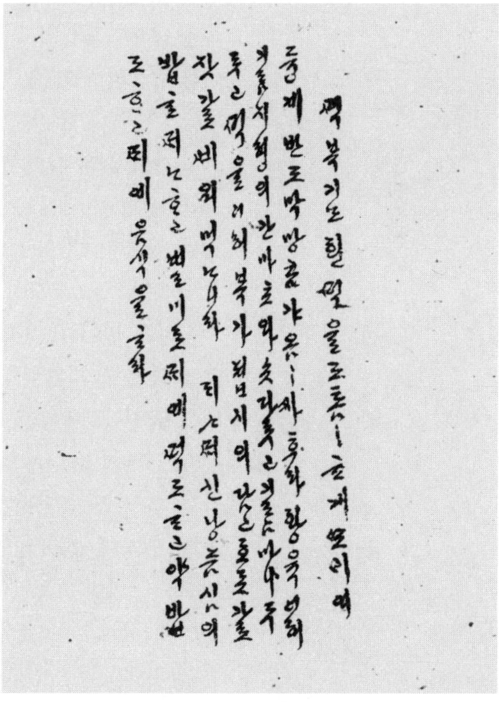

흰떡을 도톰도톰하게 쪼개어 중계의 반 토막만큼 갸름하게 썬다. 소고기를 넣어 기름, 간장으로 간 맞춘다. 솥은 달구어 기름을 많이 두르고 떡을 볶아 접시에 담고 후춧가루, 잣가루를 뿌려 먹는다.대사 때 신랑 점심의 밥상에 올리고 별미로 떡도 하고, 약밥도 하고, 그럴 때에 (떡볶이를) 음식으로 한다.

벙거지ᄭᅩᆯ · 벙거지골(전골)

황육을 얍게 졈여 호초 파 싱강 다져 너코 거피 ᄭᆡ소곰 지령 너허 주무루고 기ᄅᆞᆷ은 마니 쳐 흐라고 윤이 나도록 쳐 ᄌᆡ와 ᄇᆡ거든 졉시의 고기ᄅᆞᆯ 펴 얌젼이 담고 무우나물 녹도나물 도라지 가랄게 쪼ᄀᆡ여 도막ᄂᆡ고 파 갸옴갸옴 싸흐라 셰가지ᄅᆞᆯ ᄒᆞᆫ ᄃᆡ 섯거 벙거지ᄭᅩᆯ을 화로의 숫불 피워 걸고 장국 삼삼이 ᄒᆞ여 ᄭᅮ미 ᄯᅮ드려 너코 ᄭᅳᆯ이고 고기 져[1]으로 지버 ᄭᅳᆯᄂᆞᆫ 국의 덤벙 졍거 젼[2]의 노흐면 막 닉거든 먹고 국니 조난 족족 장국을 부어 ᄭᅳ려 먹고 국은 나종의 펴서 국으로 먹으면 조흐니라 밥상의 ᄒᆞ고 ᄉᆞᆯ 안주로도 ᄒᆞᄂᆞ니라

소고기를 얇게 저며 후춧가루, 파, 생강을 다져 넣고 거피깨 소금, 간장을 넣어 주무르고 기름을 윤이 나도록 많이 쳐서 재워 (양념이) 배거든 접시에 고기를 펴 얌전히 담는다. 무나물, 숙주나물, 도라지를 가늘게 쪼개어 짧게 자르고, 파를 갸름하게 썰어 세 가지 나물을 한데 섞는다. 벙거지골은 화로에 숯불을 피워 걸고 장국을 삼삼히 하여 꾸미를 두드려 넣고 끓인다. 고기를 젓가락으로 집어 끓는 국에 덤벙 담가 전(벙거지골의 둘레)에 놓고 막 익거든 먹고, 국이 졸아들면 장국을 부어 끓여 먹는다. 국물은 나중에 떠서 국으로 먹으면 좋다. 밥상에 놓고 술안주로도 한다.

1 저: 젓가락

2 전: 전골틀의 둘레 가장자리가 넓적하게 된 부분

벙거지골은황육
을얇게졈여 호초ᄶᅵ 셩강다져 버므려ᄃᆡ소
ᄎᆞᆫ지ᄶᅢᆼ어히 ᄭᅮ ᄆᆞᄌᆞᄂᆞᆫ 기롬을ᄯᅡ로 쳐 ᄒᆞ라 ᄂᆞᆫ온이
나ᄅᆞ록 쳐 ᄃᆞ와 ᄲᅵ거든 져보시의ᄂᆞᆫ 이ᄅᆞᆯ 져 얍ᄂᆞᆫ 된
이 ᄌᆞᆺᄂᆞᆫ 못오나ᄉᆞᆯ 녹ᄃᆞᆫ 나ᄉᆞᆯ 도ᄅᆞ지 가ᄅᆞᆯ 게 ᄯᅩ리
예도 ᄇᆞᆨ녀ᄂᆞᆫ 하가 옷ᄉᆞᆯ 짜 ᄒᆞᆫ 졔가 치ᄅᆞᆯ ᄒᆞᆫ 뒤
왼ᄉᆞ거 평거지ᄉᆞᆯ을 ᄒᆞᆫᄅᆞᆯ의 ᄉᆞᆫ 불ᄉᆞᆯ 떠 워 질ᄅᆞᆫ 장
국 상ᄋᆞᆫ 이 ᄒᆞᆫ여 ᄊᆞᆺ 세 ᄭᅩᆺ 근쳐 너코 ᄉᆞᆯ이ᄂᆞᆫ ᄒᆞᆫ니 쟤
을ᄅᆞᆯ 지며 ᄉᆞᆯ ᄂᆞᆫ 국의 ᄀᆞᆺ 병 졍거 쳔의 ᄂᆞ흐면
ᄆᆞᆨ 닉거 든 ᄆᆞᆨᄂᆞᆫ 국 나 ᄂᆞᆫ 나ᄂᆞᆫ 축ᄉᆞᆯ 장 죽을 부어
ᄊᆞ혀 ᄆᆞᆨᄂᆞᆫ 국을 난ᄒᆞᆼ의 져셔 국을 ᄇᆞᆨ우면 조ᄒᆞᆫ
니라 밥 상의 ᄂᆞᆫ 슐 안쥬로ᄃᆞᆫ ᄒᆞᆫ ᄂᆞ니라

깃ᄉᆞ된도 싱거온 기ᄉᆞ쳐는 반ᄃᆞᆺ 얇게 도ᄶᆞᆼ올ᄂᆞ
닥 향ᄉᆞ 갓치 도ᄶᆞᆼ화 당우화 후ᄅᆞᆫ 미 알ᄂᆞᆯ 셩
강ᄂᆞ 도 다ᄉᆞᆯ을 게 ᄶᆞᆼ올ᄂᆞᆯ 쳥 갹 너ᄒᆡ여 갓ᄀᆞ 흔 게
단ᄉᆞ야 맹올 낫쇠 ᄶᆞᆯ 쳑의 ᄶᆞᆯ거온 조ᄅᆞᆫᄉᆞ 흔에
ᄶᆞ나라 얇게 ᄶᆞ흔 거ᄉᆞ 양여ᄉᆞ 갓도 빈도 빈 ᄶᆡ흐
티 너희 하ᄀᆞ 흔게 라을 ᄶᆞᆯ 조ᄅᆞᆺ티 ᄶᆞ나라

쇼ᄉᆞ 박기ᄉᆞ쇠 ᄂᆞᆫ 녹거 너흔 ᄉᆞ우홀 조롤ᄂᆞ
흔ᄂᆞ 남도 녹 흔게 ᄶᆞ 홀ᄂᆞ 빈 ᄎᆞ 쳐 ᄉᆡᄂᆞ 것 ᄶᆡ
홀ᄂᆞ 미 너희 약여ᄉᆞ 가ᄅᆞ화 단ᄉᆞ 아 망올 낙
쳐 ᄶᆞ나이라 이쇄 가 지니ᄉᆞ쳐 롤 닉 가 라
노ᄒᆞᆼ화 ᄂᆞᆫ 븐ᄉᆞ아 여ᄂᆞᆫ 빈 ᄎᆞ 미ᄐᆞ리 리ᄒᆞᆫ니
쌀ᄋᆞᆫ 망이 네ᄉᆞ 지거 ᄉᆞ우 미 빈 ᄎᆞ 쳣ᄀᆞ 지셕
즐쳐 노ᄂᆞ 우희 자 ᄂᆞᆯ 가ᄅᆞᆯ 게 ᄶᆞ 흔거 숄 닭
향ᄀᆞ 뎌 농은 빈 석이 되나 보ᄋᆞ의 도이여 ᄎᆡ 노
흐화 거ᄉᆞ 잇ᄂᆞ 미ᄒᆡᆼ 흘 접은 상의 조셕 반
찬이라 조나ᄉᆞᆯ 기ᄉᆞ쇠 ᄂᆞ 니 다이희 쇠 진ᄅᆞᆯ 흔
여 밖 ᄂᆞ 이라

싱거온 김ᄎᆡ · 싱거운 김치

반듯반듯 얍게도 싸흘고 닥 탕무 갓치도 싸ᄒᆞ라 담으되 푸른외 마날 싱강 고초 다 가날게 싸흘고 청각 너허 간간ᄒᆞ게 담아 만[1]으로 닉혀 쓸 젹의 쑬긔운 조곰ᄒᆞ여 쓰ᄂᆞ니라
얍게 싸흔 거ᄉᆞᆫ 양념 갓초 너코 ᄇᆡ 싸ᄒᆞ라 너허 삼삼ᄒᆞ게 담고 쑬 조곰 타 쓰ᄂᆞ니라

(무를) 반듯반듯 얇게 썰거나 탕무같이 썰어 담는다. 푸른 오이, 마늘, 생강, 고추를 가늘게 썰고 청각을 넣어 간간하게 담아 천천히 익혀 쓸 적에 꿀 기운을 조금 더하여 쓴다. 얇게 썬 것은 양념을 갖추어 넣고, 배를 썰어 넣어 삼삼하게 담고 꿀을 조금 타 쓴다.

셧박김ᄎᆡ · 섞박김치

조긔 너코 무우ᄅᆞᆯ 도톰도톰ᄒᆞ고 납족ᄒᆞ게 싸흘고 ᄇᆡ차 져린 것 싸흘고 외 너허 약념 가초와 담아 만으로 닉켜 쓰ᄂᆞ이라
이 셰 가지 김ᄎᆡᄅᆞᆯ ᄉᆡᆨ가라 노흐라
느즌 봄이여든 ᄇᆡ차 미라리 ᄀᆡ라리 말망이[2] 네 가지 죄 무우 외 ᄇᆡ차 겻겻치 ᄉᆡᆨ드려 노코 우희 파 고초 가날게 싸흔 거ᄉᆞᆯ 담상담상[3] 펴 노으면 ᄉᆡᆨ이 되니 보우의도 이어킈 노흐라 긔구잇고 뫼양ᄒᆞᄂᆞᆫ 집은 상의 조셕 반찬이라도 나물 김ᄎᆡ 고기 다 이러킈 잘 ᄒᆞ여 먹ᄂᆞ이라

조기를 넣고 무를 도톰하고 납작하게 썰고, 배추 절인 것을 썰고, 오이를 넣어 양념을 갖추어 담아 천천히 익혀 쓴다.
이 세 가지 김치를 색(종류)별로 놓는다.
늦은 봄이면 배추, 미나리, 개나리, 말망이 네 가지 다 무, 오이, 배추를 곁곁이 색을 들여놓고 위에 파, 고추 가늘게 썬 것을 담상담상 펴 놓으면 색이 되니, 보시기에도 이렇게 놓는다. 기구 있고 모양 내는 집은 상에 조석 반찬이라도 나물, 김치, 고기를 다 이렇게 잘 하여 먹는다.

1 만: 시기나 햇수를 꽉 차게 헤아림을 이르는 말
2 말망이: 모자반
3 담상담상: 촘촘하지 않고 드물고 성긴 모양

시절 제사

「봉접요람」에는 절기마다 제사에 오르는 음식 내용에 관해 적혀 있다. 시절별 제사 음식에는 모두 술[酒], 과(菓), 포(脯), 혜[醯], 탕(湯)이 포함된다. 또한 정월 초하루의 시루편과 조악, 한식의 송편, 구일의 무시루편 등 책 앞부분에 언급된 시절 음식이 절기별 시절 제사 음식 구성에도 반영되었다.

제기_ 일 년 열두 달 명절이나 제사가 있어 때가 되면 제물을 만들어 집집마다 돌아가신 조상을 모시는 음식을 정갈하게 만들어 제를 지냈다. 절기의 과일, 떡, 포, 적, 나물, 전유어를 만들어 제기에 높이 쌓아 담는다. 제기는 놋, 자기 소재도 있지만 대부분 나무로 만든다. 사각진 틀과 둥그런 모양으로 일반 그릇은 굽이 없는데 제기는 상다리처럼 굽이 있다. 조상을 한층 높여 귀하게 쓰려던 의미인 듯하다.

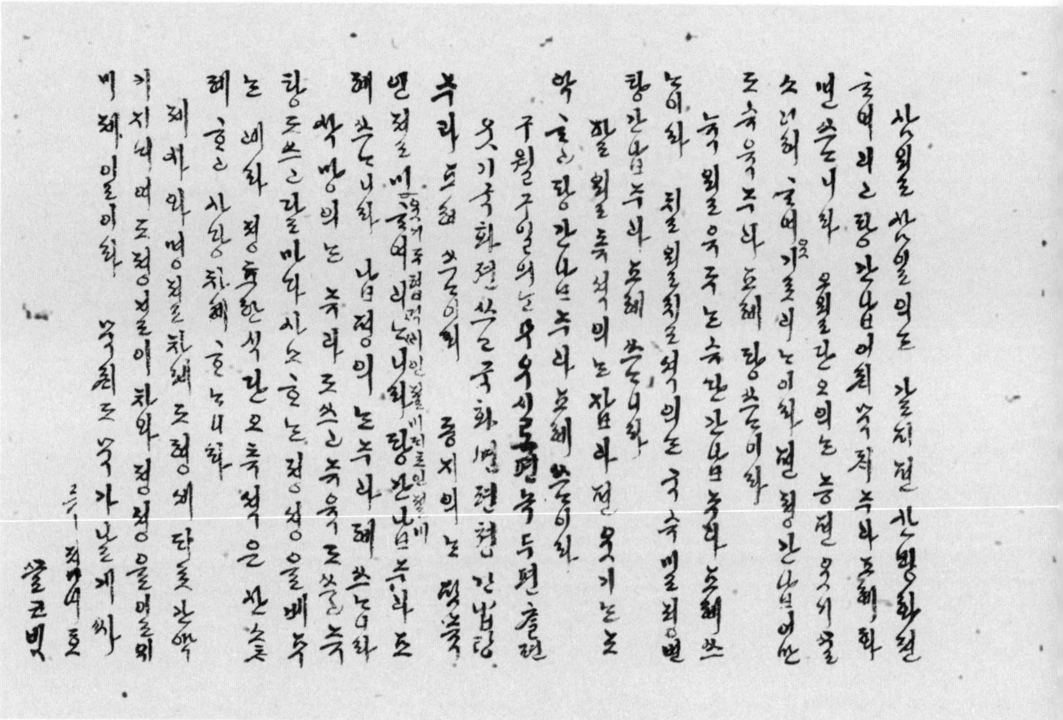

뎡조의는 시로편 웃기조악 젼 산승 편청 면 ᄒᆞ여 우희 괴고 조악 잣가로 쎗ᄂᆞ니라

뫼편 밋티 괴고 녹도편 괴고 ᄭᅢ편 괴고 빅편 괴고 ᄭᅮᆯ편 괴고 출편 괴고 ᄭᅮᆯ출편 괴고 웃기 괴나이라

면 썩국 주과 포혜 간납 탕 쓰고

보름의는 약뫼 괴고 수졍과 잣 언져 쓰고 탕 잡치 간납 주과 포혜 쓰ᄂᆞ이라

한식의는 송편 웃기 ᄭᅮᆯ소 치소 ᄒᆞ여 괴고 편청 면 탕 간납 주과 포혜 ᄒᆞᄂᆞ이라

삼월 삼일의는 갈피편 산빙 화젼ᄒᆞ여 괴고 탕 간납 어치 묵치 주과 포혜 화면 쓰ᄂᆞ니라

오월 단오의는 증편 웃기 ᄭᅮᆯ소 너허 ᄒᆞ여 웃기로 괴ᄂᆞ이

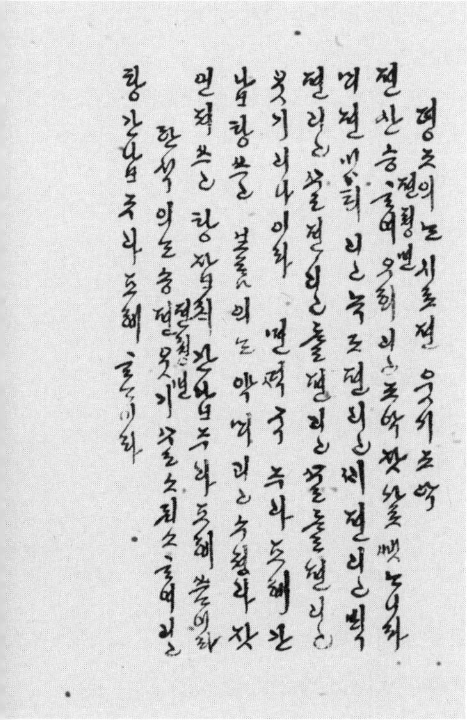

라 편청 간납 어만도 슈육 주과 포혜 탕 쓰ᄂᆞ이라
뉵월 유두ᄂᆞᆫ 슈란 간납 주과 포혜 쓰ᄂᆞ이라
칠월 칠셕의ᄂᆞᆫ 국슈 밀졍변 탕 간납 주과 포혜 쓰ᄂᆞ니라
팔월 츄셕의ᄂᆞᆫ 잡과편 웃기ᄂᆞᆫ 조악ᄒᆞ고 탕 간납 주과 포혜 쓰ᄂᆞ이라
구월 구일의ᄂᆞᆫ 무우시로편 녹두편 출편 웃기 국화젼 쓰고 국화면 편청 간납 탕 주과 포혜 쓰ᄂᆞ이라
동지의ᄂᆞᆫ 팟쥭 인졀미 웃기 두텹썩 ᄭᅵ인졀미 ᄃᆡ초인졀미 ᄒᆞ여 괴ᄂᆞ니라 탕 간납 주과 포 혜 쓰ᄂᆞ니라
납평의ᄂᆞᆫ 주과 혜 쓰ᄂᆞ니라
삭망의ᄂᆞᆫ 쥬과도 쓰고 쥬육도 쓰고 쥬탕도 쓰고 달마다 사모ᄒᆞᄂᆞᆫ 정셩을 베푸ᄂᆞᆫ 례라
정됴 한식 단오 츄셕은 산소 ᄎᆞ례ᄒᆞ고 사당차례 ᄒᆞᄂᆞ니라 졔사와 명졀로 차례도 형셰ᄃᆡ로 간약키 지ᄂᆡ여도 정결이 차와 정셩을 일위게 졔일이라
(이후 낙장)

정조에는 시루편, 웃기조악, (화)전, 산승, 편청을 하여 편 위에 괴고, 조악에는 잣가루를 뿌린다. 메편을 밑에 괴고 녹두편, 깨편, 백편, 꿀편, 찰편, 꿀찰편을 순서대로 괴고, 웃기를 괸다. 면, 떡국, 주(酒), 과(果), 포(脯), 혜(醯), 간납, 탕을 쓴다.
보름에는 약밥을 괴고, 수정과에 잣을 얹어 쓰고, 탕, 잡채, 간납, 주, 과, 포, 혜를 쓴다.
한식에는 송편 웃기는 꿀소, 채소를 하여 괴고, 편청, 면, 탕, 간납, 주, 과, 포, 혜를 한다.
삼월 삼일에는 갈피편, 산병, 화전을 하여 괴고, 탕·간납·어채·묵채·주·과·포·혜, 화면을 쓴다.
오월 단오에는 증편 웃기는 꿀소를 넣어 하여 웃기로 괸다. 편청, 간납, 어만두, 수육, 주, 과, 포, 혜, 탕을 쓴다.
유월 유두에는 수단, 간납, 주, 과, 포, 혜를 쓴다.
칠월 칠석에는 국수, 밀전병, 탕, 간납, 주, 과, 포, 혜를 쓴다.

1 정조(正朝): 정월 초하루

팔월 추석에는 잡과편, 웃기는 조악으로 하고, 탕, 간납, 주, 과, 포, 혜를 쓴다.
구월 구일에는 무시루편, 녹두편, 찰편, 웃기로는 국화전을 쓰고, 국화면, 편청, 간납, 탕, 주, 과, 포, 혜를 쓴다.
동지에는 팥죽·인절미, 웃기로는 두텁떡, 깨인절미, 대추인절미를 하여 괸다. 탕, 간납, 주, 과, 포, 혜를 쓴다.
납평에는 주, 과, 혜를 쓴다.
삭망에는 주, 과도 쓰고 주, 육도 쓰고 주, 탕도 쓰고 달마다 사모하는 정성을 베푸는 예(禮)이다.
정조, 한식, 단오, 추석은 산소 차례를 지내고 사당 차례를 지낸다. 제사와 명절 차례도 형세대로 간략히 지내더라도 정결히 차와 정성을 이루는 게 제일이다.

의복의 먹무든 ᄃᆡ난 우슬가로을 물의 ○○○○○
ᄂᆞ 말르거든 털면 먹과 한가지로 ᄲᆡ지고 무든 졔
란 거슨 힝인을 씹어 문지르고 초로 ᄲᆞᄅᆞ도 조흐이라
다목물 무든거슨 셕유황 ᄂᆡ을 쇠이문 희여진이라

의복에 먹 묻은 데는 우슬가루를 물에 (타서 의복에 발)라 마르거든 털면 먹과 같이 빠지고, 묻은 재는 행인을 씹어 문지르고 식초로 빨아도 좋다. 다목 물이 묻은 것은 석유황 냄새를 쏘이면 희어진다.

붕텹 오ᄂᆞᆫ 졀

의복의 먹무든ᄃᆡ 날우술과 ᄎᆞ조ᄒᆞ야
ᄡᆞ ᄆᆡᆯ르거든 ᄐᆞᆯ면 먹과 ᄒᆞᆫ가지로 지고 무든 ᄌᆡ
ᄒᆞᆫ 거슨 힝인을 씹어 ᄇᆞᆫ지ᄅᆞ면 조로 ᄲᆡ고 도로 ᄒᆞ
니라
다ᄅᆞᆫ 물 ᄭᅮᆨ든 거슨 셕유황 ᄂᆞ흔 ᄂᆡ 쐬이아 희여진
이라

조리법과 상차림 해석

봉접요람

- 떡·과자
- 시절 음식
- 찬물
- 제사나 잔치 큰상에 차리는 음식
- 혼인 신행 음식과 상차림
- 조석 반찬 만들기

◈ 약과법(밀가루 1말 법)

재료

밀가루, 뜨거운 물, 참기름, 소주, 꿀, 튀김용 기름, 꿀

만드는 법

1. 뜨거운 물 3컵에 기름 3컵, 소주 3컵을 넣고 섞는다.
2. 밀가루 1말(100컵)에 ①을 넣고 덩어리지지 않게 비빈다.
3. ②에 꿀 10컵을 넣어 반죽한 후, 모양을 내어 기름에 지진다.

* 밀가루 3되로 만드는 법: 밀가루 30컵으로 만들 때는 뜨거운 물 1컵에 기름 1컵, 소주 1컵을 넣어 섞고, 여기에 꿀 1보시기(3컵) 정도를 넣고 반죽해 모양 내어 기름에 지진다.
* 꿀을 넣기 전 반죽물의 비율은 뜨거운 물(탕수) 1:기름 1:소주 1로 한다. 그리고 반죽물과 꿀의 비율은 1:1로, 꿀은 반죽물의 분량과 같다.

◈ 중계법

재료

밀가루 1말, 꿀 2되, 튀김용 기름

만드는 법

1. 뜨거운 물 2종자(1컵)에 꿀 2되(20컵)를 타 식힌다.
2. 밀가루 1말(10되)에 ①을 넣고 눅눅해지도록 반죽하여 고루 치댄 후 반듯하게 만든다.
3. 너무 세지도 약하지도 않은 중불에서 지져내어 건져놓는다.

* 계량을 할 때는 가루를 되었던 됫박을 꿀, 기름에도 사용하면 된다. 물과 꿀은 1:20의 비율로 섞으며, 반죽의 정도는 밀가루와 꿀물이 5:1이다.
* 지질 때 백지를 올려놓고 조리하면 모양이 곱다.

◈ 강정법

재료

찹쌀, 꿀, 튀김용 기름, 엿, 고물

만드는 법

1. 찹쌀을 여러 차례 문질러 말갛게 되도록 씻어 물에 담가둔다.
2. 3일이 지나면 건져 가루를 빻아 술로 반죽해 찐다. 푹 찐 후 뜸을 들인다.
3. 도마(안반)에 놓고 공이로 많이 치는데, 이때 꿀을 조금 넣고 친다. 단 꿀을 너무 많이 넣으면 기름이 배고 절어 못 쓰게 된다.
4. 도마에 (덧)가루를 펴놓고 ③을 얇게 펴 썬 다음 널어 말린다. 널 때 바람을 쏘이지 말고 뒤집어가며 말리되, 거의 말라가면 틀어지지 않게 책으로 눌러준다.
5. (기름을 둘러) 알맞게 지진다. 지질 때 잘못 눌리면 꼬부라지고 쓸 만한 것이 없게 된다.
6. 엿을 녹여 꿀을 조금 넣고 물을 보아가며 쳐서 ⑤에 묻히는 엿을 만든다.
7. 지진 강정에 엿을 바르고 고물을 묻힌다.

◈ 강반법(산자나 강정에 묻히는 고물)

재료

찹쌀, 술

만드는 법

1. 고른 찹쌀을 문질러 씻어 물에 담근다.
2. 3일 만에 꺼내어 씻어 건져 쪄서 뜸을 들인다.
3. 뜸 들인 찹쌀밥을 보자기째 싸서 3일을 둔다.
4. 3일 만에 손에 술을 묻혀가며 ③의 붙은 밥알을 떼어 널고, 자주 뒤적여 말린다.
5. 찐 찹쌀 말린 것을 일어 볕을 쪼인다.

* 산자에 묻히려면 엿을 되게 해야 하고, 강정에 묻히려면 조금 녹진하게 만든다.

◈ 대추조악

재료

찹쌀가루, 대추

만드는 법

1. 대추는 무르고 좋은 것을 골라 씨를 바르고 다진다.
2. 찹쌀 가루를 조금만 덜고 ①의 다진 대추도 덜어 함께 넣고 반죽한다. 조그맣게 떼내어 삶아 건진다.
3. 남은 찹쌀 생가루 뭉친 것에 ②를 넣고 눅눅하게 반죽한다.
4. 반죽에 넣고 남은 대추에 꿀을 넣고 섞어 소를 만든다.
5. 반죽을 종잇장처럼 얇게 펴 ④의 소를 넣고 빚는다.
6. 기름에 띄워 지져낸 뒤 꿀에 재운다. 잘된 것은 빛이 붉고 윤기가 난다.

* 떡은 두께를 두껍게 하고, 소를 많이 넣으면 안 된다.
* 찹쌀가루에 대추 대신 쑥, 치자물, 또는 아무것도 넣지 않고 만들면 각각 청색, 황색, 흰색의 조악이 된다.

◈ 산승

재료

찹쌀가루, 꿀, 기름

만드는 법

1. 찹쌀가루에 꿀과 기름을 조금씩 넣고 물을 쳐서 되게 반죽한다.
2. ①의 반죽을 도마에 놓고 홍두깨로 얇게 민 후, 대통을 세워 꽃전만 하게 떠낸다.
3. 기름에 띄워 지진다. 바삭하고 연해지며 뿌연 빛이 나면 꺼낸다.
4. 꿀을 바른다.

* 반죽이 질면 진득진득하여 제대로 완성되지 않는다.

◈ 승검초가루주악

재료

찹쌀가루, 승검초가루(당귀잎 가루), 기름, 꿀

만드는 법

1. 찹쌀가루에 승검초가루를 섞고 물을 넣어 푸른빛이 나게 반죽한다.
2. 잎사귀로 하려면 생긴 대로 하며, 생것이 아닌 마른 것이면 물에 불린다.
3. 물기가 있는 잎사귀에 찹쌀가루를 골고루 묻혀 낱낱이 펴서 기름에 띄워 지진다.
4. ③이 익어 바삭하게 일어나면 꺼내 꿀을 바른다.

* 승검초의 가루나 잎사귀는 서울에서 구입해 쓴다.
* 승검초잎주악은 승검초주악의 웃기로 쓴다.
* 승검초가루는 색강정을 할 때 고물로 묻히면 푸른색이 돌아 좋다.

◈ 백편법

재료

찹쌀, 대추, 석이버섯, 잣

만드는 법

1. 찹쌀을 깨끗이 씻어 곱게 가루를 내고 다시 가는 체에 내린다. 다시 물을 조금 주어 체에 내린다. 이때 물을 주지 않은 가루를 일부 남겨둔다.
2. 시루에 물을 넣어 내린 찹쌀가루를 안치고, 그 위에 물을 주지 않은 찹쌀가루를 살짝 뿌린다.
3. ②를 백지로 덮어 반씩 누른다. 시루 크기대로 칼금을 3~4쪽 낸다.
4. 대추는 씨를 발라 반듯하게 썰고, 석이버섯도 대추처럼 썬다. 잣은 반으로 쪼갠다.
5. 쌀가루 한쪽에 대추 썬 것 3개를 2줄로 박고, 잣과 석이버섯도 각 3개씩 박는다. (잣은) 색을 들여 4개도 박는다.
6. 백지에 기름을 발라 ⑤ 위에 덮고, 떡을 계속해 같은 방법으로 안친다.
7. 떡이 다 쪄지면 시루를 쏟고 칼금 넣은 부분을 확인해 나눈다.

* 고명을 아무렇게나 흩어놓으면 모양새가 좋지 않다.
* 잔치에 쓰는 백편은 대추와 석이버섯을 길게 채 썰어 수壽, 복福자로 놓는다.

〈떡 위에 고명을 안친 모양〉

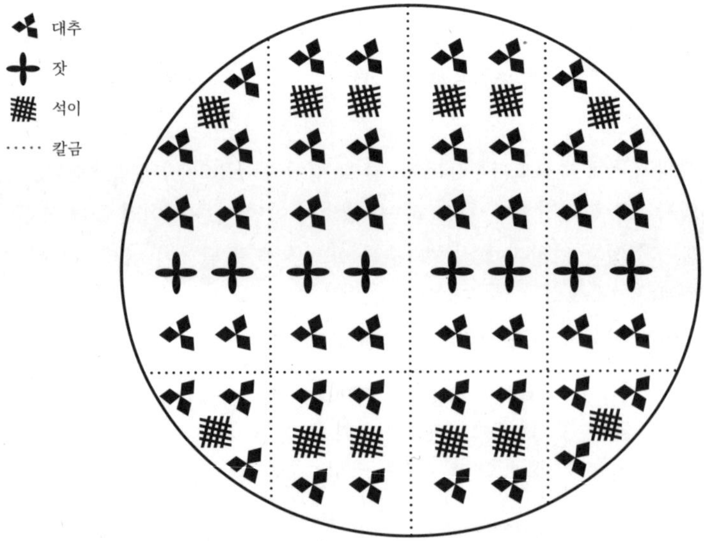

◈ 깨찰편·깨메편

만드는 법

깨찰편이나 께메편은 모두 채 썬 석이버섯, 대추, 밤을 듬뿍 뿌리고, 거피깨를 체로 쳐 뿌려 쓴다.

시절 음식

2월 한식

◈ 송편

2월 한식에 만드는 송편웃기는 꿀 소나 채소 소로 한다.

꿀 소 만들기

재료

팥, 꿀, 후춧가루

만드는 법

1. 팥고물에 꿀을 섞는다.
2. 양푼에 담아 빛이 노르고 질지 않게 되면 후춧가루를 조금 넣는다.
3. 호두만 한 크기로 만든 소를 송편 반죽에 넣고 빚어 찐다.

채소 소 만들기

재료

미나리, 파, 표고버섯, 고기, 후춧가루

만드는 법

1. 미나리 줄기는 썰고 파는 다진다.
2. 표고버섯과 고기도 다져 볶고 후춧가루를 넣는다.
3. 송편 반죽에 소를 넣고 버들잎처럼 빚어 찐다.

3월 삼짇

흰편, 개피편, 산병, 화전을 만들어 쓴다.

◈ 산병

재료

흰떡, 꿀 소

만드는 법

1. 떡 반죽을 가늘고 동그랗게 밀어 밤알만큼 벤다.
2. 동그란 나무 밀대로 만든 틀로 얇게 민다.
3. 꿀 소를 넣고 싸맨 모양을 만들어 5개씩 붙인다.

* 산병은 쑥을 넣어 푸른 산병이나 흰 산병을 만든다.
* 웃기로 쓴다.
* 잔치산병은 오색으로 물들여 만드는데, 색을 보아가며 잘 들여야 색이 예쁘다.

◈ 화전

재료

찹쌀가루, 꽃, 기름

만드는 법

1. 찹쌀가루에 꽃을 넣고 부서지지 않을 만큼 되게 반죽한다.
2. 상에 얇게 펴놓고 단단히 누른다.
3. 대통을 세워 눌러 긁어내고, 가장자리를 손톱으로 잘게 집으면서 떼어 낸다.
4. 기름에 띄워 지져낸다.

* 때에 따라 진달래꽃, 국화꽃, 찔레꽃, 장미꽃 등을 따 쓴다.

◈ 화면

재료

진달래꽃, 녹말, 오미자국, 꿀

만드는 법

1. 진달래꽃은 수염을 떼고 두 쪽을 낸다.
2. 꽃잎에 녹말을 묻히고 끓는 물에 데쳐 찬물에 헹군다.
3. 오미자국에 꿀을 타 데친 꽃을 띄운다.

5월 단오

증편, 연계찜, 제철 과일, 책면을 만든다.

6월 유두

◈ 떡수단

재료

흰떡, 녹말, 꿀물

만드는 법

1. 흰떡을 무르게 만들어 반죽해 숟가락 손잡이 굵기만 하게 만든 다음, 은행 크기로 썬다.
2. 먹기 전에 녹말가루를 묻혀놓고 물을 끓인다.
3. 끓는 물에 데쳐 냉수에 말갛게 헹궈 그릇에 담는다.
4. 꿀물을 붓는다.

7월 칠석

◈ 밀국수

재료

밀가루, 달걀, 오이, 파, 표고버섯, 석이버섯, 닭고기, 소고기, 후춧가루, 잣, 거피 깨소금, 기름, 장

만드는 법

1. 밀가루에 달걀을 넣고 반죽하여 백지장같이 밀어 가늘게 썬다.
2. 냄비에 많은 양의 물을 붓고 펄펄 끓이다가 ①의 국수 면을 붙지 않게 떼어 넣고 휘저어 떠오르면 냉수에 헹군다. 채반에 오동잎이나 아주까리잎을 펴고 헹군 국수를 한 그릇 분량씩 건져 기름을 발라놓는다.
3. 오이는 채 썰고, 파와 표고버섯은 기름장에 볶는다.
4. 석이버섯은 가늘게 채 썰고, 달걀은 지단을 부쳐 가늘게 썬다.
5. 닭고기, 또는 소고기를 넣어 장국을 끓인다. 소고기는 건진 후 다져 꾸미를 만들고 닭살은 가늘게 찢는다.
6. 국수를 그릇에 담고 위에 웃기인 고기 꾸미와 오이채, 표고버섯채, 달걀채를 얹는다. 후춧가루, 잣, 거피 깨소금을 섞은 양념을 그 위에 얹는다.
7. 간 맞춘 뜨거운 장국을 부어 낸다.

8월 추석

◈ 잡과편

재료

멥쌀가루, 대추, 잣, 녹두, 동부, 잎사귀

만드는 법

1. 멥쌀가루에 대추, 밤, 녹두, 동부를 넣고 만드는데, 대추와 밤은 얇게 저며 쓰기도 한다.
2. 잎사귀로 떡의 켜가 되도록 안쳐 찐 후 그대로 시루에서 내어 쓴다.

* 녹두를 거피해 녹두편을 만들기도 하고, 바로 먹는 것은 풋콩을 섞거나 과일을 조금 섞기도 한다.
* 이 떡의 웃기는 조약으로 한다.

9월 구일

9일에는 무편과 녹두편을 만들며, 웃기는 국화전이나 밤단자로 하여 쓴다.

◈ 국화면

재료

국화꽃, 녹말, 오미자물, 꿀

만드는 법

1. 국화꽃의 푸른 꽃대를 뗀다.
2. 꽃송이째 녹말을 묻힌다.
3. 끓는 물에 넣고 데쳐내어 냉수에 헹군다.
4. 오미자물에 꿀을 타고 꽃을 넣는다.

11월 동지

동지에는 팥죽, 인절미를 만들며, 웃기는 대추인절미로 한다.

◈ 대추인절미

재료

찹쌀, 대추, 꿀, 고물(거피깨)

만드는 법

1. 대추를 인절미 만드는 찰밥에 넣고 같이 찐 후, 찰밥 조금을 떼어 함께 찧는다.
2. 찧은 인절미를 조그맣게 빚어 꿀을 바르고 고물을 묻힌다.

* 보통 먹는 인절미는 거피깨를 묻히고, 두텁떡과 한 접시에 겯겯이 담는다.

◈ 흰깨강정

재료

흰깨, 녹말, 꿀물

만드는 법

1. 흰깨를 불려 거피하여 볶는다.
2. 엿을 녹이고 꿀을 조금 섞는다.
3. 볶은 흰깨에 엿을 넣고 버무린다. 이때 엿은 너무 많이 하지 않고 어울릴 정도로만 넣는다.
4. ③을 꺼내 얇게 밀어 약간 굳으면 잣박산같이 모지게 베어 웃기로 쓴다.

◈ 검은깨다식

재료

검은깨, 엿, 꿀

만드는 법

1. 검은깨를 볶아 찧어 고운 체에 친다.
2. 엿을 녹이고 꿀을 섞어 ①의 깻가루에 넣고 버무린 후, 기름이 나도록 한참 동안 찧는다.
3. 다식 틀에 반죽을 알맞게 떼어 넣고 꾹꾹 눌러 박는다.

◈ 흰깨다식

흰깨를 불려 거피한 후 볶아서 빻아 쓴다.

◈ 말황률다식

재료

밤, 흰꿀

만드는 법

1. 밤을 저며 말려서 가루가 되도록 빻는다.
2. 흰꿀을 넣고 되직하게 반죽한 후 다식 틀에 박는다.

◈ 송화다식

송홧가루에 엿꿀을 넣어 되직하게 반죽한 후 틀에 박아 만든다.

◈ 녹말다식

우선 녹말에 분홍색을 들여 고운 체에 내린 후, 꿀을 약간 넣고 섞어 촉촉한 정도로 하여 비비면서 섞는다. 다식 틀에 넣고 꼭꼭 눌러 박는다.

* 홍색이 나는 다식은 녹말에 지초기름이나 연지를 넣어 색을 내거나, 혹은 들쭉정과물이나 오미자물로도 만든다.

찬물

◈ 잡채

재료

도라지, 고사리, 송이버섯, 표고버섯, 박고지, 무, 숙주, 미나리, 소고기, 참기름, 파, 밀가루, 양념, 후춧가루

만드는 법

1. 마른 나물인 도라지, 고사리, 송이버섯, 표고버섯, 박고지는 각각 볶는다. 생나물인 무, 숙주, 미나리는 각각 삶는다.
2. 소고기를 다져 솥에 넣고 볶다가 ①의 나물들을 넣고 함께 볶는다.
3. ②가 볶아지면 밀가루를 물에 풀어 '집'을 만들어 넣고, 다진 파를 많이 넣어 끓인다.
4. ③을 꺼내 후춧가루를 뿌리고 접시에 담는다.

◈ 어채

재료

생선 살, 마른 해삼, 전복, 건표고버섯, 국화잎, 파, 녹말
초간장: 간장, 생강, 파, 후춧가루

만드는 법

1. 생선 살, 해삼, 전복은 폭 1cm, 길이 3cm 정도로 갸름하게 썬다. 건표고버섯은 불려 1cm 굵기로 썬다. 모든 재료는 강정 말린 것과 같은 모양으로 갸름하게 썬다.
2. 준비한 해물과 버섯에 녹말을 고루 묻혀 끓는 물에 데쳐 냉수에 헹군다.
3. 국화잎과 파를 국화잎 길이로 썬 후 녹말을 묻히고 끓는 물에 데쳐 냉수에 헹군다.
4. 간장에 다진 생강과 파, 후춧가루를 넣어 초간장을 만든다.
5. 데친 모든 재료를 접시에 담고 초간장을 곁들여 낸다.

◈ 수잔지

재료

꿩, 오이, 참기름, 잣, 후춧가루

만드는 법

1. 꿩은 살을 발라 바둑알 모양으로 썬다.
2. 오이는 껍질을 벗겨 꿩처럼 썬 후 소금에 절였다가 물기를 짠다.
3. 꿩 살을 바르고 남은 부위는 토막으로 잘라 기름을 둘러 볶는다. 볶다가 물을 부어 국을 끓인 후 걸러 국물을 밭는다.
4. 냄비에 기름을 두르고 꿩 살과 오이를 넣어 얼른 볶아낸다.
5. ③의 끓는 장국은 간장으로 간을 맞춘다. 볶은 꿩, 오이를 넣고 잠시 끓여 낸 후 그릇에 담고 잣, 후춧가루를 넣는다.

* 옛날에는 껍질이 푸른 오이를 사용했다. 소금을 많이 넣어 파묻어두었다가 봄까지 쓰는데, 푸르고 싱싱한 것을 물에 우려 짠맛을 빼고 껍질을 벗겨 쓴다.
* 어채와 수잔지는 맛있는 고기 음식에 들어 자주 만들어 먹는다.

◈ 양볶이

재료

양깃머리, 소금, 참기름, 고춧가루, 잣

만드는 법

1. 양깃머리는 소금으로 주물러 말갛게 씻는다. 도톰하게 저며 회처럼 가늘게 썬다.
2. 달군 냄비에 참기름을 두르고 잠깐 볶아 그릇에 담는다.
3. 물을 끓여 뜨거운 상태로 둔다.
4. 냄비에 볶은 양을 담고 끓인 물을 조금씩 부으면서, 국자로 문질러 국물이 탑탑해질 때까지 으깬다.
5. 그릇에 담고 소금으로 간을 맞춘 후 고춧가루와 잣을 띄운다.

◈ 잡탕

재료

닭고기, 양, 토끼고기, 도가니, 마른 전복, 마른 해삼, 소고기, 생선, 꿩, 도라지, 박고지, 무, 다시마, 달걀, 잣
소고기 완자 양념: 후춧가루, 생강, 파, 참기름, 간장

만드는 법

1. 닭고기, 양, 토끼고기, 도가니, 전복을 각각 손질해 큰 솥에 한데 넣고 곤다.
2. 소고기는 충분히 다져 후춧가루, 다진 파, 생강, 참기름을 넣고 장으로 간을 맞춰 잘 치대 반죽한다.
3. ②의 고기 반죽을 떼어 동글게 완자를 만든다. 밀가루를 묻히고 달걀 흰자나 노른자를 묻혀 기름을 두르고 지진다.
4. 양과 꿩, 생선은 살을 저며 밀가루와 달걀물을 묻힌 후 전을 지진다. 온전한 모양의 것은 고임에 그대로 쓰고, 작은 전들은 2cm 정도 길이로 갸름하게 썬다.
5. 전복과 해삼 곤 것은 건져 저며 썬다. 단, 해삼은 다른 재료와 함께 고면 국빛이 푸르스름해지므로 따로 고아 쓴다.
6. 무르게 삶아낸 양, 도가니, 닭의 살은 모두 뜯어 썬다.
7. 도라지와 박고지는 불린 후 2cm 길이로 갸름하게 썰고, 다시마도 불려 썬다. 무를 쓸 경우에는 박고지같이 썬다.
8. 국물에 기름과 장을 치고 준비한 재료를 모두 넣어 끓인다. 여기에 전유어와 완자를 넣고 한소끔 더 끓인다.
9. 그릇에 담고 달걀지단과 후춧가루, 잣을 얹어 낸다.

◈ 육전유아

재료

소고기, 밀가루, 달걀, 참기름
고기 양념: 후춧가루, 생강, 파, 간장, 참기름

만드는 법

1. 소고기를 곱게 다지고 다진 파와 생강, 후춧가루를 넣는다. 간장, 참기름을 넣고 잘 치대어 반죽한다.
2. 고기 반죽을 편편하게 만들어 잔칼집을 넣으면서 두드려 얇게 만든다.
3. 밀가루와 달걀물을 묻히고 기름을 둘러 눌러가며 전을 지진다.

◈ 해삼찜

재료

마른 해삼, 참기름, 간장, 두부, 소고기, 밀가루, 달걀
소 양념: 다진 파, 생강, 후춧가루

만드는 법

1. 마른 해삼은 물에 담가 조금 불어난 듯하면 배를 갈라 다시 물에 넣고 불린다.
2. 불린 해삼은 기름에 볶으면서 간장을 조금 쳐 잠시 볶는다.
3. 두부는 으깨어 물기를 꼭 짠다.
4. 소고기는 다진 후 다진 파와 생강, 후춧가루를 넣어 양념해 볶는다.
5. 해삼 배 속에 밀가루를 바른다. ③, ④를 합해 해삼 배 속에 가득 채운다. 두부가 없으면 소고기로만 만든다.
6. ⑤에 밀가루를 묻히고 달걀물을 입혀 기름에 지진다. 해삼이 크면 둥글고 도톰하게 썰어 양면에 밀가루와 달걀물을 입혀 지진다.

* 마른 해삼은 미리 담가두지 않고 갑자기 삶아 만들면 안 되는데, 큰 해삼이라도 붇지 않은 것을 탱자만 하게 잘라 딱딱하게 지지면 맛이 좋지 않다.
* 해삼이 잘 붇지 않으면 불 위에 물을 올려 뜨끈하게 해놓고 그 안에서 주물러주면 빨리 크게 붇는다. 원래 작은 해삼은 위와 같이 하면 억지로 커지게 하는 것이니, 해삼 크기를 보아 완전히 불리도록 한다.

◈ 전복숙

재료

마른 전복, 마른 홍합, 소고기, 간장, 참기름, 꿀, 후춧가루, 깨소금, 잣가루

만드는 법

1. 마른 전복은 물에 담가 불린다. 조금 불어나면 냄비에 넣고 물러지도록 삶아 더 불린다.
2. 불어난 전복을 건져 얇게 저민다.
3. 마른 홍합은 물에 담가 조금 불어나면 수염을 떼고 깨끗이 씻는다. 전복과 함께 간장, 참기름을 넣고 주물러둔다.
4. 냄비에 물을 붓고 소고기 한 덩어리를 썰어 넣고 끓이다가 전복과 홍합을 함께 넣어 약한 불에서 서서히 끓인다. 검붉은색이 나면 꿀 1숟가락을 넣고 저어 윤기 나게 한다.
5. 그릇에 담고 후춧가루와 거피 깨소금, 잣가루를 솔솔 뿌린다.

◈ 연계찜

재료

어린 닭, 차조기잎, 참기름, 간장, 달걀, 밀가루
양념: 후춧가루, 깨소금, 파, 참기름

만드는 법

1. 어린 닭은 꽁지 쪽으로 내장을 꺼내고 깨끗이 씻는다.
2. 차조기잎을 절구에 찧어 물에 헹궈 건진 후 곱게 다진다.
3. 차조기잎에 후춧가루, 깨소금, 파, 기름을 넣고 주무른 다음, 뭉쳐서 닭 배 속에 넣고 빠져나오지 않게 잡아맨다.
4. 닭을 솥에 넣고 물을 부어 끓이다가 물러지면 기름과 장을 치고, 달걀, 밀가루를 풀어 국물이 약간 걸쭉하게 되도록 한다. 달걀을 풀어 넣고 잠시 더 끓인다.
5. 닭 배 속에 넣은 차조기잎 뭉치를 뜯고 닭살도 뜯어 그릇에 담는다. 후춧가루와 깨소금을 솔솔 뿌린다.

* 닭 배 속에 오이를 넣을 수도 있는데, 오이의 껍질을 벗기고 작고 모지게 반듯반듯 썰어 밀가루를 묻혀 넣기도 한다.

◈ 갈비찜

재료

갈비, 참기름, 간장, 깨소금, 박고지, 다시마, 무, 밀가루, 달걀
양념: 파, 생강

만드는 법

1. 갈비는 5cm 길이 정도로 토막을 내고 겉에 붙은 흐느적거리는 껍질을 벗긴 후 칼집을 잘게 넣는다.
2. 손질한 갈비에 간장, 참기름을 넣고 깨소금을 많이 넣어 주물러 냄비에 안친다.
3. 박고지, 다시마는 불려 3cm 길이로 짧게 자르고 파, 생강은 다진다.
4. ②의 갈비가 물러지면 ③을 함께 넣고 끓인다.
5. 갈비와 채소가 다 물러지면 찜 국물에 밀가루를 묽게 풀어 넣고, 달걀도 풀어 넣는다.
6. 그릇에 갈비와 채소를 함께 담고 깨소금을 흩어 뿌린다.

* 무를 넣는 경우에는 손가락 굵기로 짤막하게 썰어 넣고, 붉은색이 나도록 함께 끓여야 한다.

◈ 세산적

재료

소고기, 통도라지, 박고지, 골파, 밀가루, 깨소금
양념: 간장, 참기름, 후춧가루

만드는 법

1. 소고기는 두께 1cm, 길이 6~7cm로 도톰하게 떠서 잔칼집을 많이 넣어 연하게 한다. 간장, 후춧가루, 참기름을 넣고 주물러 양념한다.
2. 통도라지는 길이로 잘라 소금으로 주물러 여러 번 헹궈 쓴맛을 우려내고, 박고지는 불려서 고기 길이로 썬다. 파도 같은 길이로 썬다.
3. 준비한 재료를 가는 대꼬치에 촘촘히 끼운다.
4. 밀가루에 거피한 깨소금을 섞어 꼬치에 골고루 묻힌다.
5. 팬에 기름을 두르고 ④를 누르면서 지져낸다. 가장자리를 다듬어 그릇에 담는다.
6. 후춧가루를 뿌리고 달걀지단을 부친 다음 가늘게 썰어 위에 얹는다.

* 세산적을 만들 때 달걀을 묻혀 지지는 것은 격에 맞지 않으며, 너무 적게 꿰어서도 안 되고 작은 접시에 펼쳐질 수 있는 정도의 크기여야 한다.

◈ 동아느리미

재료

동아, 참기름, 소고기, 간장, 잣, 밀가루, 달걀
고기 양념: 파, 생강, 깨소금, 후춧가루

만드는 법

1. 동아는 딱딱한 껍질을 벗기고 손바닥만 한 크기로 얇게 저민다.
2. ①을 기름장에 살짝 볶아낸다.
3. 다진 소고기에 후춧가루, 파, 생강, 깨소금을 넣고 양념해 반쯤 익을 정도로 볶아낸 다음 잣을 섞는다.
4. 저며 볶은 동아를 펼치고 ③의 고기 소를 갸름하게 조금 올려 잣을 3~4개 놓는다. 돗자리 말듯 돌돌 말아 꼬치에 4~5개를 끼운다.
5. 밀가루를 묻히고 달걀물을 입혀 기름에 지진다.

* 잔치에서는 달걀을 흰자만 입혀 희게 하거나 노른자만 입혀 노랗게 하기도 한다.

◈ 굴전유어

재료

굴, 밀가루, 달걀, 기름
굴 양념: 후춧가루, 파, 깨소금, 밀가루

만드는 법

1. 굴은 소금을 뿌리고 물에 살살 흔들어 씻어 굴딱지를 떼고 풀어지지 않게 얼른 씻어 어레미에 건져 물기를 뺀다.
2. 굴에 후춧가루와 다진 파, 깨소금을 넣고 밀가루를 조금만 넣어 섞는다.
3. 굴을 수저로 납작하게 떠 밀가루를 묻히고 달걀물을 입혀 기름에 지진다.

* 손질한 굴에 밀가루를 조금 섞는 것은 그대로 얄팍하게 부치면 부서지기 때문이다.
* 전을 부칠 때 밀가루를 많이 묻히는 것은 좋지 않다.

◈ 꼴뚜기전유어

재료

꼴뚜기, 밀가루, 달걀, 기름

만드는 법

1. 꼴뚜기는 배를 갈라 쪼개 3~4개씩 가는 대꼬치에 끼워 이어 붙인다.
2. 밀가루를 묻히고 달걀물을 입혀 기름에 지진다.

◈ 홍합전유어

재료

홍합, 밀가루, 달걀, 기름

만드는 법

1. 생것이면 좋으나 마른 홍합이면 불려 쪼개어 수염을 뺀다.
2. 얇게 저민 후 대꼬치에 3~4개씩 끼워 이어 붙인다.
3. 밀가루를 묻히고 달걀물을 입혀 기름에 지진다.

◈ 어회

재료

생선, 참기름, 파
겨자장: 겨자씨, 초간장, 꿀

만드는 법

1. 잘 드는 칼로 생선을 두 쪽 낸 후 뼈를 바른다.
2. 생선 살을 백지장처럼 저미고 칼끝으로 죽죽 그어 머리카락같이 가늘게 회를 친다.
3. 그릇에 담고 칼끝으로 회 뭉친 것을 살살 편 후, 깃털(솔)에 참기름을 묻혀 회 위에 살짝 바른다.
4. 파 뿌리 쪽을 가늘고 길게 채 썰어 위에 소복이 얹는다. 겨자장을 곁들여 낸다.

*** 찍어 먹는 겨자장**

1. 겨자씨를 가루로 빻아 체에 친다.
2. 물을 넣고 되직하게 개어 (따뜻한 기운이 있는) 진땅에 잠시 엎어둔다.
3. 초간장을 넣고 개어 고운 체에 거른 후 꿀을 조금 섞는다.

◈ 생복회

재료

생전복, 초간장

만드는 법

1. 생복을 얇게 저며 접시에 착착 펴 올린다.
2. 양념을 갖춰 만든 초간장을 회 위에 얹거나 종지에 담아 곁들인다.

◈ 굴회

재료

굴, 초간장, 고춧가루

만드는 법

굴은 굴딱지 없이 흔들어 씻어 담고 초간장을 만들어 끼얹는다. 단, 제사에 사용할 때는 고춧가루를 넣지 않고 먹을 때 넣어 먹는다.

◈ 육회

재료

양깃머리, 간, 콩팥, 천엽, 소금, 후춧가루, 초간장

만드는 법

1. 양깃머리와 간, 콩팥, 천엽은 얇게 저며 썬다.
2. 천엽은 잎을 뜯어 포개어 네모반듯하게 돈만 한 크기(사방 2.5cm)로 썰거나, 잎을 돗자리 말듯 하여 어른 수저만 한 굵기의 2cm 길이로 자른다. 잎을 뜯고 남은 바탕은 양깃머리처럼 저며 썬다.
3. 썬 재료들을 접시 안에 옆옆이 담는다.

4. 종이를 꽃전만 한 크기로 동글게 잘라 접시 위에 펴놓고 소금, 후춧가루 섞은 것을 그 위에 올린다. 양념을 갖춰 만든 초간장도 곁들인다.

* 간과 콩팥은 소금에 찍어 먹는다.
* 어떤 회든 대충 숭덩숭덩 썰어 성의 없이 담으면 같은 음식이라도 모양새가 없다.

제사나 잔치 큰상에 차리는 음식

◈ 적

- 황육적: 소고기를 폭 21cm(7치), 길이 30cm(1자)로 두껍게 잘라 산적감으로 사용한다. 꼬치 3개를 위아래와 가운데에 끼운다.
- 갈비적: 2개씩 붙여 적 길이(30cm)로 길게 자른 다음 껍질을 벗겨내고 칼집을 잘게 넣어 만든다.
- 설하멱: 소고기를 두껍고 적 길이와 같게 하고, 너비는 9cm가 되게 하여 만든다.
- 간적: 설하멱처럼 넓고 길게 만든다.
- 생치(꿩)적: 여름에는 만들지 않는다.
- 계육적: 통째로 만든다.
- 족적: 족을 뜨거운 물에 튀겨 깨끗이 하여 꼬챙이에 이어 꿴다.
- 생선적: 큰 생선은 머리와 눈을 없애고 굽는다. 생선을 2개씩 꿰어 쌍적으로 한다.

준비한 적들은 장과 기름, 깨소금, 파, 생강, 후춧가루를 넣고 주물러 굽는다.

* 제사에 쓰는 생선은 머리를 베면 모양이 좋지 않고, 평소에 먹는 생선은 크기에 상관없이 머리는 잘라내고 사용한다.

◈ 절육

대구, 상어, 광어를 적 모양으로 넓게 하여 괸다.

- 대구와 상어: 껍질을 벗겨 2조각을 내고 가장자리를 다듬어 편 괴는 것처럼 튀어나오는 데 없이 괸다.
- 문어: 오린다.
- 전복: 물에 담가 불려 보자에 싸두었다가 더하는데, 제사 접시같이 동그랗게 만들어 가운데에 괸다.

- 잣: 백지를 작은 접시 크기로 동글게 잘라 그 위에 소복이 얹는다.

* 대구→상어→광어→포→문어오림→전복→잣 순으로 괸다.
* 대구·광어·상어는 5~6마리, 포는 한 접시, 문어오림은 5개, 전복은 5~6개를 해야 적 괸 것과 높이가 비슷하다.
* 위와 같이 괴는 절육은 제사나 잔치 큰상이라고 해도 관에서 지내는 잔치에서나 볼 수 있으며, 형세가 있는 선비집이라도 이 정도로 할 수는 없다.

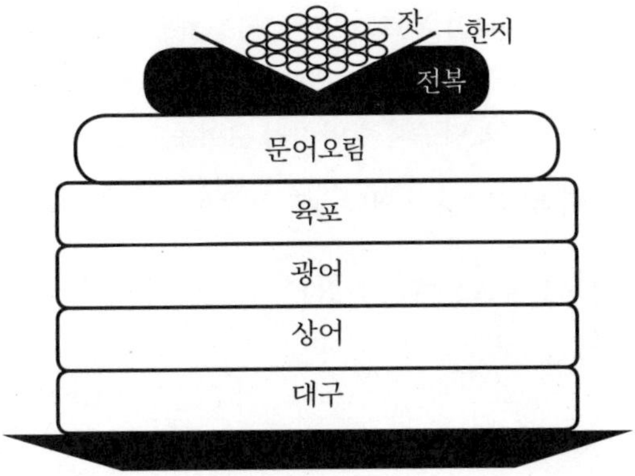

〈제사나 잔치 큰상에 차리는 절육의 담음새〉

◈ 간납

육전, 어전, 해삼전을 쓴다.

- 육전, 어전은 각각 접시에 괸다.
- 형세대로 하지만 적으면 어전과 육전을 한 접시에 같이 담는다.
- 해삼전은 따로 괸다.

* 제사나 잔치에 쓰는 전은 잡탕에 넣는 전(모양을 제대로 만들지 못한 전)과 같이 만들어서는 안 된다.

◈ 동아선

재료

동아, 소금, 기름, 겨자, 초간장

만드는 법

1. 센 동아(늦게 딴 동아)의 껍질은 벗기고 속의 무른 부분도 벗긴다. 큰 다식(사방 3cm) 크기만큼 네모반듯하고 도톰하게 썬다.
2. ①에 소금을 살짝 뿌려두었다가 채반에 놓아 물기를 뺀다.
3. 달군 솥에 기름을 넉넉히 두르고 물기 뺀 동아를 넣는다. 센 불에 무르지 않게 살짝 익도록 재빨리 볶는다. 꺼내 국물 없이 헤쳐 식힌다.
4. ③을 겨자, 초간장으로 버무려 항아리에 담아두고 반찬으로 쓴다.

* 다진 파와 생강, 마늘, 고추를 동아에 넣고 버무려 항아리에 담아두고 반찬으로 쓰기도 한다.
* 겨자장으로 하면 오래 두고 먹지는 못한다.
* 제사에도 사용한다.

시절 제사 차림

◆ 정조(正朝, 설날 아침)

시루편의 웃기는 조악, 화전, 산승을 하고 편청(꿀)하여 위에 괸다. 조악에는 잣가루를 뿌린다. 매편→녹두편→깨편→백편→꿀편→찰편→꿀찰편→웃기 순으로 괸다.
음식) 탕, 면, 떡국, 주, 과, 포, 혜

◆ 정월 대보름

약식과 수정과에는 잣을 얹어 쓴다.
음식) 탕, 잡채, 간납, 주, 과, 포, 혜

◆ 2월 한식

송편, 편청, 화면 송편은 꿀과 채소를 하여 괸다.
음식) 탕, 간납, 주, 과, 포, 혜

◆ 3월 삼짇날

음식) 계피편, 산병, 화전, 탕, 간납, 어채, 묵채, 주, 과, 포, 혜, 화면

◆ 5월 단오

증편은 꿀 소를 넣어 만든다. 편청을 곁들인다.
음식) 탕, 간납, 어만두, 수육, 주, 과, 포, 혜

◆ 6월 유두

음식) 수단, 간납, 주, 과, 포, 혜

◆ 7월 칠석

음식) 국수, 밀전병, 탕, 간납, 주, 과, 포, 혜

◆ 8월 추석

잡과편의 웃기는 조악으로 한다.
음식) 탕, 간납, 주, 과, 포, 혜

◆ 9월 구일

무시루편, 녹두편, 찰편의 웃기는 국화전으로 한다. 국화면과 편청을 곁들인다.
음식) 간납, 탕, 주, 과, 포, 혜

◆ 동지

팥죽과 인절미의 웃기는 두텁떡, 깨인절미, 대추인절미로 한다.
음식) 간납, 탕, 주, 과, 포, 혜

◆ 납평

음식) 주, 과, 혜

◆ 삭망

주·과, 주·육, 주·탕도 쓰고 달마다 사모하는 정성을 베풀어 한다.
정오, 한식, 단오, 추석 명절에는 산소 차례와 사당 차례를 지낸다.
제사와 명절 차례도 형세대로 간략하게 지내지만, 정결하게 차리고 정성을 제일로 한다.

혼인 신행 음식과 상차림

◈ 혼인 행차 상차림 (신부의 집에 신랑이 들어올 때의 주안상)

갈분응이·녹말응이(겨울, 봄) 중 1접시, 수육 1접시, 전유 1접시, 유과·다식·중계 중 1접시, 각색실과 1접시, 화채(봄, 가을)·수정과(겨울) 중 1접시, 꿀 1종지, 초간장 1종지, 술주전자, 잔

* 식지를 덮고 고은 보자기로 싸매어 내어 보낸다.
* 갈분응이는 칡뿌리를 캐어 녹말을 받아 하지만 서울이나 관가에서 가져다 쓴다.
* 갈분응이가 최상이고 그다음은 녹말응이다. 수수응이도 수비하여 하지만 그리 좋지는 않다. 율무응이도 쓸 만하다.

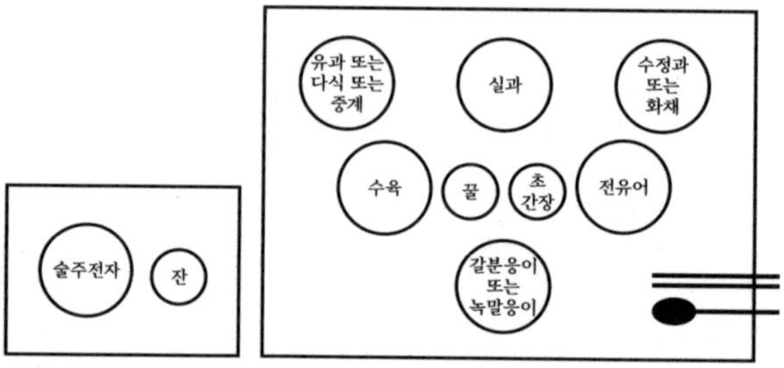

◈ 혼인신행 밤참상

창면 1탕기, 육회 1접시, 수육 1접시, 과일 1접시

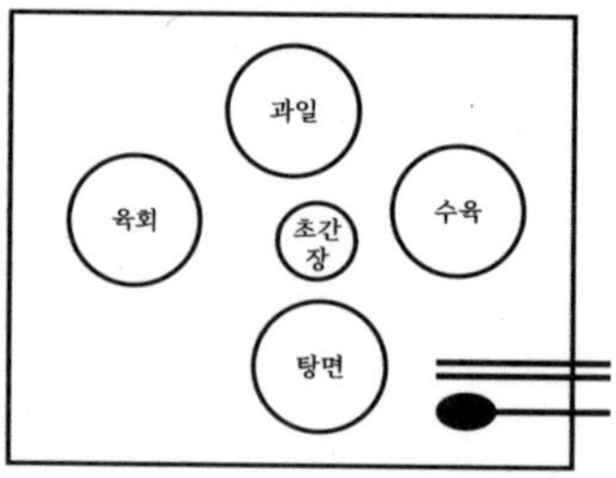

◈ 혼인 신행 조반 죽상

흰죽, 민어·약포·어란·전복 중 3~4가지를 모아 반 접시, 만나지 1접시, 하란 1접시, 숙주나물이나 볶은 나물 1접시, 대하포무침·김무침 1접시씩, 싱거운 김치 1접시, 다린 장 1종지

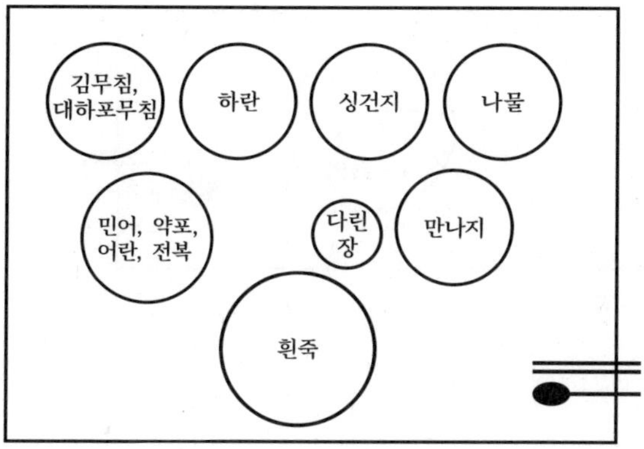

◈ 흰죽

재료

쌀, 참기름

만드는 법

쌀을 깨끗이 문질러 씻어 토막 난 쌀은 따로 받아두고 쌀 1되에 기름 3~4숟가락 넣고 끓여 뜨물(우러난 물)을 받는다, 여러 번 우려서 탐탐하게 하여 훌훌하도록 끓인다.

* 토막 진 쌀은 넣지 말고 죽물은 마치 책면의 녹두를 쑬 때와 같이 엉기게 된다. 죽쌀은 온쌀 그대로 해야 배꽃 같아 보인다.
* 조반 죽은 흰죽, 깨죽, 잣죽을 하며, 특히 서울의 잘사는 집에서는 아침에 내는 죽으로 이 세 가지를 다 쑤어놓는다고 한다.

◈ 혼인 신행 만두 · 떡국 · 깨죽 · 수수응이 상

실과, 간납을 바꿔가며 놓는다.

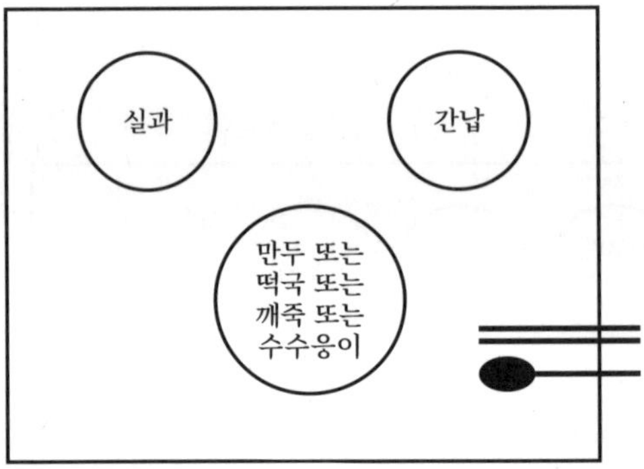

◈ 혼인 신행 참상

미수 · 국수 · 책면 중 1그릇, 실과 1접시, 간납(전)이나 어만두 중 1접시, 어채나 수육 중 1접시

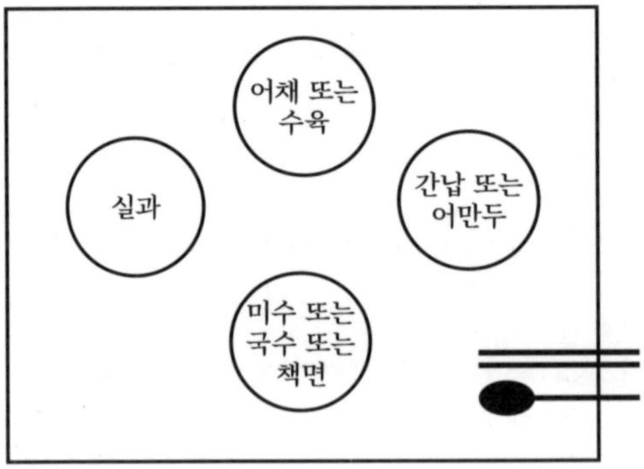

◈ 혼인 신행 조석반상

반, 탕, 조치, 구이, 자반, 젓갈, 나물, 김치. 이렇게 하면 (구이, 자반, 젓갈, 나물) 조치까지 5접시가 된다. 형세 있고 좀 잘사는 집에서는 6접시를 하는데 어회, 어만두, 어채를 때맞추어 놓는다. 갖은 반상이라 하면 5접시에 조치보를 끼워 6접시가 되지만, 조치를 포함해 5접시라고 해도 부족하지 않다. 제물과 잔치 큰상은 형세대로 차리는 것이니 음식법만 안다면 형세대로 하면 된다.

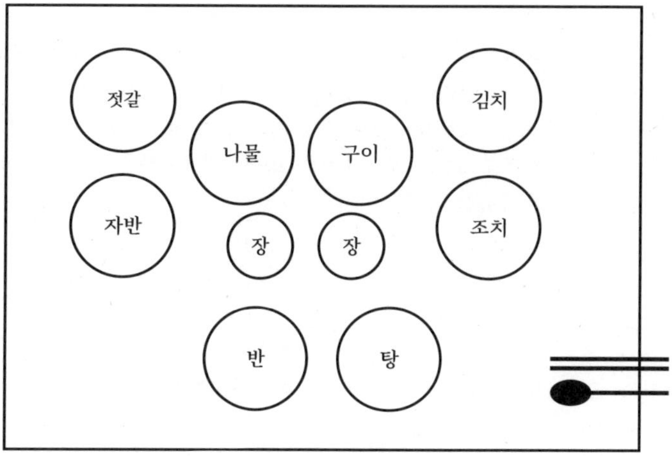

◈ 메탕(밥과 함께 올리는 탕)의 종류

잡탕, 고음탕, 섞볶기탕, 모시조개탕, 감곽국(미역국), 생선국, 낙지볶기, 게탕, 자라탕, 연포탕, 애탕

* 미역국은 꿩이나 소고기로 하며 대하가루를 위에 얹기도 한다.
* 때맞추어 겹쳐놓지 말고 바꿔가며 놓는다.
* 쑥 있는 때는 애탕도 한다.

◈ 조치

양볶이, 붕어찜, 수잔지, 양, 염통, 콩팥볶기, 굴전유어조치, 낙지찜, 꼴뚜기찜, 분조기알지짐, 쇠골전유어조치, 묵초조치, 잡탕

* 굴은 전을 지져 반듯반듯 썰어 양념을 갖춰 끓인다.
* 낙지, 꼴뚜기는 찜으로 국물 있게 만든다.
* 알이 밴 가(이른 철)조기는 양념을 갖추어 지진다.
* 쇠골은 전유어를 지져 양념을 하여 끓인다.
* 조치거리가 없더라도, 되는 대로 묵이라도 볶아 꾸미를 넣는다.
* 잡탕도 한다.
* 다 갖추는 것은 가난한 사람은 구경도 못 하지만 흉내는 낼 수 있다. 적당히 소고기를 섞는 것이나 양, 천엽 정도를 쓰지만 늘 그렇지는 못하다.
* 구할 수 있는 이는 다 사다가 쓰면 못할 것이 없고, 매번 없는 이는 바꾸어서도 못 하고 놓았던 것을 그대로 놓으니 무슨 모양이 있겠는지 모르나, 나물이라도 계속 놓지 말고 그 종류를 바꾼다.

◈ 구이

섭산적, 갈비구이, 염통산적, 소고기구이, 소고기파산적, 생치구이, 닭다리구이는 모두 생선구이와 같이 담는다.

* 때마다 한 접시씩 종류를 바꿔가며 놓는다.

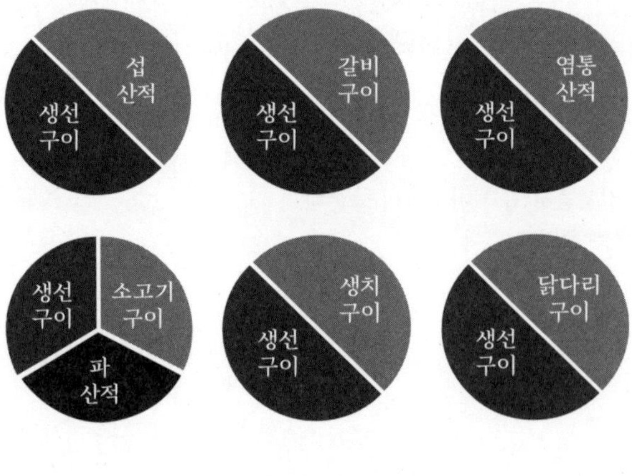

◈ 자반

민어, 약포, 어란, 가조기, 굴비, 기름상어(돔배기), 약포육, 어란

* 자반은 한 끼도 뺄 수 없다. 별로 바꿔놓을 것이 없으니 때마다 이대로 놓는다.

◈ 젓갈

게젓, 소라젓, 알젓, 하란젓, 대하젓

* 대하젓은 다듬어서 잘게 썰어 식초를 넣는다. 소라젓을 곁들여 놓는다.
* 알젓도 여러 가지이므로 끼니마다 바꾸어놓는다.

◈ 나물

무나물, 도라지, 고사리 또는 고비나물 3가지
무나물, 고사리나물, 미나리나물
도라지, 미나리, 숙주나물
미나리나물, 개나리나물, 숙주나물

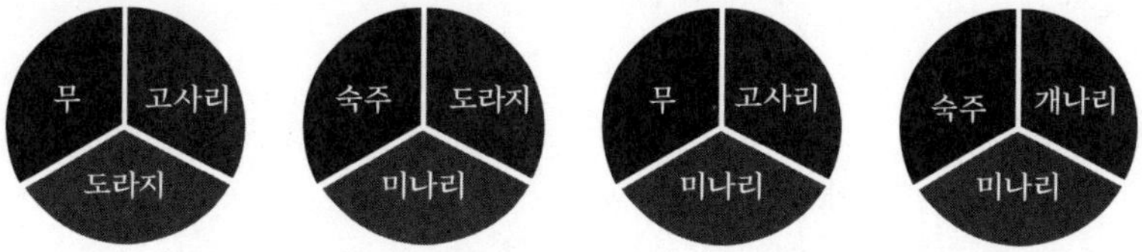

조석 반찬 만들기

◈ 곰탕

재료

닭고기, 토끼고기, 도가니, 양, 창자, 갈비, 마른 전복, 마른 해삼, 참기름, 간장

만드는 법

1. 마른 전복과 해삼은 미리 불린다.
2. 닭고기, 토끼고기, 도가니, 양, 창자, 갈비, 전복, 해삼을 함께 넣어 양이 물러지도록 곤다.
3. 물러진 건지들을 건져 한입 크기로 썰어 간장과 참기름, 후춧가루로 양념하여 무쳐 국에 넣고, 간장으로 국 간을 맞추어 끓인다.

◈ 게탕

재료

게, 동아, 참기름, 간장

만드는 법

1. 게를 깨끗이 씻는다.
2. 게딱지를 뜯어서 안에 들어 있는 속을 훑어내고 게 발에 붙은 살도 훑어낸다.
3. 게 발을 짓두드려 물에 잘 빨아 그 물을 받아 국물로 끓인다.
4. 동아는 껍질을 벗기고 길이 2.5cm, 폭 2cm로 도톰하게 썬다.
5. 게 속과 살 훑어낸 것에 동아를 넣고 버무린다.
6. ③의 게 국물에 기름과 장을 쳐 끓이다가 ⑤의 동아 버무린 것을 숟가락으로 떠 넣어 끓인다.

◈ 석류탕

재료

소고기(또는 닭고기, 꿩고기), 무, 표고버섯, 후춧가루, 밀가루

만드는 법

1. 소고기(또는 닭고기, 꿩고기)를 살짝 삶아 건져 만두 소처럼 다진다.
2. 무는 채 썰어 삶아내어 다져서 물기를 짜고 표고버섯도 불린 뒤 다져 다진 고기와 섞어 양념하여 기름과 장을 넣고 볶는다.
3. 소를 작은 밤만큼 떼어 뭉쳐 밀가루를 묻히며 석류 모양으로 빚는다.
4. ①의 고기 삶은 물을 더 끓여 걸러서 간장으로 간하여 끓인다.
5. 빚은 만두를 넣고 끓여 떠오르면 국자로 꺼내어 그릇에 담고 장국을 붓는다.

◈ 애탕

재료

어린 쑥, 달걀, 소고기, 파, 후춧가루

만드는 법

1. 어린 쑥을 많이 으깨어 씻어 쥐어 짠다.
2. 달걀 5개(1그릇 분량)를 깨어 ①의 쑥 갠 것을 넣고 기름을 넣고 많이 친다.
3. 소고기를 다져 양념을 갖추어 넣고 동글게 빚어 달걀물을 입혀 지져 모리(완자)를 만든다.
4. 장국에 완자를 넣고 끓이다가 떠오르면 ②의 달걀에 쑥 갠 것을 수저로 떠 넣는다.
5. 떠오르면 채 썬 파와 후춧가루를 넣는다.

* 비록 쑥만이라도 달걀과 기름을 넣고 잘 섞어 쳐서 넣고 끓이면 맛이 좋다.

* 소고기가 있다 해도 다져서 쑥에 넣고 합하여 끓여도 되고, 따로 고기 완자를 하지 않아도 된다.

◈ 섞볶기국

재료

소고기, 소 창자, 양, 소뼈, 파

만드는 법

1. 소고기, 창자, 양을 썰어 잔칼집을 많이 낸 후 두드린다.
2. 솥에 뼈나 고기(꾸미)를 넣어 장국을 오래 끓인다.
3. 솥에 기름을 두르고 달구어지면 두드린 ①의 국 건지들을 볶는다.
4. ②의 끓는 국에 ③의 볶은 고기와 파를 같이 넣어 끓인다.
5. 건더기가 너무 오그라들지 않을 만큼 되면 그릇에 푼다.

* 창자나 양은 너무 끓이면 질겨진다. 장국의 꾸미(뼈)는 오래 끓여야 하고 건지는 먹기 알맞을 정도로 끓여야 한다.

◈ 자라탕·왕배탕

재료

자라, 밀초, 들기름, 파, 밀가루

만드는 법

1. 자라를 삶아 단단한 껍질을 뜯고, 뼈는 깨끗이 발라내며 살을 뜯고 목도 자른다.
2. 냄비를 달구어 밀초를 문지르고 들기름을 2~3방울 두른 후 자라고기를 잠깐 볶는다.
3. 장국을 붓고 기름을 치고 오래 끓인다.
4. 파를 넣어 끓이고 밀가루즙을 조금만 만들어 넣어 끓인다.

* 들기름은 제독 효과가 있다.

◈ 연포

재료

닭, 두부, 파, 생강, 밀가루, 달걀, 참기름, 후춧가루

만드는 법

1. 닭을 푹 고아 건져 살을 뜯고, 뼈는 더 고아 걸러서 국을 만든다.
2. 기름을 많이 두른 팬에 두부를 지져 한입 크기로 갸름하게 썬다.
3. 닭살에 다진 파, 생강, 소금을 넣고 무쳐 ①의 닭국에 넣고, 두부도 함께 넣어 한참 끓인다.
4. 밀가루를 풀어 끓는 국에 넣어 걸쭉하게 하고, 참기름을 치고 달걀도 풀어 넣는다.
5. 그릇에 담고 후춧가루를 뿌린다.

* 어떤 음식이나 기름을 조금 치면 좋은 음식이 안 되며, 특히 연포는 기름을 적게 치면 맛이 없다.

◈ 명태껍질국

재료

명태 껍질, 달걀, 기름

만드는 법

1. 명태 껍질은 물에 담가 불려 비늘은 긁어내고 지느러미는 뗀 후 깨끗이 씻어 찢는다.
2. 달걀에 기름을 넣어 저은 후 명태 껍질에 버무린다.
3. 장국을 끓이다가 달걀에 버무린 명태 껍질을 들이붓고 휘저은 후 끓인다.

* 명태국이 좋긴 하나 집에서 그냥 평범히 먹을 국이다.

◈ 묵초

재료

묵, 소금, 기름, 소고기나 돼지고기, 파, 후춧가루, 잣, 달걀

만드는 법

1. 묵을 도톰도톰하게 저며 소금을 뿌린다.
2. 기름에 지져낸 후 수저로 떠질 만큼 반듯반듯 네모지게 썬다.
3. 소고기나 돼지고기를 얇고 작게 저며 장국에 넣고 한참 끓인다.
4. 끓는 장국에 묵과 어슷 썬 파, 참기름을 넣어 묵이 풀어지지 않을 만큼만 잠깐 끓인다.
5. 그릇에 담고 후춧가루, 잣, 달걀지단을 얹는다.

* 조치마다 달걀지단, 잣, 후춧가루를 넣는다.

◈ 섭산적(고임용)

재료

양깃머리, 염통, 콩팥, 홍두깨살, 창자, 우둔살, 참기름
고기 양념 : 간장, 파, 생강, 후춧가루

만드는 법

1. 양깃머리, 염통, 콩팥, 홍두깨살, 창자, 살코기는 괴는 그릇 너비에 맞게 폭이 0.5~0.6cm 되도록 가늘게 썰어 갖은 양념을 하여 주무른다.
2. 대꼬치에 재료들을 골고루 바특하게 끼워 잔칼집을 많이 넣고 두드려 편편하게 한다.
3. 기름을 많이 바른 후 굽는다.

◈ 소고기구이

재료

소고기

고기 양념: 간장, 후춧가루, 파, 생강, 참기름, 깨소금

만드는 법

1. 고기는 세산적처럼 1cm 폭으로 굵게 썬다.
2. 양념을 갖춰 넣고 주무른 다음 연하게 되도록 칼로 두드려 꼬치에 끼운다.
3. 고기 일부를 다져 양념하여 꼬치에 끼운 고기(세산적) 위에 얇게 덮고 깨소금, 다진 파, 후춧가루를 듬뿍 얹어 기름을 발라 굽는다.
4. 구워낸 것의 가장자리를 다듬고, 꼬치를 빼고 붙여 구운 고기는 떼내어 여러 쪽으로 나눠 접시에 담는다.

* 고기에 칼집을 많이 넣다 보면 고기점이 떨어지고 잘라져 접시 담음새가 보기에 좋지 않다.
* 위에 고기를 다져 붙인 구이는 그대로 있지만 뻣뻣한 것이 편육 같아 5~6쪽으로 떼어놓는다.
* 세산적은 가늘게 만들어 끼우는 산적이다.

◈ 섭산적과 다른 구이 담는 법

* 섭산적은 밖으로 삐져나간 것이 없도록 정육구이 아래에 놓고, 위에 보기 좋게 꼬치를 빼서 놓는다.
* 생선구이는 가운데로 놓지 말고 제육구이 옆에 놓아 두 가지가 다 보이게 놓는다.

◈ 갈비구이

재료

갈비
양념 : 간장, 후춧가루, 참기름, 다진 파

만드는 법

1. 좋은 갈비는 힘줄을 제거하고 포를 떠 칼집을 앞뒤로 많이 낸다.
2. 양념을 발라 굽는다.
3. 색이 있는 한지로 감아 장식한다.

* 갈비구이 사지(종이를 띠를 가늘게 만들어 산적꼬치나 뼈에 감아 장식하는 것)는 세 산적 사지처럼 길게 늘리지 않는다.
* 노인상에 놓는 것은 갈빗살을 나른하게 다져 뼈에 붙여 굽는다.
* 상에 반찬을 정갈하게 놓고 구이도 접시 가장자리에 나오지 않게 소복이 담는다.

◈ 꿩다리구이

재료

꿩 다릿살, 꿩 날개살
양념 : 소금, 후춧가루, 생강, 참기름

만드는 법

1. 꿩 다릿살을 갈라 잔칼집을 넣는다. 날개도 칼집을 넣는다.
2. 양념을 만들어 골고루 발라 굽는다.
3. 꿩 다리 끝에 사지를 감아놓는다.

* 다리를 하나 놓고 그 옆에 생선구이를 놓아도 되며, 꿩 날개도 구워 두 가지를 놓을 수도 있다.

◈ 민어 자반

재료

민어포, 참기름

만드는 법

민어포는 살을 수저로 긁어 손으로 비벼 보풀려서 체에 쳐 포에 있던 소금을 없앤다. 또는 반듯반듯 네모지게 썰어 저며둔다.

* 노인상에는 보풀린 것을, 젊은상에는 모지게 썬 것을 놓으며 참기름을 곁들인다.
* 어란도 껍질을 벗기고 얇게 썰어 담는다.

◈ 약포육

재료

소고기(우둔, 홍두깨살)
양념 : 간장, 참기름, 후춧가루, 꿀

만드는 법

1. 살코기를 얇게 저민다.
2. 간장과 기름에 주물러두었다가 장이 배면 볕에 널어 말린다.
3. 부득부득 겉이 마르면 다시 참기름, 후춧가루, 꿀을 한 숟가락 넣고 섞어 주물러 기름이 밸 때까지 재운다.
4. 채반에 짚을 깔고 펴 널어 어느 정도 마르면 걷는다. 먹을 때는 잣가루를 묻힌다.

* 잣가루 대신 거피한 깨를 뿌려 쓰기도 한다.

◈ 편포

재료

소고기
양념: 소금, 후춧가루, 거피깨, 참기름, 꿀

만드는 법

1. 소고기를 곱게 다진다.
2. 소금에 양념을 갖추어 다진 고기에 넣고 거피한 깨도 넣고 많이 주무른다.
3. 고기를 얇고 편편하게 만들고 잔칼집을 많이 넣어 볕에 말린다.

* 썰어서 자반 곁들이로도 쓴다.

◈ 어만두

재료

숭어, 소고기나 꿩고기, 초간장
양념: 생강, 후춧가루, 파, 간장

만드는 법

1. 좋은 숭어를 얇게 저민 다음 소금을 친다.
2. 소고기나 꿩고기를 다져 간장에 생강, 후춧가루, 다진 파 양념을 갖추어 넣고 주물러서 살짝 볶는다.
3. 생선 저민 것에 ②의 소를 넣고 반으로 접어 송편 모양으로 빚들고, 가장자리는 찬가위로 잘 다듬고 꼭꼭 눌러 붙여 녹말을 듬뿍 묻힌다.
4. 끓는 장국에 만두를 넣고 삶아 익어서 떠오르면 건져 그릇에 담고 초간장을 곁들인다.

◈ 꿩만두

재료

꿩고기, 두부, 소고기, 표고버섯, 메밀가루
양념: 후춧가루, 파, 생강, 깨소금

만드는 법

1. 꿩은 날개와 다리를 떼고 간장을 조금 치고 무르게 삶는다.
2. 건져서 살을 뜯어 다지고, 나머지는 더 끓여 장국을 만든다.
3. 두부를 으깨 나물 짜듯이 물기를 꼭 짠다.
4. 소고기를 다지고 표고버섯도 불려 다진 후 후춧가루, 파, 생강, 깨소금을 갖춘 양념을 넣어 볶는다. 볶을 때 ②의 꿩 장국과 두부도 함께 넣어 섞는다.
5. 메밀가루를 반죽하여 동글게 뗀 후 구멍을 내어 오목하게 만들고, ④의 만두소를 넣고 아물려 빚는다.
6. 꿩 장국이 끓으면 만두를 넣고, 떠오르면 그릇에 담아 후춧가루를 뿌려 낸다.

* 만두피 반죽법이 기록되지 않았으나, 소를 만두 모양으로 쥐어 메밀가루를 묻히며 모양을 만들고 다시 메밀가루를 묻히는 법으로 볼 수도 있다.

◈ 메밀만두

재료

메밀가루, 배추김치, 고추지, 소고기, 두부, 참기름, 간장

만드는 법

1. 메밀가루를 곱게 가루 낸다. 가루를 조금 덜어 죽을 쑤어 다시 가루를 넣고 눅진하게 반죽한다.
2. 배추김치를 짠맛 없이 말갛게 빨고, 고추지도 쪼개어 씨를 빼 다진다.
3. 소고기는 다지고 두부는 쥐어 물기를 짠다.
4. 배추김치, 풋고추, 두부, 소고기를 합해 양념을 갖춰 넣고, 기름을 많이 넣고 간장으로 간을 맞추어 볶는다.
5. 메밀 반죽을 종잇장처럼 얇게 밀어 소를 가득 넣고 메밀가루를 묻히면서 빚는다.
6. 고기를 넣은 장국을 끓여 기름을 치고 만두를 넣어 더 끓인다. 만두가 떠오르면 그릇에 담고 후춧가루를 뿌린다.

◈ 떡볶이

재료

가래떡, 소고기, 참기름, 간장, 후춧가루, 잣가루

만드는 법

1. 가래떡은 3cm 길이로 도톰하고 갸름하게 자른다.
2. 소고기를 다져 기름과 간장을 넣고 간을 맞춰 양념한 다음 기름 두른 솥에 볶는다.
3. 기름을 더 두르고 떡도 같이 넣어 간장 간을 더해 볶는다.
4. 그릇에 담고 후춧가루와 잣가루를 뿌린다.

* 떡볶이는 대사 때, 신랑 점심 나갈 때 한 번 만들어 내고, 별미로 떡, 약밥을 할 때 만든다.

◈ 벙거지골

재료

소고기, 무, 숙주나물, 도라지, 파, 장국
양념 : 후춧가루, 생강, 파, 깨소금, 간장

만드는 법

1. 소고기를 얇게 저며 후춧가루, 파, 생강을 다져 넣고, 거피 깨소금, 간장을 넣어 양념해 주무른다. 기름을 많이 쳐 윤기가 흐르도록 재웠다가 접시에 얌전히 담는다.
2. 무와 도라지는 토막 내어 가늘게 채 썰고, 숙주는 머리와 꼬리를 뗀다. 세 가지를 한데 섞는다. 파는 갸름하게 썬다.
3. 화로에 숯불을 피워 벙거지골을 걸고 장국을 고기 넣고 삼삼하게 끓여 가운데에 붓는다.
4. 고기를 젓가락으로 집어 가운데 끓는 장국에 덤벙 담가 테두리에 놓아 익혀 먹는다. 국이 줄어들 때마다 장국을 부어 끓이면서 먹는다.

* 국물은 나중에 떠서 국으로 해도 좋다.
* 벙거지골(전골)은 밥상에도 좋고 술안주에도 좋다.

◈ 싱건지

재료

무, 푸른 오이, 마늘, 고추, 생강, 소금, 꿀

만드는 법

1. 무를 나박나박 얇게 썰거나 탕무같이 갸름하게 썰어 소금을 뿌려둔다.
2. 푸른 오이도 썬다.
3. 마늘, 생강, 고추는 곱게 채 썰고 청각도 짧게 끊는다.
4. 절인 무와 오이를 합해 ③의 양념을 넣고 삼삼하게 담아 하룻밤 익히고 쓸 때 꿀을 조금 탄다.

* 얇게 썰어 담는 김치는 양념을 넣고 배를 넣어 삼삼하게 담그며 꿀도 조금 넣는다.

◈ 섞박지

재료

무, 배추, 오이, 조기, 파, 마늘, 고추, 생강, 소금

만드는 법

1. 무는 도톰하고 납작하게 썰고, 배추는 절여서 썰며 오이도 준비한다.
2. 준비한 재료에 조기를 넣고 양념을 갖춰 넣어 잘 익힌다.

* 무, 배추, 오이를 번갈아 놓는다.
* 늦은 봄에는 배추, 미나리, 개나리, 말망 네 가지를 무, 오이, 배추에 곁곁이 색을 맞추어 담고, 파와 고추를 가늘게 썰어 위에 담방담방하게 놓으면 예쁘니 보시기에 담아 이렇게 한다.
* 잘살고 모양 내는 집에서는 조석 반찬에도 나물, 김치, 고기를 모두 이렇게 만들어 먹는다.

추라도 ᄉᆡ 쓰ᄂᆞ이라 죵지의ᄂᆞᆫ 작ᄂᆞᆫ ᄌᆞ
연졀을 비ᄒᆞ여 니러나리 당반 나ᄅᆞ ᄒᆞ
혜 쓰ᄂᆞ니라 납쳥의 ᄂᆞᆫ 추라 혜 쓰ᄂᆞ니라
박망의ᄂᆞᆫ 추라 도쓰ᄂᆞᆫ 추육 도쓰ᄂᆞᆫ 추
향도 쓰ᄂᆞᆫ 달마다 시ᄂᆞ ᄒᆞᄂᆞᆫ 졍상을 ᄇᆡ호
ᄂᆞᆫ 베라 졍ᄒᆞᆫ 셕단으로 츅셕은 찬ᄉᆞᄂᆞᆫ
혜 ᄒᆞᄂᆞᆫ 사당 차혜 ᄒᆞᄂᆞ니라
쇄 차라 명졀 차쇄 도 쳥쇄 되놋 ᄂᆞᆫ약
키 지내여 도쳥 ᄯᅩ로이 차와 쳥졍을 미ᄉᆞ외
베쇄 일이라 ᄭᅮ쇠도 ᄭᅮ가 날제 ᄡᅵ라
ᄎᆞᅵ 졍녀 호

ᄒᆞ여이ᄂᆞᆫ 탕 간납 어쇠 슈 주다 ᄒᆞ쳬 화
면 쓸니라 오월 단오의ᄂᆞᆫ 증편 옷시 ᄭᅮᆯ
ᄎᆞ니라 ᄒᆞ여 기ᄅᆞ리 ᄂᆞ이라 뎐 뒹 간납어산
도 슈육 주다 ᄒᆞ쳬 탕 쓸미라
뉵월 유두ᄂᆞᆫ 슈단 간납 주다 ᄒᆞ쳬 쓰
ᄂᆞ이라 칠월 칠셕의ᄂᆞᆫ 국슈 밀뢰면
탕 간납 주다 ᄒᆞ쳬 쓸니라
팔월 츄셕의ᄂᆞᆫ 잡과 뎐 옷기ᄂᆞᆫ ᄂᆞᆫ
약ᄒᆞᆯ 탕 간납 주다 ᄒᆞ쳬 쓸이라
구월 구일의ᄂᆞᆫ 무우시로편 녹두편 찰뎐
옷기 국화뎐 쓸 국화뎐 뎐쳥 간납탕

평ᄎᆡ의는 시초쳔 우ᄒᆞ시ᄂᆞ 약
젼산흥 (젼평별) ᄒᆞ여 오해 비흔 초약 찻 사흘 ᄲᅢᆺ ᄂᆞ니라
여쳔 ᄲᅥ터 비는 누ᄌᆞ 뎐 비는 씨 뎐 비는 ᄲᅧᆨ
뎐린은 쌀 뎐 빈은 ᄃᆞᆯ ᄂᆡᆫ 빈은 ᄭᅮᆯ ᄃᆞᆯ ᄂᆡᆫ 린은
못기 비나 이라 면 ᄡᅥᆨ 줏 추 바 ᄒᆞ해 간
날탕 쓸 볼ᄎᆞ의 는 약 여 리는 수 황라 찻
연재 쓰는 탕 찬 쳐 (젼쳥별) 산날 추 라 ᄒᆞ해 쓸여라
한 ᄡᅡᆨ의는 승 뎐 못 기 쌀 소 된 ᄉᆞ ᄒᆞ여 리는
탕 간 날 추 라 ᄒᆞ해 ᄒᆞᄂᆞ이라
산 외를 산 벌의는 갈 지 쳔 간 황 화 년

첫ᄉ 벅기ᄉ쉐 논드리 너른 무우를 즈로ᄉ이
ᄒᆞᆫ 납쵹 ᄒᆞᆯ게 사ᄒᆞᆯ 뵈 차 져 실ᄒᆞᆫ 것ᄯᅪ
ᄒᆞᆯᄅ 뵈 너희 얘ᄉ 가로라 단ᄉ 아 방울낙
쳐 ᄒᆞᆫ이 ᄯᅪ 이 ᄭᅦ 가 지 시ᄉ쉐 ᄅᆞᆯ 빅 가라
누ᇰ화 눈 블이 여 ᄅᆞᆫ 별 ᄎᆞ 비ᄒᆞᆫ하 리 ᄒᆞᆫ하
ᄲᆞᆯ 방이 네 ᄉᆞ 지 ᄌᆞᆯ 우우 ᄆᆡ 별 ᄎᆞ 찻ᄅ 지석
ᄃᆞᆺᄒᆡ 노로 우회 자 ᄅᆞᆯ 가ᄋᆞᆯ 게 ᄯᅪ ᄒᆞᆫ 지 ᄉᆞᆯ 닷
상ᄋ 대 누은 벽이 되니 보ᄋ 의 ᄌᆞ이 어희 노
ᄒᆞ라 기ᄌᆞ 이ᄉᆞᆯ 미ᄒᆡᆼ ᄒᆞᆯ 집을 장의 ᄌᆞᄯᅥ 반
쾬 이와 ᄌᆞ나 ᄌᆞᆯ 기ᄉ싀 ᄂ 시 라 이 ᄭᅦ ᄭᅴ 지 ᄉᆞᆯ ᄒᆞᆫ
여 ᄇᆡᆨ 노이 라

국샹이 ᄒᆞ여 ᄋᆞ셔 ᄌᆞ구ᄒᆡ 너코 솔이 ᄃᆞᄃᆞ기 ᄯᅢ
우로지비 솔는 ᄌᆞ의 ᄀᆞᆺ병 졍지 쳔의 낙흐면
ᄆᆡᆨ나지 든 ᄇᆞᆺᄂᆞᆫ 국니로 나흐 장ᄌᆞ을 보니
우ᄒᆡ ᄇᆡᆨᄂᆞᆫ 국은 나흥의 ᄭᅥ셔 국을 ᄇᆡᆨ 우연 ᄒᆞᆯ흐
니ᄒᆡ 밥 상의 ᄒᆞᆫ 숙을 안 주로 ᄒᆞᆫ 노ᄒᆡ
긴ᄒᆡᆫ도 싱거 온기 ᄒᆡᆫ 반 ᄌᆞ 얍게 조차ᄒᆞᆯ ᄃᆞ
ᄃᆞᆨ 향ᄀᆞᆺ치 도차ᄒᆞ와 ᄃᆞᆼ회 국을 의 ᄆᆞᆯ경
강ᄃᆞ로 다ᄒᆞ날 게 차ᄒᆞᆯ ᄂᆞᆫ ᄒᆡᆼ 가 ᄭᅥ 하이 나 ᄒᆞ게
단ᄉᆞ야 ᄆᆡᆼ도 낙ᄒᆡ 솔ᄒᆡ 의 솔 거올 조ᄃᆞᆫ ᄒᆞ여
ᄯᅳᄒᆞᄂᆞ롸 얍게 차ᄒᆞᆫ 지ᄉᆞ 양여ᄉᆞ 찬도 년도 ᄇᆡᆨ 채흐
타년히 창ᄒᆞ ᄒᆞ게 라ᄃᆞᆫ 솔흐 ᄃᆞᆫ 됸 ᄡᅳᄂᆞ롸

증계 번드박 방ᄒᆞᆫ가용ᅳ 채ᄒᆞ라 향육 ᄇᆞ리
기ᄅᆞᆷ 서 쳥의 간ᄆᆞᆺ초와 숫다ᄒᆞᄂᆞᆫ 기ᄅᆞᆷ애 ᄇᆞ라 주
돗ᄂᆞᆫ 덕을 더희 볶가 쳐보시의 담은 호로 갈ᄅᆞᆯ
잣 갈ᄅᆞᆯ 버뫼 떡나라. 티ᄂᆞᆫ 려 신낭 흠시ᄂᆞ의
밥ᄒᆞᆯ 쩌나 ᄒᆞᆫ 쌀미ᄅᆞᆯ 쩌예 떡로 ᄒᆞᆫ 약밥
로ᄒᆞᆫ 뙤예 유셕을 ᄒᆞ뫼 뻥거지 ᄉᆞᆯ은 향육
을 압게 쳔여 호ᄅᆞᆯ 떠셩 강다 쳐여 ᄒᆞᆫ 거티 려ᄉᆞ
ᄎᆞ지 쉥여희 ᄎᆞ ᄆᆞᆺ초ᄂᆞᆫ 기ᄅᆞᆷ을 ᄇᆞ라 쳐 ᄒᆞ라 ᄒᆞᄂᆞᆫ 윤이
나ᄃᆞ록 쳐ᄃᆡ야 번거든 쳐보지의 ᄂᆞ시ᄅᆞᆯ 저얌 쳔
이 담ᄂᆞᆫ 웃오나 ᄉᆞᆯ 녹로나 ᄉᆞᆯ로와지 가ᄒᆞᆫ을 ᄂᆡ 쓰리
떠로 박네ᄂᆞᆫ 하가웅ᅳ 채ᄒᆞ라 쳬가 치ᄅᆞᆯ ᄒᆞᆫ ᄅᆞᆯ희
쉿ᄉᆞ거 쳥거지 ᄉᆞᆯ을 ᄒᆞᆫᄅᆞᆯ의 ᄉᆞᆺ불 ᄯᅵ 외 ᄂᆞᆯᄂᆞᆫ 장

ᄒᆞ여 드리ᄂᆞ라 무명 ᄯᅩ 보ᄂᆡ노 ᄡᅳᆯ 가로 ᄒᆞᆫ ᄃᆡ
네에 긔별ᄒᆞᆫ 죠흔 흑뎌 ᄯᅡᆫ 노ᄅᆞᆯ 누르고 ᄒᆞ게
ᄒᆞᆫ ᄉᆞ졸 ᄇᆡᆨ쥬 감쥬 ᄒᆞᆫ 벗이 엇더시 ᄯᆞᆯ 가쳐 ᄡᅡᆯᄅᆞᆫ
길 쳐의 주ᄉᆞᆫ 노ᄅᆞ ᄯᅩ리 며시 ᄇᆞᆫ 쳐ᄅᆞᆫ ᄯᅡᆫ 일 번 차ᄅᆡ
ᄌᆞ두ᄅᆡ 날ᄅᆞᆫ ᄒᆞ셔ᄂᆞᆫ 황육 주ᄅᆞ 뫼ᄂᆞᆫ족 복지 ᄋᆞ와 ᄒᆞᆯ
되려ᄒᆞ고 각색 양염 가ᄌᆞ와 가을 ᄉᆞ롤 수ᄒᆞ여 ᄯᅡ뎌 치
그 벗 장 맛 초와 볶가 ᄇᆞᆫ ᄌᆞᄅᆞᆯ 비치 ᄯᅥ 볶지 장ᄒᆞ
ᄒᆞ치 비되 ᄉᆞᄅᆞᆯ 쳔 ᄌᆞ려 ᄒᆞ여 ᄒᆞ뼈 ᄀᆞᆯ 노ᄂᆞᆫ 의 누 ᄒᆡ
가ᄆᆡ 바ᄒᆡ 너미 여고 ᄂᆞᆯ ᄒᆡ 장국 ᄡᅥᄒᆡ 다 ᄯᆞᆯ오
ᄀᆞᆯᄅᆡ ᄒᆞ여 ᄒᆞᆯ여 ᄯᅳ기 ᄀᆞᆫ 떼 도ᄅᆞ 가로 더 ᄒᆡ 버 ᄂᆞ다
라 ᄯᅥ 복기도 ᄒᆞᆫ 뎍 울 ᄌᆞ르ᄅᆞ 흔케 ᄯᅩ리여

편ᄉᆞ양ᄌᆞ쇠 ᄒᆞᆼ쳔 쥥인께 ᄒᆞᆯᄉᆞ홀 더뢰 병ᄀᆞ쾨
복쇄 찬가이ᄌᆞ연 쥥ᄒᆞᆫ 녹ᄲᆞᆯ ᄆᆞ치뢰 복쇠의
난톄지 쟌께 녹ᄲᆞᆯ을 ᄀᆞᆫ슈ᄆᆞ쇠 쟝ᄌᆞ의 ᄲᆞᆯ씨익
거든 뵌쇠 쇠번져의 ᄀᆞᆫᄒᆞᆫ 홀쟈향 양번ᄒᆞᆫ여 ᄒᆞᆯ
다 ᄒᆞᆼ채 ᄡᆞᆫ주ᄅᆞᆫ ᄒᆞᆼ치 홀시지께 ᄇᆡ쟤향 조ᄌᆞᆫ최
쎄 ᄲᆞᆯ바 ᄲᆡᆨ을 ᄡᆞᆫᄒᆞᆫ뇌 ᄃᆞᆫ 건쇠다 ᄲᆞᆯ싼ᄆᆞ비ᄆᆞ그
뢰ᄂᆞᆫ ᄉᆞᆯ 누복 뢰오 난ᄉᆞᆯ 차ᄉᆞᆺ ᄒᆞᆫ 황ᄋᆞ 주ᄀᆞ뢰ᄂᆞᆫ 됴
ᄂᆞᆫ홀 홀ᄒᆡ 헝강ᄒᆡ ᄉᆞ란 ᄂᆞ홀 더뢰 헝차 쳔 져향 양
쟌ᄂᆞᆫ 복가 ᄇᆡ여 ᄆᆞᄲᆞᆯ 가홀홀 ᄃᆞᆫ께 내여 ᄒᆞᆯ의 ᄆᆞ
쇠가ᄇᆡ 헝채 주ᄃᆞ뢰ᄂᆞ ᄉᆞᆯᄌᆞ 내쇠 버쇄 ᄂᆞᄲᆞᆯ 가ᄅᆞᆯ
ᄆᆞ쇠 쟝 주ᄉᆞ 쳬ᄉᆞᆯ을 쇠ᄡᆞᆫ ᄀᆞᄒᆞᆯ 그뢰 최 ᄀᆞᄲᆡ ᄲᆡ
ᄆᆞᄂᆡ든 버 ᄒᆞᆼ가께 주채 퍼 ᄉᆞᆫᄂᆡ쇠 ᄌᆞ지향 ᄒᆡᆨ쳔

지。쟝。챵ᄒᆞᆫ。의 ᄂᆞᄆᆞᆯ 네 쟝 빈 거ᄅᆞᆷ 쎄ᄉᆞ 횐 면 ᄯᅴ 버록
ᄒᆞ 발ᄒᆞ ᄃᆞ든 ᄯᅩ 기ᄅᆞᆫ ᄒᆞ로자 ᄅᆞ 왈。ᄒᆞᆯ ᄂᆞᆯ 엔ᄒᆡ 길ᄒᆞᆫ。
울 곳의 빈 ᄭᅦ 롤 주족 만 ᄋᆞ 되 ᄶᅢ 와 다 의 거든
최 반의 집 말ᄂᆞᆫ 펴노아 또연 간이 발과를 쟈。가
또나 뫼 ᄌᆞᆫᄋᆞ라 야。또。옥。의 가ᄒᆡ 셰 빼와
쓰ᄂᆞ 발ᄋᆞᆼ 나 우리 지번의셔 노하 ᄒᆞ샤 러 나ᄋᆞ의 것
보번 ᄀᆞ되 ᄒᆞ여 ᄉᆞᆯ 반 ᄒᆞ여 봐 편 또 노 ᄒᆞᆼ。옥。을
친ᄀᆞ ᄌᆞ되 앙 버ᄉᆞ 가ᄅᆞ와 ᄉᆞ。ᄂᆞᆫ。의 ᄂᆞᄉᆞᆯ 네 가。ᄯᅢ。ᄀᆞ 셧
거 번 지 어 벗 되 발어와 ᄶᅡ ᄒᆞ되 차ᄒᆡᆫ 차ᄉᆞ 주되 ᄒᆞ
ᄉᆞᄂᆞ여 타 어반도 노 조ᄒᆞᆫ ᄒᆞᆼ。아。ᄅᆞᆯ 알게 ᄒᆡᆫ여 ᄉᆞᆫ。
ᄎᆞᆫ 되 ᄉᆞᄅᆞᆯ 힝。옥。어나 ᄉᆞᆼ。차。나 ᄒᆞ도되 ᄂᆞᆫ 셩。장。
ᄌᆞ。ᄅᆞᆯ。파。양。ᄒᆞᆫ 가ᄌᆞ와 다ᄎᆞᆫ 차ᄉᆞ 장 맛게 참 찬 불ᄉᆞ 홍

씨 조희 뫼흘 ᄒᆞ니 닷이 노코 셩션 녑희 노코 ᄒᆞ읍
로 짓 ᄃᆞ르ᄅᆡ 살 ᄯᅴ 날을 걸 ᄀᆞ 즐 가 리 ᄲᅧ 의 북
쳐 안 다 라 ᄀᆞ 어 ᄂᆞᆺ 노 ᄒᆞᆫ ᄀᆞ 이 ㄹ 반 ᄒᆞᆫ 찬 을 ᄅᆞ
셩 ᄆᆞᆺ ᄒᆞᆯ 제 노코 ᄀᆞ 어 로 ᄌᆞᆸ 새 가 이 ᄃᆞ려 나 서 ㅂ
나 계 랏 속 노 우 ᄃᆡ 향 차 죽 쥬 아 조 칼 ᄀᆞᆫ 잘
계 지 우 ᄂᆞᆫ 다 ᄅᆡ ᄂᆞᆯ 갈 다 쳐 치 ᄂᆞᆫ 잔 ᄀᆞᆫ 지 워 ᄀᆞ 어
자 지 강 아 노 우 ᄃᆡ 라 외 ᄒᆞ나 노코 셩 쇼 노 어 조 ᄅᆞᆯ
ᄂᆞᆫ ᄒᆞ나 ᄎᆞᆺ 지 와 ᄃᆞᄅᆞᆯ 을 ᄀᆞ 어 노코 향 셜 ᄂᆞ 우ᄃᆡ
재반 의 밥 어 비 워 ᄂᆞᆺ 나 니 잇 ᄉᆞ ᄃᆡ 노 인 의 상 은
비 워 노코 쳔을 ᄀᆞ나 상은 반ᄌᆞᆯ ᄒᆞ네 ᄆᆞ지 워 ᄎᆞᄒᆞ 흐
좌 쳐 ᄀᆞ여 놓ᄂᆞ니 어 한 도 가신 칠 빗 치 ᄲᆞᆯ은 ᄲᅡ
ᄒᆞ노ᄂᆞᆫ 말 양ᄀᆞ 모육 을 쳥 육 을 양 ᄒᆞᆫ게 쳔 너

우희 합ᄒᆞ게 ᄃᆞᆯ친 거ᄂᆞᆫ 흑을 ᄅᆞ기 ᄲᅡᆺ어 인뎐
우ᄒᆡ 이시되 거ᄌᆞᆨ은 ᄲᅢᆺᄒᆞ여 ᄲᅡᆯ 우ᄌᆞᆨ ᄀᆞᄃᆞ나
쳔ᄇᆞ시 노ᄅᆞᆯ 쳑ᄆᆞᆨ 다 엇쳔 때여 노ᄅᆞᆫ 누쳥
ᄒᆞ니라 [쳐ᄇᆞ 샨] 쳑은 굴을 가 어ᄂᆞ거 쳥욱구
이ᄢᅥᆺ희 ᄂᆞᆫ 우희 ᄇᆞᆫ이 ᄂᆞ게 ᄲᅵ에 ᄂᆞᆫ 졍ᄉᆡᆼ
운가 온되 ᄂᆞᆫ치 ᄲᅡᆯᄅᆞᆫ 엽ᄌᆞᆼ을 ᄂᆞᆫ 욱구어롤
엽ᄌᆞᆼ을 ᄂᆞᆫ 어ᄌᆞ가 지라 ᄇᆞᆫ이게 ᄂᆞᆺᄂᆞ이ᄡᅡ
[거희 ᄀᆞ이로] ᄂᆞᄌᆞᆼ은 가희 헌ᄂᆞᆯ 벗저ᄇᆞᆫ
되ㄹ 할 ᄀᆞᆫ ᄆᆞ수이 치여 ᄋᆡᆼ엇가 ᄒᆞ야 ᄀᆞ어ᄉᆡᆨ
ᄂᆞᆫ치 갓아 ᄂᆞᆫ으되 세산 쳑ᄂᆞᆫ지 ᄎᆞ쳐 길게ᄂᆞ
되치 ᄲᅡᆯᄅᆞ ᄂᆞᄅᆞᆫ ᄂᆞ희 우ᄂᆞ니라 ᄂᆞᆫ 인샹이에ᄅᆞᆯ
쳥욱을 지ᄉ 주ᄃᆞᆯ 얏엣가 ᄒᆞ야 쳔지어 구어

ᄯᅳᄂᆞ니라 녹ᄎᆡ ᄆᆡᆫᄃᆞᆫ 졔법 쇠 ᄒᆞᆯᄂᆞᆫ ᄒᆞᆯ로 ᄒᆞᆫ ᄌᆞᆺ
다 ᄆᆞᆺᄂᆞ니라 지에ᄂᆞᆫ ᄡᆞᆯ ᄡᆞᆫ 쇄쉭 은 양 간 ᄆᆡ 쉬 ᄯᅡ
ᄒᆞᆯᄂᆞᆫ ᄃᆡ ᄉᆞᄒᆞᆼ 쇄 ᄒᆞᆯᄂᆞᆫ ᄒᆞᆼ 팟 사 ᄒᆞᆯᄂᆞᆫ ᄒᆞᆼᄋᆞ 주 ᄃᆡ 챵 ᄯᅡ
ᄒᆞᆯᄂᆞᆫ 뎡육 조 사 ᄒᆞ여 ᄊᆡ 쌀 각 셕 ᄒᆞᆼ 보 ᄆᆡ 허 ᄂᆞ
ᄇᆞᆯ 녀 쇄 ᄡᆞᆫ 쇄 식 ᄃᆞᆺ 식 ᄃᆡ 칼로 잘게 지워 가
ᄒᆞᆺ ᄒᆞᆼ ᄒᆞᆯ게 발 나 ᄯᅳᄂᆞ 이라 뎡육 ᄀᆞ어 ᄂᆞᆫ ᄒᆞᆫ 귀
ᄒᆞᆯ 쇄 ᄡᆞᆫ 쇄 ᄀᆞᆺ치 사 ᄒᆞ되 ᄒᆞᆯ게 치 ᄒᆞ야 야ᄀᆞᆺ
가 ᄅᆞ와 주 ᄂᆞᆯ 버 시 여 ᄭᆞᆯ ᄂᆞ 주 ᄃᆞ ᄉᆡ 니 ᄂᆞᆨ 우 ᄒᆞᆯ ᄯᅩ
ᄒᆞᆫ 녀 ᄃᆞᆫ ᄯᅩ ᄒᆡ ᄌᆞ ᄒᆞᆫ ᄒᆞᆫ ᄇᆡ 다 쇄 우 희 ᄃᆞᆺ 발
나 구 어 ᄃᆡ 쇄 ᄒᆞᆫ ᄃᆡ 쇄 시 의 산 ᄎᆡᆨ ᄒᆞᆺ 쁴 ᄂᆞᆫ 누 ᄂᆞ
니 화 ᄂᆞᆫ 기 ᄅᆞᆯ 칼 ᄒᆞᆫ 데 지 오 ᄲᅧᆫ 기 ᄡᅥᆫ 이 다 ᄯᅩ ᄒᆞᆫ ᄇᆞᆫ
오 롱 가 라 지 ᄂᆞᆫ 쇄 시 의 ᄂᆞ ᄒᆞᆫ 니 시 리 ᄋᆡᆨ ᄒᆞᆫ

병퇴 깁지질국 버섯
깁질을 가라 붓거는 비늘 하 ᄎᆞ득되게 쉬어
본뢰는 제ᄒᆞᆫ 마게 ᄒᆞᆫ뢰 깁지질을 버무뢰 쇼바 버
어 장국 소뢰다 병퇴 깁찰 드뢰 붓어리 소뢰
복우면 병퇴국이여 낭으니 화 ᄌᆞᆸᄒᆞᆫ 장이나
누룽골국이라 네ㅈ 녹조ᄂᆞᆫ 녹을 드득ᄒᆞᆫ
여 ᄎᆞᄂᆞᆫ 세워 기흔의 복쇄 반득 흔 방 효야
흐뢰 황유국이나 황국에 ᄉᆞᆷ게 ᄎᆞᄂᆞᆫ 쳐 ᄀᆞᆺ
여 장국의 너ᄂᆞᆫ 쇼뢰다 국라 파닉을 느ᄂᆞᆫ 국
의 너허 국이 국해 져 아불 빠 취 ᄎᆞᄂᆞᆫ 을 치 ᄃᆞᆫ
퍼 호ᄂᆞᆫ 가ᄅᆞᆯ 인 잣 제 ᄒᆞᆫ 복 친 긋 ᄡᅡ 후라 너희

차하ᄅᆞᆯ 살녀 주해 ᄲᅢ 말가 리 바ᄅᆞᆫ 곡 쌀
나 바치ᄂᆞᆫ 다ᄒᆞᄂᆞᆫ 말ᄉᆞᆷ ᄂᆞ고 의 ᄉᆞᆯ 절은 ᄀᆞᆯ
기ᄋᆞᆸ이 ᄭᅴ 주ᄀᆞᆺ 이 ᄀᆞᆯ 갈ᄋᆞᆸ 주어 빵 울 ᄃᆞᆯ
ᄂᆞᆫ 또ᄅᆞᆫ ᄂᆞᆫ 이ᄅᆞᆯ 찬 한 줄ᄋᆞᆫ 장 주 의 김ᄉᆞᆸ 치ᄂᆞᆫ 때
조희 파ᄂᆞᆫ 갈ᄒᆞᆺ 셥보ᄂᆞᆫ 주에 쓰ᄂᆞ라
연못ᄂᆞᆫ 줄ᄋᆞᆯ 울 쪽 ᄃᆞᆼᄋᆞᆫ 주부ᄂᆞᆫ 치 새ᄋᆞᆼ 과
피 바다 쟁 쳥 강 ᄋᆞ 조ᄂᆞᆫ 다 체 주 복 미 과 줄ᄂᆞᆫ
은 다 ᄋᆞ히 ᄒᆞᆫ 돈 ᄉᆞ 치ᄂᆞᆫ 찬 쌀 장보 ᄒᆞᆫ 봐 ᄉᆞᆯ 쪽 새
호 초 갈ᄒᆞᆺ 한 박 ᄂᆞ니라 어나 울 ᄊᆞᆨ 에 기ᄒᆞᆺ 작
계 ᄃᆞᆨ 추ᄋᆞᆼ은 우ᄊᆞᆨ 에 업스니 면 조 ᄂᆞᆫ 기ᄒᆞᆺ 새
계 채 ᄇᆞᆫ 다 ᄲᆞ서 어ᄇᆞᆫ ᄂᆞ니라

되도록 ᄭᅳᆯ의 첫거 ᄭᅳ리ᄂᆞᆫ 므ᄅᆡ로 ᄒᆞ야 ᄒᆞ며
너희도 조롱ᄒᆞ니라 첫 볶기 ᄀᆞᆺ은
황육 각색 창 양 ᄲᆡ 조ᄅᆞ 갈 ᄀᆞᆺ 질 ᄯᅡᆨ ᄒᆡ 주ᄅᆞᆫ
ᄒᆡ 숫 달오ᄂᆞᆫ 갈ᄋᆡ 들 너 볶가 더노코 장 국의
ᄲᆡ 낫거나 ᄭᅮᆨ에 너희 ᄭᅬ해 볶은 ᄂᆞᆯ 파 너
허 울 노 국의 볶아ᄂᆞ기 오 종 가라 자ᄌᆞ 아올 ᄲᅮᆫ
ᄒᆞᆫ 거ᄂᆞᆫ 즙 ᄆᆡ며 ᄒᆞᆫ ᄃᆞᆯ 너희 ᄉᆞᆫ이라 창 양 ᄂᆞᆫ
올희 ᄲᅮᆫ 질 거 국은 ᄭᅮᆨ에 너희 ᄅᆞᆯ ᄭᅬ해ᄂᆞᆫ 거
창은 ᄯᅥᆨ울 ᄲᅮᆫ 치 ᄒᆞᆫ 더 야 연 ᄒᆞᆫ 니라

자라탕은 자라 랑 빈 탕에라 ᄒᆞᄂᆞ니라

주ᄒᆞ야 오뢰 ᄭᅮ리ᄂᆞᆫ 비 ᄶᅡᆫ 거ᄉᆞᆯ 너희 익이 ᄭᅳ며
자ᄅᆞᆺ 가ᄯᅡᆫ 더 나 며 창치 야무 계 주퀴 간ᄯᅡ
조타 며 ᄡᅳᆫ 이와 애 탕은 ᄂᆡ와 ᄡᅮᆨ을 응의
며시 퇴 되오 ᄶᅢ ᄶᅢ ᄒᆞᆫ ᄒᆞᆯ 그ᄅᆞᆺ ᄒᆞ나 ᄇᆡᆫ 다ᄉᆞᆺ치나
이쇄 ᄉᆞᆨ의 거ᄂᆞᆫ 황 육을 첫두 두쇄 약병ᄉᆞ가
조하 ᄶᅢ ᄒᆞᆫ ᄭᅮ쇄 지쇄 장 추 ᄭᅮ 세 너희 ᄭᅮ쇄 라
ᄭᅮ쇄 ᄒᆞᆯ 것 너 고 ᄶᅢ ᄒᆞᆫ 의 ᄡᅮᆨ 한 되 기ᄅᆞᆫ 마나 쇄
술 반 주 의 ᄲᅢ 쇄 ᄭᅮ쇄 하 호ᄅᆞ 가ᄅᆞ 너희 ᄡᅳ되
타 ᄇᆡᆺ주 ᄡᅮᆨ 이 와 노 가ᄅᆞᆫ 다 ᄶᅢ ᄒᆞᆫ 어쇄 조주 쇄
ᄭᅮ쇄 ᄇᆡᆫ ᄯᅢ에 두ᄅᆞ 다 라 ᄶᅢ안의 쇄 ᄇᆞᆨ ᄂᆞᆫ 거 ᄉᆞ 주며
엽서 ᄶᅢ ᄒᆞᆫ 가ᄅᆞᆫ 엇스 ᄇᆞᆫ ᄒᆞᆯ 며 ᄇᆞᆨᄂᆞᆫ 황 ᄋᆞ구이

지ᄂᆞᆫ 그릐로 술홀 러 ᄃᆞᆯᄂᆞᆫ ᄇᆞᆯ의 붓ᄂᆞᆫ 울 ᄆᆞ흘
혀 다ᄂᆞ 아 롱 야 ᄅᆞᆯ 벗 겨 ᄲᆞᆯ 허 ᄂᆞᆯ 피 방 ᄒᆞᆫ 채
둥 글 고 재 집 의 다 서 버 무 려 느 고 기 ᄇᆞᆯ 을 지
주 ᄅᆞᆯ 흐 려 ᄲᅮᆯ 의 ᄲᅵ 려 ᄲᅧ 만 나 서 쯤 그 물 을 ᄀᆞ
톤 ᄶᆞᆼ 치 오 리 다 롱 야 ᄭᅥ ᄆᆞᆸ 의 린 비 출 로 어 복
어 오 려 ᄊᆞ ᄂᆞ 리 셕 유 향 ᄒᆞᆼ 유 이 나 향
채 나 재 유 에 넣 쟝 산 출 서 ᄲᅥ 로 소 갓 치 주 ᄅᆞ
되 ᄒᆞᆼ ᄒᆞᆫ 누 우 풀 ᄃᆞ 주 ᄅᆞ 흐 려 ᄃᆞ 기 라 홀 뒤 석 서
양 ᄆᆡᆺ 갓 호 너 호 갈 ᄂᆞᆫ 재 ᄉᆡᆼ 긔 ᄒᆞᆫ ᄲᆞᆫ 의 잣 ᄉᆞᆫ 호
복 가 쳔 ᄲᆞᆯ 너 머 쟌 ᄇᆞᆺ 방 ᄒᆞᆫ 쟌 ᄲᆞᆯ 무 쳐 벙
되 ᄂᆞᆫ 쳑 유 에 양 울 로 면 드 ᄯᅡ ᄒᆞᆼ 채 ᄲᅧ 쳔 ᄆᆞᆯ 의

쳬 엿셔 뭇ᄂᆞᆫ 말ᄒᆞ노 질문은 노치 며 여ᄉᆞᆺ 뎔ᄃᆡ시 ᄒᆞᆯ
노ᄒᆞ니 ᄒᆞᆯ 뎔ᄃᆡ시 반에 화 노코 ᄒᆞᆯ 띠 난 에 ᄊᆞᆫ 조코
고 에 쳐 조 노 화 여ᄉᆞᆺ 뎔ᄃᆡ시 울 ᄒᆞ기 가ᄅᆞᆫ 반
장 은 뎔ᄃᆡ시 가 다ᄉᆞᆺ 조 쳐 보 모 셔 여ᄉᆞᆺ 지 뢰 나
나 라 조 쳐 셔 다ᄉᆞᆺ 뎔 ᄌᆡ 번 난 ᄡᅡ 쳐 앗 ᄒᆞᆯ ᄲᅢ
업ᄂᆞᆫ 나니라 쳬 ᄉᆞᆯ 라 잔 쳐 큰 상 와 령 쉐
되로 차리 모 기ᄉᆡ니 운 셕 법 ᄇᆞᆫ 알 ᄲᆞᆫ 령ᄒᆞ 쉐 티
로 ᄒᆞᄂᆞ니라 근 운 탕 은 ᄊᆡ 육 ᄒᆞᆫ 육 쥭 악이
양 창 가 뢰 쳔 복 ᄊᆡ 너 ᄒᆡ 양 이 ᄀᆞ쵹 죡
근 이 창 가 ᄒᆞᆫ 쳐 며 창 마 ᄒᆞ 이 ᄊᆞᆫ 근 계 탕 은
게 ᄒᆞᆯ ᄉᆞᆯ 가 쉐 셰 쳐 ᄡᅡ 쇠 근 방 게 ᄒᆞᆯ 무 히 마

줴손 게○ 줫○ 초 느근 수○ 타○ 찰○ 눈 난○ 찻○ 조 느근 회○ 회○
도 느근 티○ 화○ 줫○ 도 아셔 벙정 홀여 흔○ 처 느근
티○ 화○ 찻○ 술○ 야○ 쳐○ 섯 드러 석 나 계 도 눗 누나
다 본 줫 도 여 셔 가 쉬 니 피 마 다 석 가 라 느
우 타 나 울 도 삭○ 나○ 울○ 도○ 타○ 제○ 나 울 ㄷ○ 솨○ 타○ 나 울
ㄷ○ 배○ 삭 울 세 석 울 찻 드러 느근 눅○ 조○ 나 울 파○
너 허 삭 쇠 느근 처 울 여 선 도 드 라 쉬 초 번 가 라
느근 봇 이 여 드 ㅣ○ 회○ 하○ 나 울 기○ 회○ 화○ 나 울 눅○
조○ 나○ 울 느근 삭 여 보 노 셔 여 툰 조○ 화○ 채○ ㄷ 쉬 흐
ㄷ 미 라 티 쇠 호 라 복 가 세 가 쉬 넉 슬 드러 느근
ㅅ 쉬 흐 변 노○ 채○ 흔 ㄷ 세 다 숫 컵 보 세 가 노 하 퇴 청

현ᄒᆞ야 노ᄅᆞᆫ 호려 노가희 ᄒᆞ여 호ᄂᆞᆫ 오희 향혼ᄒᆞ야
노ᄅᆞᆫ 호려 노 ᄉᆡᆼ동 산 착 노ᄅᆞᆫ 상쳔 ᄒᆞ이 노ᄅᆞᆫ 황
욱 울 만 셴 산 갓치 ᄒᆞ여 ᄒᆞ여 노ᄅᆞᆫ 횡 욱의 죄 셕
거려 녀 ᄌᆞᆸᄂᆞᆫ ᄉᆡᆼ 션 ᄒᆞ이 오희 노교 ᄉᆡᆼ채 ᄒᆞ여
노ᄅᆞᆫ 향 션 오희 ᄒᆞ여 노ᄅᆞᆫ 호려 난 동아 다리 ᄌᆞᆸ
ᄂᆞᆫ ᄉᆡᆼ 쎤 ᄒᆞ여 오희 노ᄅᆞᆫ 려 미다 호 쳐ᄇᆞ 시 석 셕
가ᄎᆡ 놋 노니 최 최 ᄇᆞᆫ은 ᄇᆞᆫ에 악 보 욱에 찰 노
ᄂᆞᆫ 가 쓰거 노ᄅᆞᆫ 쟈 ᄇᆞᆫ은 호려 ᄃᆞ 폐ᄂᆞᆫ 놋 홀 거셔
오 별노 셕 가ᄎᆡ 놓을 거손 여ᄇᆞ 슈니 려 게다 이셔
로 노 동되 골 배 노 ᄆᆞᆫ려 여ᄃᆞᆫ 골 배 ᄃᆞᆺ 푸리 노ᄅᆞᆫ
기 동 상에 도 악 도 욱에 찬 치ᄉᆞᄃᆞ회 놋 나에 라

뫼ᄌᆞᆼ이 알ᄂᆞᆫ 양 ᄆᆡᆫ 가ᄉᆞᆷ 아기 ᄀᆞ장 ᄒᆞᆫ 시 올
뵈유 만 다ᄒᆡᆼ ᄒᆞ 흐려 양 ᄆᆡᆫ 가ᄉᆞᆷ 어 ᄒᆞᄂᆞᆫ 뎡오ᄅᆡ 러
롯 업ᄉᆞ니 ᄆᆞᆺ ᄌᆞ ᄂᆞᆷ 몌 ᄊᆞᆨ시 너희 ᄒᆞᆯ ᄎᆞᆷ 향 도 ᄂᆞᆯ
ᄂᆞ 가ᄂᆞᆫ ᄒᆞᆯ 듣 이 아 셜세 아 치 겨 잉 일ᄂᆞᆯ 되아 의
병이 나 ᄒᆞᄂᆞ라 ᄒᆞ여지 ᄒᆞᆫ 더 ᄂᆞ 외 ᄒᆡᆫ ᄂᆞᆫ 거
치나 양 어나 ᄒᆡᆨ 엽어 나 구ᄒᆡᆨ ᄒᆞᆫ ᄂᆞᆷ 니 양
에 되 ᄂᆞ 보 거ᄂᆞᆯ 잇 ᄂᆞᆫ 나 ᄂᆞᆫ 다 쉬 ᄇᆡᆨ ᄒᆞᆫ ᄇᆡ 드ᄅᆡ ᄂᆞᆯ
나 못 ᄒᆞᆯ 거 시 어버시ᄂᆞᆫ ᄂᆡ 양 어 나ᄂᆞᆫ 업ᄉᆞᆫ 어 ᄃᆞᆫ ᄲᅮᆨ
드 잇 갈ᄂᆞᆫ ᄂᆞ 아 ᄒᆞᆫ ᄇᆡᆨ ᄒᆞᆯ 되 ᄂᆞ 추 ᄒᆞᆫ 나 ᄂᆞᆫ ᄀᆞ ᄂᆞᆼ
어 ᄉᆞ 되 구ᄒᆡ ᄂᆞ 나 ᄉᆞᆯ 이 되 ᄒᆞ 거 보 ᄂᆞ 쇠 ᄲᆞᆯᄂᆞᆫ ᄇᆡᆨᄂᆞᆫ
되 ᄂᆞᆼ 우리 ᄒᆡ 어ᄂᆞᆫ 쇼ᄇᆡ ᄉᆞᆼ ᄲᆞᆨ 네 되 ᄂᆞᆫ 그 오 ᄒᆞᆫ ᄉᆡᆼ

타 조삭 망 빈 쳔 미 킹 도 발 탕 홀 도 홀
잔 운 팡 울 도 도 홀 쌋 복 지 죽 을 도 홀 ᄃᆞ 무 새 쵸 와
탕 도 홀 갓 락 죽 도 셩 쇄 나 황 옥 삭 비 언 히 소 에
랑 화 쟝 쵸 우 희 언 뫼 도 노 고 청 쳔 죽 도 홀 ᄃᆞ 낙 재 복
기 도 홀 ᄃᆞ 계 ᄯᅵ 며 쵸 계 평 도 홀 ᄃᆞ 쵸 화 탕 도 홀 ᄃᆞ 저
이 옷 며 히 ᄯᅵ 되 겨 든 연 호 도 홀 ᄃᆞ ᄯᅵ 마 초 니 ᄆᆞ 누 취
발 ᄂᆞᆫ 부 가 하 누 우 하 의 탕 ᄃᆞᆺ 축 엇 는 ᄯᅵ 며 든 홀
니 와 녹 쵀 는 양 복 지 초 홀 ᄃᆞ 봉 아 쐿 초 홀 ᄃᆞ 수 단
재 초 홀 ᄃᆞ 양 희 며 동 홍 잣 복 가 초 홀 ᄃᆞ 홀 쵤 옥 반
드 ᄃᆞ 사 도 타 양 며 갓 홀 원 소 며 도 홀 ᄃᆞ 낙 재
찟 ᄋᆞ 올 도 주 엇 게 홀 며 홀 ᄃᆞ 홀 쥭 쌋 을 도 홀 ᄃᆞ

닉고흑여랏여여ᄂᆞᆫ며슈되ᄂᆞᆫ즉슈도ᄒᆞᆯ만
도ᄒᆞᆯ활야ᄂᆞᆫ간날에ᄂᆞᆫ조에화슈울쉬가ᄅᆞᆫ
즉쥐ᄉᆞ새잣ᄂᆞᆫ에ᄎᆞ슈울ᄒᆞᆯ쉬에ᄡᅥ조쟌우ᄒᆞᆯ
되ᄂᆞ야내여보며ᄅᆞᆯ여흔여화조보쟌은환ᄂᆞᆨ
게ᄂᆞᆨ잣ᄂᆞᆨ은ᄒᆞᆯ나이화셩ᄋᆞᆯᄒᆞ사ᄂᆞᆫ자ᄇᆡ산ᄋᆞᆼ
잡ᄇᆡ의ᄃᆞ회오ᄅᆞᆫᄋᆞᆯᄂᆞᆨ헌ᄂᆞᆨ은잣ᄂᆞᆨ의ᄂᆞᆨ힐
ᄂᆞᆨ쇠ᄒᆞᆯ즛ᄉᆞ에ᄂᆞᆨᄂᆞᆫ다ᄒᆞᆫ뒤오회자ᄇᆡ의쇠ᄂᆞᆫ그
려커ᄒᆞᆯ여보며ᄅᆞᆯ은여ᄇᆡ다갈볼의여ᄂᆞᆫᄃᆞᄒᆡᄡᅧ
되ᄒᆡ여ᄇᆡ여ᄉᆞ비ᄒᆞᆯ여ᄒᆞ다ᄒᆞᆯ나셔옷ᄋᆞᆯ이화
란가의셔잣ᄉᆞᆫᄉᆞ다갈볼와아향ᄃᆞᆷ이오재ᄂᆞᆫ
ᄂᆞᆨ쌀와여옷ᄉᆞ나와여ᄂᆞᆫᄉᆞ비ᄒᆞᆯ여ᄒᆞᆯ쳔벼니ᄂᆞᆫ
ᄒᆞ되ᄒᆞᆫᄂᆞᆼ되ᄂᆞᆫ의여니라ᄋᆞᆯᄂᆞ와아ᄎᆞᄉᆞᆯ반ᄒᆞᆯ

찰어 지와재 찰 하여 지여게 울우뻔 리역 흐여라
흐녹 지아님 노흘 여하 도놓흘 흐노 지님 찰흔 은보
ㄷ우즈니 찰 못흐니 예 도재 아 흐환 족만환
죽박원은 말아 약포육 이환 찬 복 참사석을
것도러 만침 치나 되게 달은 말나 시흔 침ㅂ지
허딘 흐침ㅂ시 도나 술에나 복든 나술에나
흐침ㅂ시 다화 두도되 낙치ㄷ 치ㅅ못 치ㄷ 것도러
느코 싱가온 찡화 느ㄷ ㄷ아 다한 자행 흥흥의 느묘아
니여 복디ㄷ 도러 온흑 논뻔 흑한 되나 흔ㄷ 팍욱흐
찌흔ㄷ 게살아 도죽 흔되다 흔슈슈의 아도흔 에네
가치의는 찰라 가남 흑가라 가떼 노아 니어보

복낭이됴 밥ᄉᆞᆯ은 ᄒᆞᆫ 번 ᄋᆡᆫᄂᆞᆫ ᄧᆞᆯ ᄒᆞᆫ 약 ᄇᆡᆨ셰
조ᄒᆡ 너희 ᄒᆞᆯ 동기 욱희 ᄒᆞᆯ ᄶᅥ부 ᄉᆞᆨ 욱 ᄒᆞᆯ ᄶᅥ
시 ᄶᆞᆯ과 ᄂᆞᆫ 뫼 응 ᄀᆞ치 노아 ᄂᆡ여 보ᄉᆞ ᄅᆞ 존 은
힌 ᄂᆞ록 ᄉᆞᆯ 옥 ᄀᆞ치 ᄉᆞᆯ희 조박 쳔 ᄡᆞᆯ을 ᄜᆞᆯ 가 ᄏᆡ
박ᄅᆞ ᄉᆞᆯ ᄒᆞᆫ 되 ᄲᅥᆫ ᄃᆞᆫ 기ᄅᆞᆫ 서 너 ᄉᆞᆯ 이 ᄂᆞᆼ 희 ᄯᅩ ᄋᆞᆯ
ᄜᆞᆯ 가 ᄏᆡ 년ᄅᆞ 주 어 번 을 위 봇ᄉᆞ 다ᄅᆞᆫ ᄉᆞᆯ ᄂᆞ ᄆᆞᆺᄉᆞ
이 울 워 다ᄅᆞᆫ ᄒᆞᆯ로 ᄒᆞᆨ 을 위 봇ᄉᆞ 울 ᄂᆞ 조박 젼
ᄉᆞᆯ은 봇지 ᄜᆞᆯᄅᆞ 나 ᄂᆞᆺ ᄃᆞᆯ ᄋᆞᆯ 이 ᄉᆡ에 ᄒᆞᆨ 변 오 희 ᄂᆞᆨ
ᄆᆞᆺ ᄂᆞᆯ희 칙 벤 ᄀᆞ치 어 희 ᄅᆞ ᄯᅥ ᄲᅥ ᄋᆞ 년 ᄋᆞᆫ ᄉᆞᆯ 희 잇
처 ᄇᆡᆨ ᄯᅳᆺ ᄲᅥᆺ ᄅᆞ ᄂᆞ록 어 ᄯᅡ 상 희 ᄆᆡᆨ ᄂᆞᆫ 힌 ᄂᆞ록 어 야
안 ᄎᆡ ᄂᆞᆫ ᄉᆞᆯ ᄂᆞ ᄋᆞᆺ ᄋᆞᆯ 위 봇 우 되 ᄉᆞᆯ 이 ᄲᅢ 처 을 ᄂᆡ 계

지령도라 쓰나 비 셩강만 볼 ᄋᆞᆺ조 다쳐 러히 최
쉬향의 너희 반쳔을 되게는 가오하 주는 곳바나
탕 쟤 ᄉᆞ의도 쓰ᄂᆞ니라
ᄒᆞᆫ인 칠횡의 ᄒᆞᆫ횡 드러오되 드강을 경울 볼어
여는 갈 몰앙아 나 누쌀 앙어 나 쑤어 노코 ᄎᆞᆼ추 ᄒᆞᆯ
쳐보ᄋᆡ 노코 쳔유 ᄒᆞᆯ 쳐보ᄋᆡ 노코 유라 다섯 ᄇᆞᆺ드려
노코 ᄃᆞᆼ라 논ᄃᆞᆺ 그려보히 누아 ᄒᆞᆫ 쳐보ᄋᆡ 노코 ᄇᆞᆨᄉᆞᆨ
불과 ᄒᆞᆯ 쳐보ᄉᆡ 노코 강울 봉이 여는 ᄒᆞᆫ솨 ᄒᆞᆯ보
져ᇰ울 이여 드 ᄎᆞᆨ 경라 ᄒᆞᆯ보 노코 ᄉᆞᆯ ᄒᆞᆯ ᄂᆞᆫ 드ᄌᆞ
평 ᄒᆞᆯ 동는 누아 ᄉᆞᆺ ᄌᆞ 려보ᄂᆞᆫ 은 보ᄉᆡ 미여 니여보
미ᄂᆞᆫ 쳥빈의 쥭 쳔 ᄂᆞᆫ ᄉᆞᆯ 너코 쳔 노아 나여 보니

뫼여 보뇌ᄂᆞ니 그 번에 웃쳘 ᄒᆞᆯ 젹 번 새여 디여
드ᄂᆞᆫ니라 뒤편은 각ᄀᆞ 쟈ᄅᆞ 디어 나리라
뫼ᄂᆞ의논 잔치의 ᄡᅳᆯ 쟝 ᄇᆞᆼ 광쥐 ᄒᆞ여셔
논 아니 ᄡᅳᄂᆞ니라
동에 셜은
쇤 즁 아ᄅᆞᆯ 가ᄂᆞᆯ 뵈 ᄲᅥ혀 보라ᄂᆞᆫ 속 ᄂᆞᄅᆞᆫ 것 ᄲᅢ혀
ᄂᆞᆫ 큰 다ᄉᆞᆺ 방 ᄒᆞᆷ 채 동ᄅᆞᆫ 네 ᄂᆞ 반듯ᄒᆞ게 ᄃᆞ 채ᄒᆞᆯ
ᄂᆞᆫ 듯 ᄒᆡ논 ᄃᆞᄂᆞᆫ ᄒᆞᆫ게 ᄒᆞ며 ᄎᆞᄂᆞᆫ 잔 가 ᄲᅵ워 되어 ᄒᆞᆺ 찰
달ᄅᆞᆫ 자ᄅᆞᆯ ᄲᅡ니 ᄌᆞᄅᆞᄂᆞᆫ 즁에 아ᄅᆞᆯ 번 쇠 너혀 ᄂᆞᄅᆞ게
아니케 믈을 ᄡᅡ게 ᄒᆞ여 ᄀᆞᆷ피 ᄀᆞᆯ너 ᄇᆞᆯ가 즁은
쳥어 ᄎᆞᆷ간 잇어 ᄀᆞᄂᆞᆫ 파 ᄉᆡ주 잇건ᄂᆞᆫ 파셔 ᄂᆞ코 헤쳐
ᄭᆡ을 ᄭᅮ께 ᄌᆞ의 닷가 항의 너허 주ᄂᆞᆫ 만ᄒᆞᄂᆞᆫ 듯

또ᄒᆞᆫ 우희 ᄯᆞᆯ여 오뢰리ᄂᆞᆫ 쳔복 ᄆᆞᆯ의 닷ᄉᆡ
붓 가ᄂᆞᆫ 보ᄂᆞᆫ의 ᄊᆡ다 쳔ᄂᆡ예 ᄒᆡ이ᄋᆞᆼ줄、호ᄃᆡ 회
거쳡ᄇᆡ시 갓쳐 ᄌᆞᆼᄒᆞᆫ ᄭᅦ 민두ᄅᆡ 가울 되리ᄂᆞᆫ
벅져 ᄎᆞ 현ᄉᆡ 쳐ᄉᆡ치 중들게 버혀 엔 ᄎᆡᆨ 거 벅
ᄲᅢ여 ᄇᆞᆺ에 베 당ᄉᆞᆨ 연쳐 ᄋᆞᆺ어 ᄉᆡ 되ᄀᆞ 상에 랑
에다ᄒᆡᆺ 서나 ᄒᆞᆫ 뒤 ᄇᆞᆺ 쳐보에 ᄒᆞᆫ 못ᄒᆡ 다ᄒᆡᆺ 오ᄃᆡ
나 ᄒᆞᆯ 뒤 ᄒᆞᆼ복 다ᄒᆡᆺ 서나 ᄒᆞᆫᄒᆡ아 젹라 에ᄂᆞᆼ
ᄒᆞᆫ에라 쾨ᄂᆞᆫ 의ᄂᆞ 찬쳐 ᄒᆞᆫ 창의 ᄅᆞᆫ향을 치며
ᄂᆞᆫ 찬쇠 ᄒᆞᆫ 향ᄃᆞᆺ 이뢰키 ᄒᆞᆫ치 셜벽 ᄲᅢ보의 ᄋᆡᆫ
형쳬 잇셰 도에 혀켜 ᄒᆞᆯ 가ᄂᆞᆫ은 어보ᄂᆞᆫ 나되
간나보도 옥쳔에 쳔강ᄒᆡ 쳡보서의 디ᄂᆞᆫ 형

복뒤 혹며 처음하 혹며 쓰창며예 혹을며며
새ᄂᆞ 봉 쓴 착 뵨 거솔 며리 눈재 만배 하ᄂᆞ 훙며
쓰퇴 봉 쓴 쌍 착 우롯 눈굴 직피며 쓰기롯 술
누이리 봉 쓴 구며노 쳐손의 쓰논 거손 퇴사쇄 배
히빈 쓰앙이 어나 퇴나라 창의 누어 어논 것라
초엽히며 쇠 칠오보 리누이라

칠우국롯

퇴수 창에 당에 적누앵 우롯 길ᄂᆞ 넙세 혹며
리이 퇴 퇴수 와 창에 롤넙 칠볏 재루 쓰샥
너며 엽 칠 흑며 쳔리 롯내 씬되 엽시리퇴
황수 멋뇌리 며챠 쌍에 리ᄂᆞ 당에 리ᄂᆞ 후회

자 一 채ᄂᆞ의 나 짠ᄒᆡ 큰 쟝의 나 ᄒᆡ로
황육을 일ᄒᆞ보치 책ᄒᆞᆯ 본ᄒᆡ 크게 ᄒᆞ여지
리ᄂᆞᆫ 치ᄋᆡ쇠 ᄂᆞᄒᆞ니 싼책 챵의 ᄲᅡ니 그리ᄂᆞᆺ
챵이 세회 가몬지라 ᄲᅧᄅᆞᆯ회 버ᄅᆞᆫ 가ᄒᆡ 책ᄒᆞᆯ
착복ᄒᆡ 책기회라 채ᄀᆞᆺ치 ᄃᆞᆯ게 자ᄅᆞᆫ 가ᄒᆡ 겹절
벗기ᄂᆞᆫ 칼ᄂᆞᆫ 찰게 우ᄂᆞᆫ 책도 칼ᄂᆞᆫ 찰ᄒᆞᆫ 지오ᄂᆞᆫ 짱
길ᄅᆞᆫ 세 소ᄅᆞᆫ 바 ᄒᆞᆼ 쟝호ᄒᆞ려회 ᄂᆞᆫ ᄀᆞᆯ여셔ᄂᆞᆫ 셔ᄅᆞ리
무이라 ᄶᅩ 황육 ᄃᆞᆺ 겹ᄂᆞᆫ ᄀᆞᆯ네 책기회로치
ᄒᆞᆯ 엽의 세 되나 뎌게 ᄒᆞ여리ᄂᆞᆫ 잔책도 설
하숙 갓치 엽세 ᄀᆞᆯ게 ᄒᆞ여리ᄂᆞᆫ 상채 책도 엳ᄅᆞᆫ
이 ᄲᅧ나면 ᄒᆞᄂᆞ여라 ᄲᅢ육 책 알회 ᄒᆞ여다ᄂᆞᆫ 녹

여ᄶᅡ 홀ᄅ 뒨 엽은 이믄서 쓰며 모리기ᄂᆡ 히 엽
시로 ᄃᆞ롱 ᄒᆞ 뇌는 네 으 볼 ᄃᆞᆺ 대 ᄒᆞ 엽서 ᄃᆞ로는
미춘 ᄶᅡ 흐롤 ᄂᆞ쿄 쓰 이뎌셔 ᄀᆞᆺ 말 ᄃᆞᆺ 미라 ᄆᆞᆺ 피ᄂᆞ
츈 간 자 홍 방 흠 ᄂᆞᆯ 기 희 ᄂᆞ 유 될 볼 기 희 ᄌᆡᆨ
챨ᄅᆞᄅ 여ᄇᆡ 셔 쥰 ᄂᆞᆫ 운. 반 ᄃᆞᆼ 은 양 희 ᄀᆞ 치 ᄶᅢ
동 ᄀᆞ라 뇌며 셔의 ᄒᆞᆺ ᄀᆞ 뤄 ᄂᆡ ᄅᆞ 우 희 초희 중 ᄃᆞᆯ
셰 ᄉᆞᆺ 챤 만 치 베 혀 더 ᄂᆞ고 소 ᄃᆞᆫ ᄒᆞ ᄒᆞ 가 ᄒᆞ ᄉᆞᆺ 거
ᄂᆞ 쿈 ᄒᆞ 챠 ᄒᆞᆼ 양 엿 과 ᄒᆞ 야 쓰 ᄂᆞ 이 ᄒᆞ라 소 ᄃᆞᆫ ᄂᆞᆫ 챵 ᄒᆞᆼ
ᄡᅳ기 ᄂᆞ 간 다 콩 ᄑᆞᆺ ᄂᆞᆫ 소 ᄃᆞᆫ 의 당 ᄋᆞᆯ 웃 ᄌᆡᆨ 이 ᄒᆞ고
만 희 라 ᄃᆞ 저 ᄌᆡᆨ 송 졍 ᄒᆞ ᄶᅢ ᄒᆞ라 쳔 뎌 의 ᄂᆡ 긔
송 ᄃᆞᆫ ᄒᆞ 운 뎐 ᄀᆞᆺ ᄂᆞᆫ 운 ᄒᆞ 벼 ᄒᆞᆯ ᄂᆞᆫ ᄂᆞ 향 어 이 되 ᄂᆞ니

지ᄂᆞ니라 홍회ᄂᆞᆫ 쳔육을 셩거ᄉᆞᆫ 디즈고ᄆᆞ
ᄅᆞᆯ 홍합이라도 블ᄅᆞᆯ 외 ᄡᅳ리며 숙면 새ᄂᆞᆫ 압
게 쳐ᄒᆞ여 서너 치식 묵쳐 갈ᄅᆞ 우희 ᄭᅢ소곰 ᄯᅩ화
지ᄂᆞ니라

ᄉᆡᆼ복회ᄂᆞᆫ
ᄉᆡᆼ복을 ᄋᆞᆲ게 져며 졉시의 뫼화 ᄌᆡ 노코 ᄌᆡ
ᄉᆡᆼ양 엇ᄉᆞ로와 우희 언ᄌᆞ나 ᄂᆞᆫ의 ᄡᅳ거나 ᄂᆞᆯ
ᄂᆞ니라 ᄌᆞ회도 ᄌᆞᆨ 엷ᄇᆞ시 흐ᄃᆞ려 ᄒᆞᄌᆡ ᄉᆡᆼ양 녀
갓ᄀᆞ로와 언ᄌᆡ ᄡᅳᄂᆞ니라 체ᄉᆞ의 ᄡᅳ로ᄂᆞᆫ 도 갈ᄅᆞ
어ᄂᆞ 븐 ᄆᆡᆨ 난 되 너희 ᄆᆡᆨ ᄂᆞ니라

육회ᄂᆞᆫ
양 ᄀᆞᆺ 녜 쳐 간 콩 ᄑᆞᆺ 쳐. 여ᄅᆞᆯ ᄋᆞᆲ게 져

시우슈ᄒᆞᆫ다

굴쳔유ᄂᆞᆫ

굴의 소ᄋᆞᆷ비워 다 ᄆᆞᆯ의 ᄯᅡᆯ ᄒᆞᆫ 홀 며야 젹
이 쌀 ᄯᅥ러 ᄲᆞᆫ ᄒᆡ며 ᄡᅡ 여나 ᄒᆞ나 어러며 ᄒᆡ건
져다 ᄆᆞᆯ ᄲᅧ 졔 거든 ᄒᆞᆷ ᄒᆞᆷ 파 다 쳐 ᄃᆞᆫ 리 ᄒᆞᆫ 근
ᄯᅡᆯ 다 셧거 쟌 쟈여 가ᄅᆞ ᄆᆞ 츼ᄂᆞᆫ ᄭᅢ 완 ᄲᅡ 워 ᄭᅥ
리 굴의 졋 ᄯᆞᆯ ᄂᆞᆫ 거 세 조 쳐 여나 ᄒᆞ 쳐 조
ᄂᆞᆫ 얍게 ᄒᆞ 쳐 ᄒᆞ 면 ᄆᆞ 쳐 쳐 나 가 ᄅᆞᆯ ᄌᆞ 은
젹나 이 ᄒᆞ 대 쳐 쳔 유 의 가ᄅᆞ ᄯᅡ나 ᄂᆞ 더 얼은
거세 ᄯᅡ나 너 뎐 유 엿 이나 ᄒᆞ라

됴흔쳥ᄌᆞᆼ거ᄂᆞᆫ

ᄯᅥ 리 ᄇᆡ 셧 콩을 ᄇᆞᆨ 쳐 가ᄅᆞ ᄆᆞ 쳐 ᄭᅢ 완 ᄆᆞ 쳐

의나며 뼈 발 나와 되고 빅 뫼 쟝 ᄀᆞ치 졉며
갈ᄭᅳᆺ ᄃᆞᄅᆞᆯ 뎌 ᄒᆞᆨ ᄀᆞ치 가ᄂᆞᆯ게 ᄂᆞᆺ고 거여 ᄃᆡ
졈ᄇᆞᆫ 뉘의 ᄃᆞᆼ은 ᄎᆞᆯ ᄭᅳᆺ ᄃᆞᄅᆞᆯ ᄒᆞᆯᄂᆞ 미 워 ᄭᆞᆼ친 ᄃᆡ
어ᄇᆡ 세 ᄑᆡ 노코 ᄲᅡ히 리 깃세 갈ᄂᆞᆫ ᄂᆞᆺ 쳐 ᄆᆞᆺ 희 살
ㅣ ᄎᆞᆯ ᄒᆞ며 ᄌᆞᆯ 샥 되 다 ᄂᆞᆯ고 길게 쳐 오 희 면
줘 쓰ᄂᆞ니라
제 ᄂᆞᆫ ᄲᅢ여 ᄃᆡ로 줘 올의 되게 리여 젼
쟝의 찬ᄒᆞᆫ 어ᄇᆡ 다ᄅᆞ 소ᄂᆞᆯ 지 ᄒᆡᆼ의 리 여 고온ᄃᆡ
의 갈 ᄂᆡ 솔 ᄂᆞᆫ ᄃᆞᆼ 티 쓰ᄂᆞ니라 평 친 ᄎᆞᆯ ᄒᆞ며
홍 ᄉᆡᆼ 각 난 되로 젹 으니 ᄌᆞ쳐 어ᄇᆡ 시 ᄲᅡ쳐 난 지

막치 ᄒᆞ되

붕어 누뢰 ᄆᆡ노

붕어 ᄂᆞᆯ 벗지 손바닥 마콤 업시 쳐셔 가ᄂᆞᆫ

쟝의 잔ᄉᆞᆫ 복가 ᄂᆞ코 소ᄂᆞᆫ 황육 칙ᄌᆞ ᄃᆞ려 ᄒᆞᆯ

파 쳥 강 ᄉᆡ 소ᄂᆞᆫ 너허 여허 쟝 반셩 반슉 ᄒᆞ게

잔ᄉᆞᆫ 복가 일 ᄶᅥᆺ 셜게 붕어 쳔연 되 조ᄂᆞᆫ 석

너ᄒᆞᆫ 곳 ᄯᅡᆯ 곳 바라 ᄉᆡ ᄯᆡ 여 친 ᄯᅡᆯ 숑 치ᄂᆞᆫ 비 ᄒᆞᆫ

무희 지 져 쓰되 흰 ᄌᆞᆫ 무 희 희 게 ᄒᆞ 눌 노

ᄒᆞᆫ ᄂᆞᆫ 무희게 지 져 ᄶᅡᆫ희 의 ᄂᆞᆫ 석 ᄃᆞ려 ᄒᆞ니라

여희 노

향 ᄀᆞᆯ ᄃᆞᆯ 게 장아 싱 쳥 울 ᄃᆞ륙

다가의 섯거 리라 ᄒᆞ여든 줌수로 손ᄂᆞ 닥깍치 깔
막ᄋᆞ씨 ᄒᆞ라 버혀 ᄂᆞᆫ 됫여 모로 ᄀᆞᆯ 여 내ᄂᆞ
내라

쇠ᄉᆞᆫ젹

황육 주라 제 박고 제 마 섯거 시어 쩐 ᄯᅥᆯ 아
거ᄒᆞ야 손은 섯거 ᄂᆞ 치 쳘의 가ᄂᆞᆯ 줄 너 지되
연쳐비 ᄒᆞ며 리ᄂᆞᆫ 제 ᄒᆞᆫ 녹쳐 가 ᄂᆞᆯ 귀 쇄 ᄒᆞ라
우희 단슉 ᄇᆞᆫ 호 ᄒᆞᆫ 쎄 워 쓰 ᄂᆞ여 ᄒᆞ라 쇠 ᄉᆞᆫ 젹
제 ᄒᆞᆫ 복쳐 쓰ᄂᆞ ᄂᆞ 서 ᄯᅥᆨ 이 아니오 쳐 ᄉᆞᆫ 젹 과
거 계 너 수외 즈 어 너 ᄒᆞ 여 서 너 호 져 ᄇᆞ 서 의 져 일

녑 ᄉᆡᆼ치 ᄂᆞ 쯔며 면쳬 쏫ᄃᆞ 섯거 누어리 미로
벗겨 주 만 ᄒᆞᆫ 반듯반듯 ᄡᅡᄒᆞᆯ 자로 다 최 버혀
조쯔ᄂᆞ여라

가리찜은
가리ᄅᆞᆯ 조각지여 질긘 누ᄅᆞᆫ 껍질은 벗겨
썰ᄃᆡᄂᆞᆫ 칼로 잘게 저며 씨 소곰 여나 대초 과ᄌᆞᆫ
장의 주믈너 안치ᄂᆞᆫ 솔에 녀타가 ᄂᆞᆯ 거든 박
ᄀᆞᄂᆞᆫ 지단 ᄉᆞ며 자 ᄉᆡᆼ강 호초 너허 스ᄅᆡᆫ 잣쌀 채보
호ᄅᆞᆫ 이 ᄒᆞᆫ 번 ᄒᆞᆫ 재 여 무ᄅᆡ 잡보시 외 ᄀᆞᄂᆞᆫ시
ᄉᆞᄂᆞᆫ 두 ᄲᅧ 우ᄂᆞᆫ 미 다 ᄉᆞ며 박 ᄒᆞᄂᆞ 다 잘 ᄡᅡ ᄒᆞ 흔호

졉시의 괴ᄅᆞᆫ 호쵸 거마가 ᄂᆞ롤이나 잣가ᄅᆞ나 헛
쳐 쓰나이라

연계찜

연계ᄅᆞᆯ 잡아 ᄯᆞᆯ 가려 ᄉᆞᆯᄒᆞ여 ᄒᆞ죽에 입
ᄃᆞᆯ 것두 두레 ᄆᆞᆯ에 잣소해 외 건져 ᄯᆞᆯ
다가 니 쵸 ᄂᆞ래 ᄉᆞᄂᆞᆸ의 ᄒᆞᄅᆞ 섯거 혼초 ᄀᆞ마 츠
흔ᄌᆞ 기ᄅᆞᆷ 죄 느르ᄆᆞᆯ 너 연계 속의 ᄂᆞ코 쳐 니
ᄌᆞ 해여 지ᄒᆞ야 니 ᄂᆞ니 연계ᄅᆞᆯ 잡ᄇᆞ아 대여
ᄅᆞ우ᄃᆞᆫ 기ᄅᆞᆷ 장ᄇᆡ 한 ᄌᆞᆫ ᄯᆞᆯ 죽에 ᄒᆞᆯ ᄯᅡ 졉시의
괴ᄂᆞᆫ 호초 세 ᄉᆞᄂᆞᆫ ᄲᅵ 외 ᄯᅳᄂᆞ이 쳐 ᄉᆞ 속의 ᄂᆞ흐ᄅᆞ

북가뫼 숙의 잔듸 너희 가죠 못치는 재찬
부칙 지쳐 쓰노라 귀쳔 유친은 미쉬 앙
다나ᄂᆞᆫ 볼셰의 모나요 살며 ᄒᆞᆫ뮈 ᄒᆞ는 탕
ᄎᆞ애 ᄒᆞᆫ ᄒᆞᆫ 바 파각 ᄒᆞᆫ매 지쳐 눈호면 앙
된은나 삭이 쇄 젼복 ᄒᆞᆫ 벙 젼복을 ᄆᆞᆫ
가부귀는 눈의 다 부ᄅᆞ도ᄅᆞᆨ 살며 분쳐
앵번 세 져나이는 홍 ᄒᆞᆫ번 다나셔 초ᄂᆞᆫ나 보구 려는 숙
연ᄉᆞ 뵈는 밧조이 젼 복 ᄒᆞᆫ 재 황 개줏 의 누ᄆᆞᆯ
너 안 뒤는 와ㅣ 논 ᄒᆞᆼ 을쥭 ᄒᆞᆫ 동이 너희 만
우ᄌᆞ ᄆᆞᆯ 삽 비ᄃᆞᆺ 치 려나 보구 려ᄂᆞᆫ 쇠ᄅᆞᆯ ᄒᆞᆫ 스ᄅᆞᆯ 녀되

든 잘 지 비 내여 가ᄅᆞ 무ᄎᆞ쳐 비ᄒᆞᆫ 무ᄎᆞᆫ
압ᄂᆡ 눌너 가여 지쳐 ᄡᅳᄂᆞ니라

믹뎍

은 ᄆᆡ ᄉᆞᆯ 담가 즁 보ᄋᆞ되 든 ᄲᅵ 티라 ᄉᆞᆨ 내
ᄂᆞᆫ 당가 벗ᄀᆡ되 든 살ᄆᆡ로 ᄲᅡᆯ가 크지 아니
ᄒᆞ니 도 ᄡᅳᆫ ᄌᆞᆯ 네 희 로의 어ᄂᆞᆫ 즉 ᄆᆞᄅᆞ
면 ᄶᅢ가 힘ᄭᆞᆯ 젹 크ᄂᆞᆫ 벗나니라 본ᄃᆡ 잔 ᄆᆡ
ᄂᆞᆫ ᄂᆞᆫ 혜 괴 ᄒᆞ나 여어지 더 넉 크니 ᄃᆡ ᄒᆞᆫᄒᆞᆫ 보면
다 부어 그 니 든 ᄀᆞᄌᆞᆫ 장의 장 간 ᄀᆞᆯ너 볶
가ᄎᆞ ᄂᆞᆫ 두부 ᄃᆡ오 ᄶᅡ ᄂᆞᆫ 향육 두부 이 브ᄂᆞᆫ ᄶᅧ ᄂᆞᆫ
향육 만 넣고 지ᄅᆞ 드려 파 ᄉᆡᆼ 강 호쵸 너허

너희ᄂᆞᆫ와 번져다 ᄡᆞ흘ᄅᆞᆫ 양도 각ᄒᆞ흘
번져다 쓰ᄂᆞᆫ 산흘ᄅᆞᆫ 도ᄒᆞ라 지ᄇᆞᆨᄂᆞᆫ 되리될ᄂᆞᆯ
기뢰 사강ᄌᆞ흔 ᄭᅩᆺ계 ᄡᆞᆫ흘ᄂᆞᆫ 다ᄉᆞ며 ᄡᆞ흘
ᄂᆞᆫ 우인돈 뎌ᄂᆞᆫ 박ᄂᆞᆫ 거뢰 ᄀᆞᆺ치 ᄡᆞᆫ흐롸 막
안너 ᄒᆞ고 ᄒᆞ고도 합ᄒᆞᆯ며 기ᄒᆞᆫ 장쳐 ᄒᆞᆯ며
떠다 포ᄂᆞᆫ 배뢴 멋쳐 ᄡᆞ흘ᄅᆞᆫ 호ᄂᆞᆫ 가ᄒᆞᆫ 뢴
찬연 쳐 쓰나 나뢰 육쳔 육ᄂᆞᆫ 항 육나
른 ᄒᆞᆯ뫼 ᄯᅩ도 ᄒᆞᆯ 홀동 셩상 파다 지ᄂᆞᆫ 지ᄒᆞᆼ
가ᄒᆞᆫ 뵈치ᄂᆞᆫ 가ᄒᆞᆫ 도ᄅᆞᆫ 너희 ᄎᆞ볼 너앎 체
편지ᄒᆡ 노고 ᄒᆞᆯ ᄒᆞᆫ지 ᄇᆡ 뭇도ᄒᆞᆯ ᄋᆞᆸ거

자비라

비욱라양녹 아ᄋᆞ노욱 쳘복너혀ᄂᆞ

으ᄂᆞ사지쪽드쉐 서ᄒᆞᄎᆞ 셩살파 기ᄋᆞᆯᄂᆞᆫ

장관만쳐로치 몽긔살로무쳐배란

혈셔무쳐지ᄂᆞ 놀녀무쳐지ᄂᆞ 양쳔

유셩쳔쳔유 셩치졀 유빈벗시ᄂᆞ라

ᄂᆞ복ᄉᆞ쉐 기ᄅᆞᆯ 칠ᄇᆞᆫ 기리되게 ᄒᆞᄂᆞᄅᆞᆫ

ᄒᆞ쇄 차ᄒᆞᆯᄂᆞ 쳔복ᄂᆞᆫ 으보 번쳐다 잘ᄒᆞ여

싸ᄒᆞᆯᄂᆞ 딱ᄂᆞᆫ 아ᄋᆞ쇄 살ᄲᅡ혀 ᄃᆞᆯ쇄ᄂᆞ

으면국 빗치 풀로 ᄉᆞᄅᆞᆷ ᄒᆞ나 다ᄅᆞᆯᄅᆞ 은ᄋᆡ

여이ᄅᆞ와지 운ᄉᆡᆨ은 오직 미의 잔지니 가로ᄃᆡ
ᄆᆡ ᄂᆞᆫ하 안ᄒᆞᆯ 어치ᄂᆞᆫ 푸ᄅᆞᆫ 이ᄅᆞᆯ 장ᄉᆞᆫ ᄋᆡ
파ᄉᆞ여 ᄌᆞᆨ변 몸 가지 ᄑᆞᆨ르ᄂᆞᆫ 섬ᄋᆞ 흘ᄂᆞ니 ᄇᆞᆯ
의 우취여 벌치ᄂᆞᆫ 김치ᄅᆞᆯ 해여 ᄉᆞ랑ᄒᆞ향
향복 기ᄅᆞᆯ 빈여 쥐ᄅᆞᆯ ᄌᆞᆫᄌᆞᆫ 쥐여 희로되
사흐롸 누고 다 흑ᄂᆞᆫ 지ᄒᆞᆫ 그ᄅᆞᆯ 내여 잔ᄂᆞᆫ 복거
그ᄅᆞ의 ᄯᆡ 늄 냥 숙ᄅᆞᆯ ᄡᅡ혀 양 복ᄀᆞᆫ ᄂᆡ ᄂᆞᆫ
식여 복여 장ᄋᆞᆯ 날실 너 타보ᄋᆞ 흘ᄂᆡᄂᆞᆫ
국ᄋᆞᆯ 보아 가내 ᄆᆞᆺ계 ᄍᆡ 복여 ᄉᆞᄃᆞᆫ ᄒᆞᆫ 간
ᄆᆞᆺ 동ᄂᆞᆫ 산ᄃᆞ 가로 왼 잔 ᄯᅥ 미 ᄉᆞᄂᆞ니라

다셧 박셔셰 홍화다셧 뎨셕을 셕드셰 미면
샹원의 논셕을 되ᄒᆞ미 조ᄒᆞ니라
이되는 성셜 끼니 결년 표고 강정 마존 빗과
뒤ᄡᅡᄒᆞ라 녹살 무늬쳬 뎨쳐ᄅᆞ 국ᄒᆞᆫ 님의하 녹
말무쳐 대젼ᄂᆞᆫ 토ᄎᆞ 셜강과 다쳐 초비쳥의 쳐
뫼ᄡᆡ의 ᄃᆞᆫ야 ᄡᅳᄒᆞ라 녹ᄃᆞᆫ지ᄂᆞᆫ 셩치 찰
발나 반독 갓뒤 ᄡᆞᆯ을ᄅᆞ 무ᄅᆞᆫ의 뻣내 셩쳬
갓치 쓴ᄒᆞ라 셩됫 쇠기 조ᄅᆞᆫ니희 기ᄅᆞᆷ 마다
쳐 장국 오쇄다 셩쥐의 과 기ᄅᆞᆷ의 노고다
로ᄒᆞᆫ 잔나간 복가ᄅᆞ의 장국 쥴거든 잔잔
쥴ᄒᆞ며 되인 잔ᄒᆞᆫ혼 니ᄒᆞᆯ ᄉᆡᆨ우면 쳥ᄃᆞᆫ다

나화 다ᄉᆡᆨ도 긔운시복 [illegible] 쳬로쳐가며
올 녹지ᄀᆞᆯ ᄒᆞ너여여 [illegible] ᄀᆞᆯ벗거 ᄂᆞᄂᆞ이
ᄒᆞᆼ [illegible] ᄲᅵ [illegible] 고파헌 사다ᄉᆡᆨ 도ᄀᆞᆯ
ᄎᆞᆫᄭᅵ고ᄅᆡ로 ᄋᆞ [illegible] ᄉᆡᆨ은 ᄆᆞᆺ은 힝ᄂᆞᆯ ᄲᆞᆫ은
빗 [illegible] 반은 졋ᄂᆞ여 ᄆᆞᆯ여 ᄲᅡ아 ᄇᆡᆨ쳥
의ᄃᆡ긔 반쥭ᄒᆞ여 박으면 비ᄃᆡ 희나라
츙화도 ᄯᅥᆺᄭᅮᆯ을 ᄃᆡ긔 반쥭ᄒᆞ여 박으리
녹ᄲᆞᆯ은 녹ᄲᆞᆯ의 지지ᄅᆞᆸ내 ᄭᅩᆺ의 너여 ᄭᅮᆯ
됴ᄒᆞ면 긴동이옷 별흥은 연지ᄌᆞ로 ᄒᆞᄂᆞᆫ
ᄃᆞᆯ쥭 쳥다 ᄒᆞᆯ ᄆᆞᆯ의 도ᄒᆞ면 ᄉᆡᆨ ᄭᅦ 조흔 뵈에
ᄎᆞᆺ의 도ᄒᆞ면 긔 ᄉᆡᆨ 비 ᄇᆞᆯ만 ᄒᆞ나라 긔ᄆᆞᆯ시

뒤 녹ᄯᅳᆫ 거쉬 데 ᄂᆡ 오ᄂᆡ 자ᄉᆡᆨ의 ᄭᅳᆯ 려 마라 ᄒᆞ면
을 ᄯᅳ나리라 동지의 논
마ᄌᆞᆨ 인결ᄆᆡ ᄒᆞ뎌 웃시ᄂᆞᆫ 뒤 논흘 가ᄒᆞᆫ
월ᄆᆡ 셴 논 뒤 ᄭᅦ 흘 ᄇᆞᆯ ᄋᆞᆯ 즈ᄂᆞᆫ ᄯᅦ 버려 노ᄒᆞᆫ
흘 뎌 뒤ᄒᆡ 줄ᄯᅳᆫ 바위 ᄭᅳᆯ 발이ᄂᆞᆫ 물 거쉬
[illegible] 구쉬 인결ᄆᆡ의ᄂᆞᆫ 가피ᄊᆡ 거쉬 ᄭᅳᆫ 그 헐
[illegible] ᄆᆡ 허 보ᄉᆞ 뒤 흘ᄆᆡ 쓰ᄂᆞ니라
[illegible] 이 흘ᄆᆡ 복 가 보ᄉᆞ 녹 버 흘
[illegible] 흘 뎌 쉬 엿ᄀᆞ [illegible] 알ᄂᆞᆫ 어일 만지 버므
흘 ᄋᆡ ᄂᆞᆫ 찰 박 ᄉᆞᆫ ᄀᆞᆺ 쥐 ᄇᆡ흰 ᄀᆞ 질리 ᄒᆞ쓰ᄂᆞ

ᄅᆞ 호로 ᄌᆡ와 ᄉᆞᆱᄂᆞ 버혀 쳐 ᄌᆞ만 다 쇠시 ᄋᆞ니라
족ᄉᆡᆨ의ᄂᆞᆫ 잡ᄯᅡ(편)은 ᄃᆡ로 반ᄂᆞ 녹두부 ᄃᆞᆼ과
버혀 졀 실라 빗소로 ᄒᆞ여 ᄶᅡᆯ ᄲᆞᆯᄂᆞ 여 셔ᄀᆞ ᄡᅳ
ᄭᅮᆯ ᄀᆞ라 ᄋᆞᆸ 을 ᄒᆞᆺ게 ᄃᆞ여 안ᄌᆡ ᄒᆞ되 ᄒᆞᆫ 너여 ᄀᆞ로ᄂᆞᆫ
ᄂᆞ니라 ᄭᅩᆺ ᄋᆞᆼ은 ᄒᆞ녹 히 ᄆᆡᆺ ᄂᆡ 버ᄒᆞᆼ ᄀᆞ라 ᄒᆞᆯ 잡
과 편은 이 ᄃᆡ로 ᄒᆞ여 졈ᄆᆡ 쓰ᄂᆞ니라 녹두ᄭᅦ
피 ᄒᆞ여 ᄃᆞ려 녹두 편 ᄀᆞ치 조ᄒᆞᆫ 히 ᄃᆞᄅᆞᆫ 쓰ᄂᆞᆫ
ᄉᆡᆼ강 조ᄒᆞᆫ ᄆᆞᆯ나 ᄒᆞᆫ 실라 약ᄃᆞᆫ 쟉싀 ᄒᆞᆫ
우ᄋᆡ기ᄂᆞᆫ 노악 ᄒᆞ여 쓰라 구ᄋᆞᆯ의ᄂᆞᆫ 국화 녹
ᄃᆞ졔 ᄒᆞᆫ 우ᄋᆡ기ᄂᆞᆫ 국화 졉 반ᄒᆞᆫ 차 ᄒᆞ여 쓰
ᄅᆞ 족 ᄒᆞᆫ연 ᄒᆞ여 조ᄅᆞᆫ ᄃᆡ 뎨여 바ᄒᆞ로 ᄒᆞᆼ이

ᄒᆞᆯ 술울 마니 붓ᄂᆞᆫ ᄂᆞᆫ 뷔지뫼 흘울 져ᄎᆞ
려 브려 뒤 잣ᄭᅡᆫ ᄌᆞ여 ᄭᅳ니 ᄀᆞᄅᆞ 급히 녕 슉의
긴 ᄎᆡ 톄 ᄡᅬ 듸 반의 오ᄅᆞ동 이번 히나 ᄒᆞᆯ소 가ᄅᆡ
임 되나 ᄭᅪ 노ᄎᆞ 흐 ᄀᆞᆯᄀᆞ와 웃시 ᄭᅳᆫ져 시ᄅᆞᄉᆞ 발
나 ᄅᆞᆫ 운 ᄀᆞᆺ기 논 아라 되지 ᄂᆞᆫ 마 효ᄅᆞᆫ 가ᄀᆞᄅᆞ 장의
찹ᄡᆞᆯ 가ᄅᆞ 셕근 셕어 ᄒᆡ 엿 가ᄅᆞᆯ 내 ᄒᆞ ᄅᆞᆫ 근 ᄯᅢ 엳
복ᄭᅬ 가ᄅᆞᆯ 내 ᄡᅡ ᄒᆞ ᄅᆞᆫ 호ᄃᆞ 가ᄅᆞ 된 찬 니져
계 ᄎᆞᆫ 한디 셧기 우희 번ᄂᆞᆫ 창ᄌᆞ 은 ᄃᆞᆯ이
나 향ᄂᆞᆫ ᄎᆞ 어나 브뒤혀 ᄡᆞᆯ 되여 ᄉᆞ이 다 져 브ᄎᆞ ᄃᆞᆯ라
이 여ᄃᆞᆫ 가ᄂᆞᆯ게 브뒤혀 ᄡᆞᆫ ᄂᆞ니라 밀셩편 운
가ᄅᆞᆯ ᄆᆞᆫ게 ᄎᆞ 브 뒤 ᄂᆞᆫ 굴 의 ᄡᅡᄂᆞᆫ 이와 ᄀᆞ호

쓰ᄂᆞ니라 ᄒᆞ면은 진믈 나 ᄡᅵᆺ스며 셰ᄃᆞ
두쥭이 나셔 독ᄆᆞᆯ 무릐데 쾌 ᄋᆡ 셰 조 국히
오ᄅᆞ라 ᄊᆞᄂᆞ니라 오일ᄅᆞᆯ 디운의 ᄂᆞᆫ 드롱 편
뵈 새 셔녀에 실과 ᄎᆞᆨ편 녹일월 오ᄃᆞ구의
ᄂᆞᆫ 희ᄅᆞᆯ 젼 ᄋᆞᄅᆞᆯ ᄀᆞ티 ᄂᆡ ᄒᆞᆫ 너 ᄒᆞᄅᆞᆯ ᄉᆞᆼ 만 되 미 너
을 힘 마 ᄒᆞᆫ 차 ᄃᆞᆼ 조ᄒᆞᆫ 가ᄅᆞᆯ 무 쾌 ᄃᆞ어 라가 시ᄀᆞ거든
ᄆᆞᆯ 녹쥐 다대 쾨 당 ᄒᆞ의 ᄆᆞᆯ 리 치 ᄒᆡᆼ 원 번
ᄶᅦ ᄒᆞᆯ 서 담ᄂᆞᆫ ᄉᆞᆯ ᄆᆞᆯ 크라 ᄡᅳᄂᆞ니라 절
셕여ᄂᆞᆫ 국 ᄉᆞᆷ 밀 졍ᄒᆞᆫ ᄒᆞᆫ 되 국 ᄉᆞ 세 ᄒᆞᆫ 의 가
호 ᄇᆞᆫ 조 ᄒᆞᆫ여 ᄇᆡᆨ지 ᄒᆞᆼ그 되 미 너 가ᄅᆞᆯ 니 쟈

뗀ᄂᆞᆫ 드롤쇠 잇나니라 ᄆᆞᆯ노ᄂᆞᆫ 뗘 압 니ᄂᆞᆫ 쏠ᄂᆞ
짜ᄂᆞᆫ 부양을 뽄 드롸 다ᄉᆞᆺ 식 봇ᄒᆡ을 지ᄒᆞ고 쓰
낭화 잔ᄒᆡ 한 방 오ᄉᆡ 울 드쇠 ᄒᆞ되 부ᄒᆞᆯ
겨ᄃᆡ 가며 잘 드쇠 양셔 시ᄂᆞᄂᆞ니라
화젼은 진ᄀᆞᄅᆞᆯ 녀ᄂᆞᆫ 국화ᄂᆞᆫ 뗄 녀 ᄡᅡᆺ지ᄂᆞᆫ
장미 ᄡᅡᆺ지ᄂᆞᆫ 뎌리 ᄒᆞ쟈다 즐ᄉᆞᆨ로 미니되
더ᄂᆡ〻 부셔 지〻 안울 마쇠 반ᄃᆞ시 ᄒᆞ며 상
의 지 예쇠 누로단〻이 누로며 ᄂᆞᆫᄃᆞᆷ으로 잘
게〻 지져 ᄃᆡ 룽을 ᄒᆞᆼ올 칼을 ᄀᆞ로 쥐 굴러
보쇄ᄂᆞᆫ 누로며 져녀 며 기ᄅᆞᆺ의 피워 지져

낙ᄌᆞᆨ되니 여약밥 ᄀᆞ라 ᄡᅳᄂᆞ다 이 일홈 술시이
ᄂᆞᆫ 송편 우희 ᄭᆞᆯ ᄉᆡ채 소 ᄒᆞ되 ᄭᆞᆯ ᄌᆞ노 잣ᄂᆞᆫ 물
의 ᄭᆞᆯ 섯ᄂᆡ 엠ᄌᆞᆫ의 복가 비ᄉᆡ ᄂᆞᄅᆞᆫ 칠치 아
니ᄒᆞᆫ ᄒᆞᆫ 갈ᄅᆞ ᄒᆞᆫ ᄇᆡ 되 ᄒᆞᆫ도 반 ᄂᆞᆫ 빗ᄂᆞᆫ 되소
ᄂᆞᆫ ᄲᅵ 자차 ᄌᆞᆯ이 ᄊᆞᆯᄒᆞᆯ ᄂᆞᆫ 자ᄂᆞᆫ 가 ᄀᆞᆺ 즉 ᄃᆞᆫ 되
너 되 복가 ᄒᆞᆫᄃᆞᆫ 갈ᄅᆞ ᄒᆞᆫ 다셩이 버ᄌᆞᆯ 이 ᄇᆡ 앗ᄂᆞᆫ 외
비쟈 쓰나니라 산ᄭᅴ 일홈 산빙이ᄂᆞᆫ 됴ᄒᆞᆫ 편ᄭᆞᆯ
지진 상화 빙 되 화진 ᄒᆞ며 쓰 ᄀᆡ 산빙은 ᄯᅥ 니 ᄒᆞ되
ᄒᆞᆨ은 산빙 ᄒᆞᆫ 산빙 ᄒᆞ나니라 산빙은 가ᄂᆞᆯ
게 미러 밤만 ᄒᆞᆫ ᄇᆡ 되 ᄒᆞᆫ 즁ᄂᆞᆫ 칼 낭ᄀᆞᆯ 삭 뎌

자 바뢰 내면 실와 ᄂᆞᆫ ᄃᆞᄅᆞᆯ 잇져 ᄒᆞᄂᆞ니라

뒤ᄉᆞᆷ이 ᄇᆡᆨ 젼의 ᄆᆞᆨ은 물ᄅᆞᆯ이 아니 된다 잔

쳐 ᄇᆡᆨ 젼은 ᄃᆡ도 ᄉᆡᆨ에 ᄇᆡ셩 ᄀᆞᆯ뢰 ᄃᆞ뢰 ᄉᆞᆫ복ᄂᆞᆫ

도 ᄂᆞᆫ아 ᄒᆞᄂᆞ니라 ᄉᆡᄃᆞᆯ 젼이ᄂᆞᆫ ᄢᅦ쳔이ᄂᆞᆫ 셕이 ᄇᆡ

ᄎᆞᆺ ᄃᆡ도 ᄇᆞᆼ쳐 ᄃᆞ뢰 ᄒᆞᆷ축 ᄡᅵ우ᄂᆞᆫ 뇌지 ᄭᅵ치 ᄎᆞᆼ애 쇼

뢰 ᄡᅵ의 쓰ᄂᆞ니라 잡ᄌᆡᄂᆞᆫ 동지 도아 ᄌᆡ ᄅᆞᆺ ᄎᆡ

ᄎᆞᆼ에 ᄒᆞ고 ᄲᆞᄂᆞᆫ 다 모ᄅᆞᆯ 축 도나 물이나 쇠 나히

다 ᄉᆞᆨᄂᆞᆫ 묵은 살ᄆᆞ ᄋᆞ시ᄂᆞᆫ 향 육 우ᄒᆡ ᄯᅮᄂᆞᆫ ᄌᆡ 벌이

한 되 셩이 ᄆᆞᆫ 흣ᄐᆡ 닌즈 가로 집 ᄆᆞᆫ ᄂᆞᆯ ᄃᆡ 까

ᄲᆞ니 너 되 ᄉᆞᆺ 재 ᄒᆞᆫ ᄃᆞ 삭 ᄅᆞᆯ 비 어 졉ᄉᆡ 하 간

쇠자 ᄲᆞᆯᄒᆞ며 가ᄂᆞᆫ 쵀 의 쵀 오ᄅᆞᆯ 잡다 ᄒᆞᆫ 국시
쵀의 나치 외 안왼ᄂᆞᆫ 우희ᄂᆞᆫ 꿀 ᄡᅡ 묵 ᄒᆞᆫ 발로 굴울
뿔ᄋᆞᆸ 쇠 ᄲᅵᆸ초 빅 장로 덥ᄂᆞᆫ 반시 뢰 ᄂᆞᆯ 실ᄒᆞ 털로
되로 쇄 흑 라우네 흑의 나 베 뢰 ᄂᆞᆯ 디로 ᄲᆞᆯᄂᆞ나
반ᄂᆞᆫ 조 ᄒᆞᆫ 쇠 ᄯᅩᆼ ᄒᆞᆫᄂᆞᆫ 쇄에 ᄲᅢ 깃로 텀ᄒᆞ 구뢰 ᄡᅡ 둥굴
ᄂᆞᆫ 장ᄯᅩ 깨여 ᄒᆞᆯ 흑의 그 ᄌᆞᆯ 느린로 ᄡᅡ흔 ᄇᆞᆺ 쇄 난
박ᄂᆞᆫ 한ᄯᅩ 갤 ᄇᆞᆺ 쇄ᄋᆞᆺ 박ᄂᆞᆫ 복이 버섯 ᄡᅡ흔 ᄇᆞᆺ 쇄
낫 박ᄂᆞᆫ 셕ᄃᆞ 쇄 박으되 혹네ᄋᆞᆺ로 박아 빅지
갈ᄭᅩᆺ 발ᄂᆞᆫ 덥ᄂᆞᆫ 안쇄 ᄒᆞ 우희 ᄯᅩ 안 쇠ᄂᆞᆫ 뎐ᄒᆞ며 빅지
호 쇄 ᄃᆞ우어며 ᄒᆞ다 가지ᄂᆞᆫ 안 ᄎᆞᆯ 쇄 ᄎᆞᆯᄎᆞ진 ᄇᆞᆺ되

되여 ᄀᆞᄅᆞ 너허 ᄎᆞᆯᄇᆞᆯ나 쓰ᄂᆞ니라 ᄆᆞᆫᄃᆞᄂᆞᆫ 질ᄇᆞᆫ
친ᄃᆞ국ᄀᆞ ᄇᆞ이 된다 집ᄋᆡ뫼 갈ᄅᆞ 조약 은 홀
ᄇᆞᆯ 촉의 섯거 ᄆᆞᆫᄃᆞ즈 울프글 ᄒᆞᆫ 믓게 ᄒᆞ여 촉약
ᄒᆞ면 향긔 이ᄉᆞᆯ 조ᄒᆞ니라 입ᄉᆡ 상긘대
죠 ᄉᆡᆼ ᄇᆡᆼ 아니 ᄇᆞᆯ나 ᄂᆞᆫ ᄆᆞᆯ의 볼ᄅᆞ며 ᄒᆞᆯ과
ᄭᅩᆺ ᄆᆞᆺ 잡 입세 나ᄂᆞ 졔 ᄀᆞᆯᄒᆞᆫ의 ᄂᆞᆫ 덥 지져 ᄇᆞ
작ᄂᆞ 출나ᄂᆞᆫ 너 ᄇᆞ 출 ᄇᆞᆯ나 무치 ᄒᆞ쓰ᄂᆞ니라
섯울과 ᄇᆞᆯᄒᆞᆫ나 입세나 ᄉᆞᆯᄯᅡ 쓰ᄂᆞ니라
석박 편 도싱 ᄇᆞᆼ 뢰 갈ᄒᆞᆯ ᄆᆞᆺ치면 섯거 ᄃᆞᄅᆞᄂᆞᆫ 조ᄒᆞ니
라 박편법 ᄒᆞᆯ을 ᄀᆞᆺ치 ᄂᆞᆯ여 박

애ᄃᆞᆯ며 셩ᄒᆞᆫ ᄆᆞᄋᆞᆷ 친티 붕의 가ᄋᆞᆯ이 누
훗ᄉᆞᆯ뫼 반ᄃᆞᆺ ᄒᆞᆯ며 빅지 졍ᄉᆞᆺ쳐 얌새 비
되의 ᄎᆞᆯᄉᆞᆫᄋᆞᆫ 섹 보뵈 비뵈 길ᄒᆞᆯ의 진의 제
쳐 ᄉᆞᆯ외 재 바야 비치 보ᄅᆞᆯ ᄋᆞᆫ이 ᄂᆞ더
ᄃᆞᆷ 닙ᄂᆞᆫ ᄆᆞᄅᆞᆯ 만히 너히 ᄒᆞᆯ면 어ᄋᆞᆫ 뵌 훗 ᄒᆞᆨ
나 ᄒᆞ랴
누ᄀᆡ ᄒᆞᆫ 뵈 ᄒᆞᆫ ᄃᆞᆯ을 ᄃᆞᆫ ᄒᆞ약 흰 ᄒᆞ약 도
이너 ᄅᆡ ᄒᆞᆯ ᄒᆞᆯ
안승은 ᄉᆞᆯ 길ᄋᆡ ᄃᆞᄃᆞ 너뵈 ᄃᆡ
뵈 몯ᄒᆞᆯ 뵈 반ᄃᆞᆺ ᄒᆞ여 ᄃᆞᄆᆡ의 ᄂᆞᄅᆞ 웅도 재 ᄒᆞᆸ
재 ᄆᆡ ᄉᆡᆨ 섯 본 ᄆᆞᆯᄋᆡ 뒤ᄃᆞᆫ 홍ᄋᆞᆫ ᄒᆞᆫ 되뵈 ᄇᆞᆼᄒᆞᆯ의
뵈 읜 지 ᄒᆞᆯ ᄒᆞᆯ 진 너 빈 ᄇᆞᆯ ᄒᆞᆨ ᄒᆞᆫ 면ᄒᆞᆫ 복

쳐 ᄒᆞ되 볶아 가며 ᄒᆞ라 ᄌᆞᆯ ᄆᆞᆺ ᄂᆞᆯ 면 ᄒᆞᆫ 보라
지ᄂᆞᆫ 쓸 ᄆᆡᆺ 면 ᄂᆞ 쥐 ᄆᆞᆺ ᄒᆞ니라

쟝반법

ᄃᆞᆫ 둘 ᄎᆞᆯ ᄉᆞᆯ을 ᄆᆞᆯ이 ᄀᆞᆯ니 ᄃᆞᆷ가 ᄌᆞᆼ골 만의
기여 ᄃᆞᄃᆞ흔 잣다 ᄇᆞᆺ근의 ᄂᆞᆫ 독 ᄡᆞᄃᆞᆫ 차 ᄌᆞᆼ골 만의
ᄉᆞᆯ의 ᄒᆞᆫ 무뒤 가며 ᄯᅳᆺ더 너쇠 ᄌᆞᆯ 되 셔다
마ᄂᆞᆫ ᄒᆞᆫ가 일의 벙득며 무치ᄂᆞ니라 ᄯᅩ 무치
ᄂᆞᆫ 벙ᄒᆞᆫ ᄌᆞᆫ 되게 ᄒᆞᆯ ᄉᆞᆼ경 무치ᄂᆞᆫ 벙ᄉᆞᆫ ᄂᆞᆫ
ᄃᆞᆫ ᄂᆞᄂᆞᆫ 쇠라 ᄒᆞ게 ᄒᆞᆫ 번 ᄌᆞᄒᆞ니라

붕도ᄎᆞ약 도ᄯᅥᆨ 도우ᄅᆞ ᄃᆞ ᄃᆞᆫ 타ᄂᆞᆫ 발ᄅᆞᆯ 마ᄂᆞᆫ 흔ᄃᆞᆷ
ᄭᅢᄂᆞᆫ ᄀᆞᄅᆞᄂᆞ 쉬다 ᄯᅬᄂᆞᆫ ᄌᆞᄅᆞ의 ᄒᆞᄂᆞᆫ 면 ᄒᆞᆯ ᄒᆞᄂᆡ ᄌᆞᆫ

ᄒᆞ련디 ᄒᆞᄃᆞ티 가지ᄂᆞᆫ 지지면 ᄃᆞᆺᄒᆞᆸ은 ᄌᆞᄂᆞ니라

강졍법

ᄎᆞᆯᄡᆞᆯ을 ᄆᆞᆯ갓게 ᄡᆞᆯ허 ᄃᆞᆷ가 ᄉᆞ칠만의
건져 ᄲᆞ아 ᄀᆞᄅᆞ의 ᄇᆞᆫ쥭ᄒᆞᆯ ᄯᅢ 쳥쥬 브어
셔 ᄲᅮᆨ은 후의 ᄀᆞᆺ 다ᄃᆞ이 의 ᄂᆞᆯ로 ᄆᆞ올고 시쳐
ᄎᆞᆯ ᄌᆞᄂᆞᆫ 셔 ᄒᆡ 면이 되ᄂᆞᆫ ᄡᆞᆯ 셔 ᄆᆞ리 ᄒᆡ 논 후
면 ᄀᆞᆯ ᄂᆞᆫ 비ᄂᆞᆫ 셔 ᄒᆡ 끗ᄂᆞᆫ 손 ᄃᆡ러 가 ᄀᆞᄅᆞᆯ 고ᄆᆞᆫ
의 ᄡᅦ 노코 ᄡᅡ 후 ᄒᆞᆫ 둘 ᄉᆡ 예 ᄯᅥ ᄒᆞᆫ 바ᄅᆞᆯ 치라 치
ᄯᅡᆯ은 ᄃᆞ지 지 ᄲᅧ ᄯᅡᆯ 여 다 ᄆᆞᆯ나 갈 제 치 ᄒᆞᆨ 노ᄅᆞᆺᄃᆞᆺ
마 로지 쇼 ᄆᆞᆫᄃᆞ다 엿 ᄉᆞᆯ 노ᄒᆞ ᄭᆡ 중은 더 ᄒᆞ ᄆᆞ올

두 되 식혀 ᄒᆞᆫ 되 밥 진 ᄆᆞᆯ 서 되 의 ᄂᆞᆫ 기ᄅᆞᆷ 보
죵ᄌᆞ 쵸ᄌᆞ 반 죵ᄌᆞ 당츄 반 죵ᄌᆞ 섯거 복가
ᄭᅮᆯ ᄒᆞᆫ 보ᄉᆞ 섯거 ᄆᆡᆼ그라 지ᄂᆞ다

증편 법

ᄒᆞᆫ 말ᄋᆞᆫ ᄒᆞ려 ᄒᆞ면 조ᄒᆞᆫ 진 ᄆᆞᆯ ᄒᆞᆫ 말의 ᄀᆞᄅᆞ 된 되
로 ᄭᅮᆯ 두 되 ᄇᆡᆨ미 비 탕 죽 죵자 탕ᄒᆞ여 머이 져
허 식거 누우ᄒᆡ ᄒᆞᆫ 되 반 쥭 ᄒᆞ되 ᄃᆞᆯᄒᆞ쳐서
싸 ᄒᆞᆫ소ᄅᆞ 반ᄃᆞᆺ ᄒᆞ게 무ᄅᆞᆫ ᄒᆞ게 붑ᄂᆞᆯ 녀 ᄂᆞᆫ 사ᄋᆡ 드ᄂᆞᆫ 말
ᄂᆞ 므 뇌 ᄃᆞ 마ᄅᆞᆫ 지 쇄 제 ᄂᆞᆫ 고 ᄇᆡᆨ 셔 더 거 ᄆᆞᄅᆞᆷ
ᄃᆞᆸ게 ᄒᆞ야 ᄃᆞᆯ혀 야 무ᄭᅳᆫ이 ᄃᆞᆷᄂᆞᆫ 기ᄅᆞᆷ을 ᄀᆞ

김나 술밋 항아리 누르허 브세 조지 말고
두엇다가 삼칠일 ᄎᆞ혀 여셔 보면 ᄂᆞᆯ곤
이 법은 ᄆᆞᆯ게 괴ᄂᆞ니 ᄯᅥ 쓰ᄃᆡ 혹 부ᄉᆞ이 ᄂᆞᆫ치되
ᄆᆞᆯ지 못ᄒᆞᆫ 뻣뇌ᄂᆞᆫ 오래 두면 드러우게 ᄲᅡᆫ뎌
동국의셔 믈근 술 말이 ᄯᅥ ᄲᅳᆫ여 ᄃᆞ론
술보다 맛시 쳥별ᄒᆞ여라

약과법

진ᄀᆞᆯ ᄒᆞᆫ 말의 ᄭᅮᆯ 서 홉 기ᄅᆞᆷ 서 홉 소
쥬 서 홉 ᄒᆞᆫᄃᆡ ᄆᆞᆫ쳐 라 뎡이 여어 박
븨예 가셰ᄂᆞᆫ ᄉᆞᆯ ᄒᆞᆫ 되 ᄉᆡᆨ히 셩ᄀᆞ라 ᄌᆞᆸ쳥

축ᄡᆞᆯ 버므뢰ᄃᆞᆫ ᄀᆞᄅᆞ 누룩 칠 홉 진ᄆᆞᆯ 다ᄉᆞᆺ 홉
ᄒᆞᆫᄃᆡ 쉬너뢰 삭이일 만의 ᄡᅦᄭᅵ 버ᄃᆞ ᄇᆡᆨ
셰ᄒᆞ여 익게 ᄶᅧ 면으로 식거든 맛 술의 ᄒᆞᆫ
ᄃᆡ 너허 ᄲᅧᆯ이ᄃᆞ 글 만의 ᄇᆞ면 ᄆᆞᆯ이 ᄆᆡ
평ᄒᆞᆫ 조ᄒᆞ니라

진ᄉᆡᆼ죽 법

ᄇᆡᆨ미 서 되 ᄇᆡᆨ셰 작말ᄒᆞ여 ᄭᅮᆯ ᄃᆞ리고
축ᄡᆞᆯ 버므뢰ᄃᆞᆫ ᄀᆞᄅᆞ 누룩 칠 홉 진ᄆᆞᆯ 서
홉 섯거 너허 두엇다가 익거ᄃᆞᆫ 그ᄋᆡ다
가 버뢰 ᄒᆞᆫ 셩뫼 ᄇᆡᆨ미 ᄉᆞᆯ ᄆᆡᆫ ᄇᆡᆨ셰 ᄒᆞᆫ
여 ᄃᆞᆷ가 ᄎᆞ조 밥지 ᄂᆞ조ᄅᆞᆫ 누룩 ᄭᅬ ᄲᅧ 려온

라
쳐야 일홈주 ᄇᆡᆨ 버 ᄒᆞ며 챵노롯 주 ᄃᆡ 초ᄅᆞᆯ 삼이 일홈 노ᄅᆞᆺ 버션
믈 녈ᄃᆡ 초 다ᄃᆡ 는 노롯 을 담은 다ᄃᆡ
는 노롯 나ᄂᆞᆯ 쾌 쳐사며 친 날녀 밥을
악게 쳐 먹으시켜 노롯 믈의셔 나 놓은
시겄에ᄂᆞᆫ ᄇᆡᆨ주ᄂᆞᆫ 흘리 섯니 뎌에게는 찬방
회ᄃᆞ겨너 아니ᄂᆞᆫ 쓰되 삼ᄀᆞ믈어 차 ᄅᆞ졍일
만의 너며 보내ᄋᆞᆫ 흉ᄋᆞᆫ 박주 노다라 지여니
ᄒᆞ여라 녹자주 버션
ᄇᆡᆨ미 일주 ᄇᆡᆨ비 작명 ᄒᆞ며 믈셔 모로

엿ᄅᆡ 사흘 만의 찹ᄊᆞᆯ ᄒᆞᆫ 말 ᄇᆡᆨ셰ᄒᆞ여
ᄆᆞᆫ이 ᄆᆡ 뫼 ᄶᅵ 시로 ᄶᅥ 노ᄂᆞᆫ 무ᄅᆞᆫ 믈을 ᄲᅡᆯ이 ᄂᆞᆫ
도록 ᄒᆞ고 ᄂᆡ여 ᄃᆞᆷ가ᄂᆞᆫ 밋술 ᄯᆞ ᄆᆞᆯᄀᆞᆺ 초 ᄇᆡᆯ 샹
거 너흐면 ᄌᆞ일 만의 븐 ᄋᆞ히 ᄆᆞᆯᄀᆞ니라
술 니더 ᄃᆞ리 우ᄂᆞᆫ 밋ᄃᆡ ᄯᆞᆯᄀᆞᆫ니 술 누ᄅᆞᆫ 빗
봄 ᄀᆞ을 ᄒᆞ쇼 맛시 ᄎᆞᆷᄒᆞ니라

호산츈 법

ᄇᆡᆨ미 ᄒᆞᆫ 되 ᄇᆡᆨ셰 작말、ᄀᆞ녀 ᄭᅳᆯ 믈 강ᄀᆞᆺ 부
어 쥭 ᄀᆞ티 어 식거든 누룩 두 되 섯거 너허 찹ᄊᆞᆯ
만의 져ᄋᆞ 미 이ᄐᆞᆫ 두 ᄇᆡᆨ셰 ᄒᆞ여 ᄆᆡ 쪄 그
ᄯᅵᆺ 날 너 섯거 너허 칠일 만의 ᄡᅳ면 됴ᄒᆞ니

의ᄂᆞ니라 ᄡᅳᆯ 쉬 ᄆᆞᆫ이 ᄀᆞᄌᆞᆫ 노ᄒᆞ ᄒᆞ니라

쇼곡쥬법

졍월 첫 ᄒᆡ일의 ᄇᆡᆨ미 ᄒᆞᆫ 말 ᄇᆡᆨ셰ᄒᆞ여 ᄃᆞᆷ
ᄒᆞᆫ ᄀᆞ놀 ᄒᆞᆫ 볍 누룩 ᄒᆞᆫ 되 ᄂᆞᆯ 무ᄅᆞ녀 ᄃᆞᆷ
개예 담가 두ᄇᆞᆺ다가 ᄉᆞᆼ줄 만의 ᄡᆞᆯ을 번져
ᄒᆡᆼᄡᆞᆯ ᄒᆞᆫ 되 ᄆᆡ시 셔 ᄃᆞᄋᆞᆫ 말의 누룩 ᄀᆞᆯ을
블ᄂᆡ 두의 ᄇᆡᄌᆞ ᄃᆡᄀᆞ 밧ᄌᆞ 시ᄒᆞ의 ᄎᆡ 노ᄀᆞᆺ스
호져 녀히 복ᄎᆞᆼᄒᆞ가 치ᄌᆞ 쩍은 ᄀᆞᆯ ᄒᆞ뫼 지
두룩 켜히 무ᄅᆞᆫ ᄇᆞᆫᄌᆞ 싸 벤ᄂᆞᆫ 되 ᄂᆞᆫ ᄒᆡᆼ ᄎᆞᆫ 이ᄂᆞᆺ
ᄀᆞᆺ 스을 러ᄇᆞ 려 ᄒᆞᆫ 되 ᄀᆞᆯ 너 뫼 식 거ᄃᆞᆫ 가
누룩 ᄒᆞᆫ 되 나다 시셔 항의 담ᄂᆞᆫ 여ᄇᆞ 져 주

착ᄇᆡ 쌱쇠ᄂᆞᆫ 닙게 ᄒᆞ쟈면 모ᄅᆞᆯ 질ᄂᆡ 쌱쇠ᄂᆞᆫ
홋ᄂᆡ ᄒᆞᄅᆞ 맛ᄉᆞᆯ 적 한 낫 잇시면 사로ᄂᆞᆸ
ᄂᆞ니 ᄉᆞᆯ밥도 녀허 우 잣치 ᄒᆞᄂᆞᆫ 식혼 후의 지러
ᄯᆞᆯ나

별챡면법

밧ᄭᅴ 즈ᄆᆞᆯ 밧게 챡ᄆᆞᆯ
ᄒᆞᄂᆡ 쑬 흰 모ᄅᆞᆯ 두 동의 ᄯᅢ 반 ᄀᆞᆨ ᄒᆞᄂᆡ 사과
ᄃᆞᆫ 누룩 칠홉 ᄀᆞ ᄆᆞᆯ 닷홉 ᄇᆞᆺ거 너허 ᄃᆞ면
다사 ᄂᆡ 디ᄃᆞᆫ 반ᄉᆡ 너 ᄆᆞᆯ 번 세 ᄒᆞᄂᆡ ᄒᆞᄅᆞᆯ 빈ᄂᆞᆫ
가 주 엿 ᄃᆞ라 쑬 흰 모ᄅᆞᆯ 네 ᄉᆞᆼ의 ᄒᆞᄅᆞᆯ ᄂᆞ식 거ᄅᆞᆫ
ᄋᆞᆫ 홋 누룩 ᄇᆞ 칠ᄋᆞᆯ 홉 진 ᄆᆞᆯ ᄌᆞᆯ 홉 넣어 주
ᄂᆡ다가 ᄀᆞ로 ᄒᆞᆫ 너 ᄃᆞᆫ 드러 ᄂᆡ ᄒᆞᆫ ᄃᆞᆯ의 ᄒᆞᆫ ᄃᆞᆼ

ᄌᆞᆯ 너버 무리 너허 담아 ᄉᆞ오일 ᄌᆞᆷ의 우올
ᄒᆞᆺ쳐 ᄡᅥ면 ᄲᆞᆯ리 괴니 ᄂᆞ이라 하향쥬법
ᄇᆡᆨ미 ᄒᆞᆫ 되 ᄇᆡᆨ셰 작말ᄒᆞ여 ᄂᆞᆫ ᄂᆞ괘 ᄀᆞᄅᆞ무
뎌 ᄡᆞᆯ마 ᄒᆞᆫ 되나 ᄂᆞᆫ ᄒᆞᆫ홉은 호 누룩 ᄒᆞᆫ 되
ᄲᅵᆺ거시 향의 담고 ᄒᆞ외 덥허 두엇다가 삼
일 만의 ᄎᆞᆸᄡᆞᆯ ᄒᆞᆫ 말 ᄇᆡᆨ셰 ᄒᆞ여 ᄡᅵᆯ게 ᄶᅵ고 물
셔 뎌 부셔 와 ᄯᅧ ᄒᆞᆫ 심흔 ᄂᆞᆫ 니 ᄢᅥ 더운 김의
ᄭᅮ되ᄂᆞᆫ 홉 셕거 항의 너코 덥허 두면 칠일
만의 ᄇᆡᆨ노 다 더온 채ᄂᆞᆫ 쇼 노ᄒᆞᆫ ᄒᆞᆫ 되 ᄀᆞᆯ 만이 덥
치 말ᄂᆞ ᄒᆞᆯ 비 ᄒᆞᆫ 잔 ᄡᅧ면 낙 ᄢᅳᆯ 더버 세 두ᄂᆞᆫ 몰

버혀 나여 지여 누록을 밍그라 ᄡᅡᆼ지 ᄭᅮᆨ ᄡᅡ되
밍ᄀᆞ라 ᄡᅡᆼ조ᄡᅡ 의ᄂᆞᆯ 닙을 셰히 주어 ᄉᆞ여 ᄆᆞᆫ
쳐 ᄯᅢ 위예ᄂᆞᆫ 시영의 ᄂᆞ셔 ᄂᆞᆯᄂᆞᆯ리 벗셔 ᄃᆞ라
뎌 지나ᄂᆞᆫ ᄡᅡᆼ되 ᄇᆞᆯ이 우ᄂᆞᆫ 밟에 술ᄌᆞ ᄡᅧ쳐다
내ᄲᅧ며 동ᄭᅮᆯ ᄇᆡᆨ세ᄒᆞᆫ ᄡᆞᆯ ᄇᆡᆨ셰ᄒᆞ며 익대
뉘 ᄉᆞᆯ ᄒᆞᆫ ᄆᆞᆯ에 ᄒᆞᆫ되 ᄎᆞᆯ ᄂᆞ식거ᄂᆞᆫ 법 누록
닥 홉을 ᄯᅥᆺ ᄌᆞ로의 쳣 나 익나ᄂᆞᆫ ᄡᅳ라

니화주 법

쳐ᄡᆞᆯ 말 두 ᄇᆡᆨ셰ᄒᆞ여 ᄆᆞ이 ᄂᆡ셔 식거ᄃᆞᆫ 술
ᄒᆞᆫ ᄆᆞᆯ 블 되 ᄀᆞᄂᆞᆯ ᄡᅵᆼ의 섭 누룩 ᄡᅡ되

의 논 쉬 생 ᄯᅳᆯ 흐 ᄂᆡ의 뫼 ᄶᅢ 솔 흰 ᄋᆞᆯ ᄯᆞᆯ
셔 퇴 헛 나 흐 뇌 는 국 ᄯᆞᆯ 퇴 셔 흡 진 ᄯᆞᆯ 로
흡 셔 거 뫼 쫑 차 가 일 와 늘 박 께 즈 ᄯᆞᆯ 박
쇠 흐 ᄂᆡ 닭 와 닭 차 눅 새 쳐 솔 흰 ᄋᆞᆯ ᄯᆞᆯ 일
둡 퇴 흐 ᄂᆞᆨ 흘 퇴 ᄂᆡ 허 젼 흘 의 봉 사
비 쳐 ㅅ 다 가 박 나 는 쓰 ᄅᆞ

녹 주 누 죽 흘 바 쳐

녹 조 죽 누 죽 ᄯᅳᆯ 믿 주 퇴 녹 죽 퇴 좌 흐 ᄂᆡ
논 쳐 셜 쳐 서 방 아 의 ᄯᅳᆯ 쳐 의 송 ᄯᅳᆯ 흐 퇴
흘 참 쇤 닭 와 다 삭 일 논 셔 지 은 흘 쳐 지 배

셕탄향법

빅미 ᄀᆞ로 빅번 작말ᄒᆞ여 ᄆᆞᆯ온 ᄆᆞᆯ의
ᄎᆞᆷᄊᆞᆨ ᄀ ᄉᆡᆼ 강 ᄀᆞᄅᆞ 누룩 ᄒᆞᆫ 되 ᄉᆞᆯ 나 비
졋다가 져 ᄀᆞᄅᆞᆫ 칠홉 빗ᄂᆞᆫ 두ᄅᆞᆫ [illegible] 빌 ᄒᆞ여 ᄒᆞᆫ
은 ᄉᆡᆼ일 ᄇᆞᆯ외 쳠ᄆᆡ ᄒᆞᆫ ᄆᆞᆯ 오ᄅᆞᆫ 빋ᄭᅴ ᄒᆞ여
어ᄂᆡ ᄢᅧ 식나ᄂᆞᆫ 떡되 셧ᄂᆡ 비 졋다 ᄉᆞ아
칠일 ᄯᅡ외 더ᄯᅥᆫ ᄯᅢ에 거 누룩 ᄒᆞᆫ 향되 ᄂᆞ
와 ᄒᆞ여 가 ᄋᆞᆺ아 와 병일 셕탄향이라 ᄒᆞᆫ
니라

병향ᄋᆞᆫ법

ᄀᆞ미 ᄒᆞᆫ ᄆᆞᆯ 빅ᄭᅴ ᄒᆞ여 ᄃᆞᆷ아 ᄃᆞ가 ᄉᆡᆼ

스산상숭연갈고리김굴에셔자사현명권이라네라

졀쥭법

쥭 졈미 ᄒᆞᆫ되 박셔 재ᄲᆞᆯ ᄒᆞ여 구무 업더 보리ᄊᆞᆯ만
ᄌᆞ온 그로 누룩 ᄃᆞᆺ홉 너허 ᄂᆞᆯ물 긔읍셔 고로 쥐셔
너ᄒᆞ되 되거든 ᄡᅥᆨ술 ᄆᆞᆫ ᄂᆞᆯ 쳐셔 누ᄅᆞᆫ 밥 박 미치ᄃᆞᆫ
여 항의 너허 두가 ᄉᆡᆼ ᄇᆞᆯ ᄡᆞᆯ의 ᄐᆞᆯ 거든 졈이 ᄒᆞᆫ ᄉᆞᆯ 빠
셰 ᄒᆞ여 ᄃᆞᆷ가 두어 게 져 더온 김의 ᄢᅵᆺ ᄃᆡ ᄀᆞᆯ 섯거
버무리되 ᄂᆞᆯ 물 업ᄉᆞᆫ 너치 ᄭᆞᆯᄂᆞᆫ 되게ᄀᆞᄀᆞ 섯거 ᄭᆞᆯᄂᆞᆫ
항의 너허셔 ᄂᆞᆯ ᄒᆞᆫ 세ᄃᆞ 업ᄉᆞ 두가 ᄉᆡᆼ 치ᄉᆞᆯ 얇은 ᄉᆞᆯ의 우희
곰 ᄑᆞᆼ 거고 부ᄯᅥᆫ 둘고 ᄭᅵ 부ᄯᅥ 넌슉의 두셔도 ᄯᅥᆨ
고 고져도 먹ᄂᆞ니라 샹쥐ᄉᆞᆯ ᄉᆞ쥘 소쥘 ᄉᆞᆨ ᄯᅥᆨ 바ᄭᅬ
ᄆᆡ이 ᄒᆞᄂᆞ니라

上狀

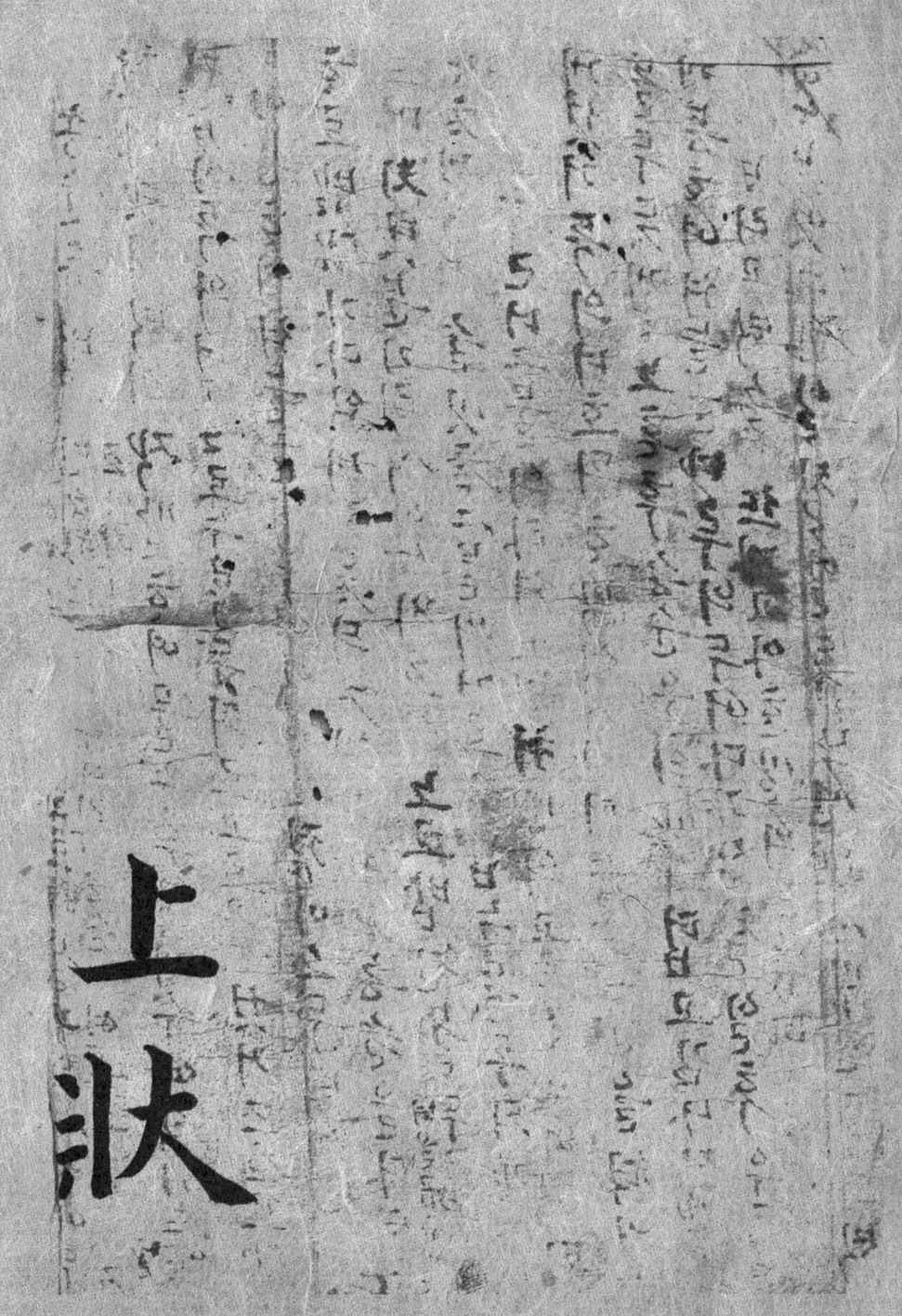

송순듀법

병에 다 담ᄂᆞ니라 그ᄃᆞᆯ의 ᄇᆞᆯ괴 늡시 ᄒᆞ여 두면 보ᄅᆞ도록 ᄡᅳᄂᆞ니라 송순이 연ᄒᆞ고 굴근 거ᄉᆞᆯ ᄀᆞ조 ᄒᆞ이라

졈미 닷 되 ᄇᆡᆨ셰 작말ᄒᆞ여 믈 ᄡᅮ 듯이 게 ᄡᅮ어 식거든 날믈 괴ᄋᆞᆫ 늡시 독의 너코 ᄀᆞᄅᆞ누록 두 되로 고로고로 섯거 ᄌᆞᄋᆞ로 단단이 봉ᄒᆞ여 쳔ᄂᆞᆯᄒᆞᆫ ᄃᆡ 두어 익거든 졈미 닷 말 ᄇᆡᆨ셰ᄒᆞ여 ᄒᆞᆫ로 ᄇᆞᆷ 담가 다 익게 ᄧᅵ되 ᄎᆞ게 식키고 송순을 다두드려 치 닷 분 기리식 너ᄂᆞ ᄊᆞ흐라 노코 밥 진 믈 두어 병 ᄇᆡ믈 골유 ᄲᆞᆯ든 ᄂᆞ ᄎᆞ게 식켜 술 ᄆᆞᆺ 쵸ᄒᆞᆫ 그 믈의 거ᄅᆞ고 섭 누룩 두 되 가ᄂᆞᆫ ᄭᆡᆫ 담가 다 거ᄅᆞᆫ 너 그 믈의 타셔 ᄯᅩ 밧ᄉᆞ 쳐 밥의 고로〃〃 무ᄇᆡ여 되게 섯거 독의 너흐되 ᄒᆞᆫ 박 젹식 ᄯᅥ 느코 송순을 녀희고 믈 두 듯게〃 노ᄒᆞᆫ 후 송순 우희 ᄡᆞᆯ이 덥고 감나지 안에 게 봉ᄒᆞ여 셔늘ᄒᆞᆫ ᄃᆡ 두어다가 삼칠일 후 우흘 거더 ᄇᆞ리고 ᄇᆞᆨ 소쥬 ᄯᅳ게 고아 ᄒᆞᆫ ᄡᆞᆯ의 두 쥬발 두어 이ᄂᆞ 부어 ᄃᆞ시 ᄉᆞ 일 칠일 후 ᄡᅳ면 ᄡᆞᆯ이 미ᄇᆞᆯ ᄃᆞᄃᆞ고 ᄇᆡᆨ

밥 무ᄅᆞ게 ᄶᅵ고 누룩 ᄀᆞᄅᆞᆯ의 섯거 비빗다가 시
ᄉᆡᆸ ᄎᆞᆯ을 ᄒᆞ여 ᄡᆞᆯ라 ᄂᆞᆫ 인 비 ᄒᆞᆫ 노라 ᄃᆞᆨ 아 조조
복 ᄒᆞᆫ 보 비 와 ᄒᆞᆫ ᄃᆞ 아 라 우 ᄒᆡ 주 ᄇᆞᆸ
ᄇᆡᆨ미 ᄒᆞᆫ 되 ᄇᆡᆨ셰ᄒᆞ며 누룩 ᄀᆞᄅᆞ ᄆᆞᆯ ᄃᆞ ᄒᆞ
ᄒᆡᆨ과 복아 ᄯᅥᆨ 여ᄂᆞᆫ 종ᄌᆞ 녀 ᄂᆞᆫ 축 ᄡᆞᆯ ᄒᆞᆫ 홉
녀 ᄒᆞᆫ 되 ᄭᅥᆸ 누룩이 녀ᄂᆞᆫ 주 ᄅᆞᆫ 녀허 ᄉᆞᆺ거다
가 ᄉᆡᆸ ᄡᆞᆯ ᄒᆞᆫ ᄎᆡ ᄇᆞᆯ 주 ᄇᆡᆨ셰ᄒᆞ여 ᄃᆞᆷ가
ᄒᆞᆨ 게 쟈 밋 되 밧 겨 ᄃᆞ다 가 누룩이ᄅᆞᆯ ᄆᆞᆫ의 ᄆᆞᄅᆞ 주
리 과 못 ᄎᆞᆯ 녀 침 와 며 밧 다 가 밋ᄅᆞᆯ ᄆᆞᆫ의
ᄡᅳ면 ᄂᆞᆫ 종 ᄌᆞ ᄒᆞ오니라

과하쥬법

찹ᄡᆞᆯ 말을 ᄇᆡᆨ셰 ᄒᆞ야 셤누룩 되 가옷 예

가ᄅᆞ 누룩 닷 되 섯거 시로ᄋᆞᆯ 의 담가 ᄯᅢ 무븍

ᄅᆞᆯ ᄭᅵ치ᄂᆞᆫ ᄃᆞᆺ 쎠니 항의 너허 ᄒᆞᆫ 곳 ᄎᆞ초로 막

ᄒᆞ야 두어다가 ᄉᆡᆼ일 만의 ᄯᅳ어 내ᄂᆞᆫ 쇼쥬를

또 ᄒᆞᆫ 짐의 부어 ᄃᆞᆫᄃᆞᆫ 방뇌 ᄒᆡ뇌 ᄃᆞᆫ ᄒᆡ라 가

ᄉᆡᆼ일 ᄒᆞ고 ᄡᆞ라

벽향쥬법

ᄡᆞᆯ ᄒᆞᆫ 되 ᄒᆞ ᄂᆞᆫ ᄒᆞᆫ 강ᄒᆞᆫ 긔 실 ᄇᆞᆯ 두 ᄒᆞᆫ

되 ᄒᆞᆼ 노ᄆᆞᆯ ᄒᆞᆫ 되 을 ᄒᆞᆫ ᄒᆞᆫ 허 작 ᄆᆞᆯ ᄒᆞ 여 오

ᄭᆞᆯ 가 로 ᄆᆞᆫ이 ᄉᆞᆯ 나 ᄒᆞᄂᆞᆫ 의 ᄶᅵᆷ 예 ᄋᆞᆯ 고

ᄆᆞᄅᆞᆫ 비 나쇄 ᄭᅬ ᄲᅧ ᄂᆞᆯ ᄒᆞ쇄 시ᄉᆞᆫ 후 ᄉᆞᆯ
ᄒᆞᆫ번 즘ᄒᆞ이라 ᄯᅩᆺ ᄂᆞᆫ 혓ᄒᆞᆯ 쳐 리되 너무 ᄲᅵᆫ
이 ᄲᅥ 일 ᄎᆞ치 ᄫᅩᆺ ᄒᆞᆫ ᄠᅡᆺ시 ᄡᅳ이라 ᄉᆞᆯ ᄆᆞᆯ은 ᄡᅡᆸ
ᄆᆞᆯ ᄠᅡᆫ치 ᄇᆞᆨ소라

삭쳘 ᄂᆞᆫ 법

쇠 ᄆᆞᆯ ᄒᆞᆫ 솨 ᄇᆞᆫ ᄆᆡᆺ 일 ᄇᆞᆯ뢰 ᄒᆡᆯ ᄭᅮ리 ᄯᅥᆨ ᄲᅧ ᄇᆡ
쵸 ᄆᆞᆯ ᄇᆞᄃᆡ 녀 ᄲᅥ ᄂᆞᆯ ᄒᆞ쇄 시ᄀᆞᆫ 후 고ᄅᆞᄂᆞ
ᄒᆞᆨ 서 ᄯᅵ 너 ᄒᆡ 다ᄀᆞ 이 붕 ᄒᆞ여 ᄀᆞ여 다가 ᄎᆞᆷ
세ᄒᆞ여 익게
일 ᄯᅬ ᄲᅧᆫ 다 ᄒᆞᆨ은 후 ᄶᅥᆷ이 삼 ᄌᆞᆨ ᄇᆞᆫ ᄲᅧ 시ᄀᆞ 나
ᄀᆞᆫ ᄲᅦ ᄉᆞᆷ 녀 ᄒᆡ 바 ᄎᆞᆯ 이ᄅᆞᆯ 거 ᄂᆞᆫ ᄒᆞᆷ 의 ᄒᆞᄂᆞᆫ 맛ᄉᆞᆺ시
ᄒᆞᆫ그이라 ᄉᆞᆯ ᄆᆞᆯ은 ᄒᆞᆫ번 더 ᄒᆞ ᄇᆞᆨ소라

봉졔ᄂᆞᆫ 흡

두견쥬 법

ᄇᆡᆨᄡᆞᆯ ᄒᆞᆫ 말 반 졍히 씨어 ᄒᆞᆫ 밤 ᄌᆞᆷ가 ᄡᆞᆯ
작ᄡᆞᆯ ᄒᆞ여 ᄀᆞᄅᆞ 비나게 ᄶᅵ혀 ᄭᅳᆯ흔 믈 버므려 믈
저ᄂᆞ어 기ᄯᅥ 진 흘 ᄒᆞ야 ᄎᆞ거든 반 셩 ᄀᆞᄅᆞ ᄒᆞ되
ᄡᅮ기어 ᄂᆞᄅᆞ 누룩 ᄀᆞᄅᆞ 칠ᄅᆞᆯ ᄒᆞᆫ 반 너허 ᄂᆞᆯ ᄂᆞᆯ
과 ᄆᆞ시 ᄒᆞ여 단단이 봉ᄒᆞ여 두어 ᄃᆞᆯ 만의
쳥ᄂᆞ의 ᄒᆞᆫ 잔 ᄉᆞᆯ ᄆᆡᆸ게 ᄒᆞ여 [illegible]
[illegible]

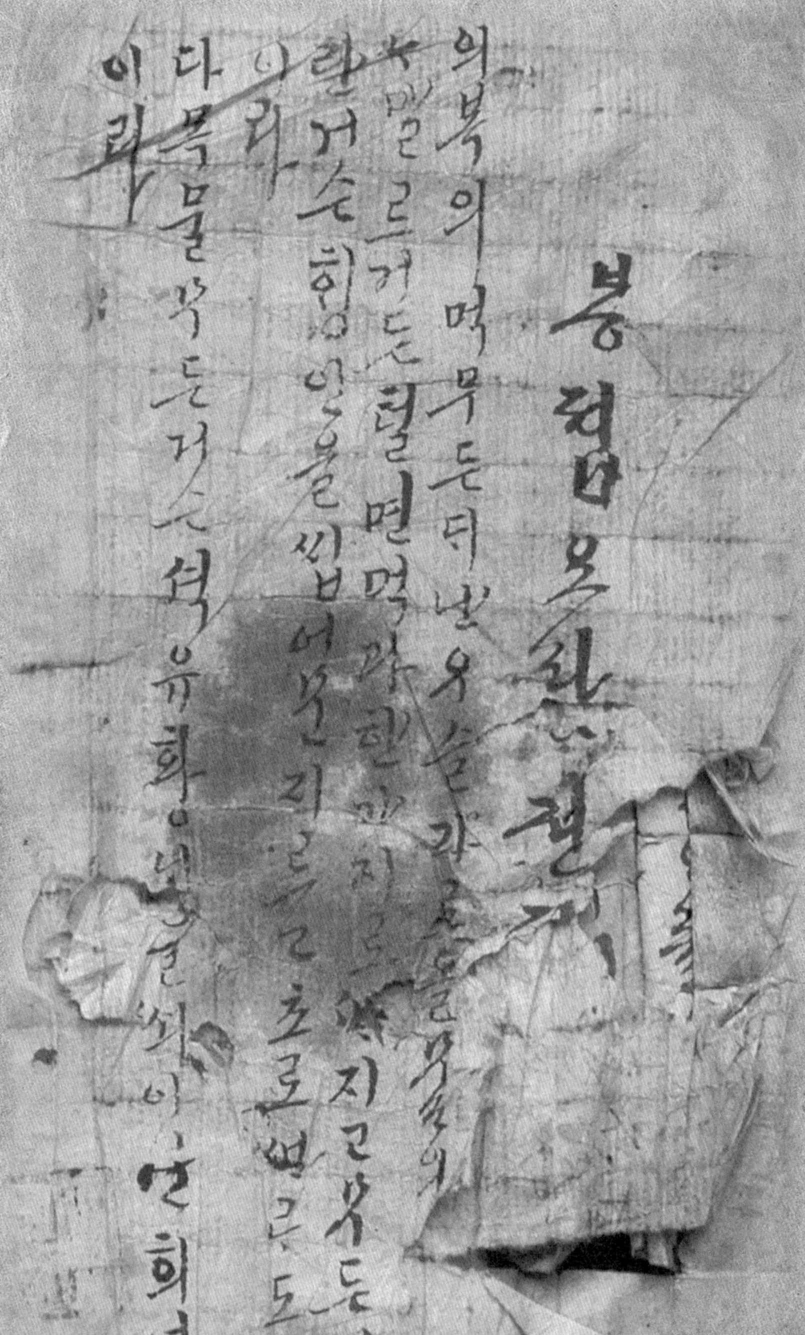

참고문헌

『규곤요람(閨壼要覽)』, 찬자 미상, 고려대학교 중앙도서관 및 연세대학교 중앙도서관 소장, 1896.

『규합총서(閨閤叢書)』, 빙허각 이씨, 1809.

『동국세시기(東國歲時記)』, 홍석모, 1849.

『봉접요람(奉接要覽)』. 찬자 미상, 1800년대.

『수운잡방(需雲雜方)』, 김유, 1540년경.

『시의전서(是議全書)』, 찬자 미상, 1800년대 말.

『열양세시기(洌陽歲時記)』, 김매순, 1819.

『우리나라 만드는 법』, 방신영, 청구문화사, 1952.

『우리음식』, 손정규, 삼중당, 1948.

『음식디미방(閨壼是議方)』, 장계향, 1670년경.

『음식방문』, 찬자 미상, 1880년경.

『음식방문니라』, 숙부인 전의 이씨, 조환웅 고택 소장, 1891.

『음식법(飮食法)』, 찬자 미상, 1800년대 말.

『이조궁정요리통고(李朝宮廷料理通攷)』, 한희순 · 황혜성 · 이혜경, 학총사, 1957.

『조선무쌍신식요리제법(朝鮮無雙新式料理製法)』, 이용기, 영창서관, 1924.

『주식시의(酒食是儀)』, 연안 이씨, 1800년대 말.

『최씨음식법(催氏飮食法)』, 해주 최씨, 1660년대경.

강인희 지음. 『한국의 상차림』, 효일, 1999.

강인희 지음. 『한국의 떡과 과줄』, 대한교과서, 1997.

밀양 손씨 지음·권선영 옮김, 『반찬등속 중 조리서의 내용 소개』, 휴먼컬처아리랑, 2014.

빙허각 이씨 지음·이효지 옮김, 『부인필지』, 교문사, 2010.

빙허각 이씨 지음·정양완 옮김, 『규합총서』, 보진제, 2006.

유중림 지음·이강자 외 옮김, 『증보산림경제 국역』, 신광출판사, 2003.

이용기 지음·옛음식연구회 옮김, 『다시 보고 배우는 조선무쌍신식요리제법』, 궁중음식연구원, 2001.

장계향 지음·황혜성 외 옮김, 『다시 보고 배우는 음식디미방』, 궁중음식연구원, 1999.

찬자 미상·대전역사박물관 옮김, 『조선 사대부가의 상차림 중 주식시의와 우음제방의 음식과 조리법』, 대전역사박물관, 2012.

찬자 미상·박록담 옮김, 『한국의 전통주 주방문 세트』, 바룸, 2015.

찬자 미상·안동시 옮김, 『온주법: 의성 김씨 내앞 종가의 내림 술법』, 안동시, 2012.

찬자 미상·우리음식지킴이회 옮김, 『음식방문』, 교문사, 2014.

찬자 미상·우리음식지킴이회 옮김, 『주방문』, 교문사, 2013.

찬자 미상·윤서석 외 옮김, 『음식법』, 아쉐뜨아인스미디어, 2008.

찬자 미상·이효지 옮김, 『시의전서(우리음식지킴이가 재현한 조선시대 조상의 손맛)』, 신광출판사, 2004.

찬자 미상·한복려 옮김, 『가가호호요리책 잡지』, 나녹출판사, 2016.

찬자 미상·한복려 외 옮김, 『음식방문-음식 만드는 법을 주로 기록한 조선시대 생활백과』, 교문사, 2014.

조후종, 『세시풍속과 우리음식』, 한림출판사, 2002.

한복려·한복진·이소영, 『음식고전』, 현암사, 2016.

한복려, 『한희순·황혜성·한복려의 대를 잇는 국가무형문화재 38호 조선왕조 궁중음식』, 궁중음식연구원, 2015.

한복려 외, 『쉽게 맛있게 아름답게 만드는 한과』, 궁중음식연구원, 2000.

한복려, 『쉽게 맛있게 아름답게 만드는 떡』, 궁중음식연구원, 1999.

황혜성·한복려·한복진·정라나, 『3대가 쓴 한국의 전통음식』, 교문사, 2010.

한복려·정혜경·정라나·이소영, 한글종가조리서로 추측되는 「봉접요람」의 의미와 내용, 한국식생활문화학회지 32(6) 498-512, 2017.

음식고전 시리즈

봉접요람 捧接要覽

초판 1쇄 발행 2021년 5월 15일

편역 한복려, 이소영
펴낸 곳 (재)궁중음식문화재단 선일당
발행인 한복려

편집·제작 책책
디자인 아트퍼블리케이션 디자인 고흐
교정교열 박소영
기물사진 최동혁

출판등록 제2020-000097호
주소 (03051)서울시 종로구 창덕궁 5길 14
문의전화 02) 3673-1122~3

ISBN 979-11-974437-2-5

선일당은 (재)궁중음식문화재단에서 운영하는 출판사입니다.
이 책은 궁중음식문화재단의 지원을 받아 제작되었습니다.

궁중음식문화재단宮中飮食文化財團

Korean Royal Cuisine Culture Foundation

한국 전통 식문화의 근간이자 미래의 문화유산이 될 국가무형문화재 제38호 '조선왕조 궁중 음식'의 보존과 계승을 위해 궁중 음식 문화의 연구와 교육을 지원하는 기관입니다. 궁중 음식 문화의 토대를 정립하여 오늘날의 음식 문화에 맞게 보급하고, 국제적 교류와 홍보를 통해 문화 관광과 외식 발전에 기여하고자 문화재청 소관 공익 법인으로 2018년에 설립되었습니다.

궁중음식문화재단은 기존 궁중음식연구원(1971년 설립)의 무형문화재 '조선왕조 궁중 음식' 전수 및 연구를 발판으로 궁중 음식의 기능 전수 및 궁중 음식 문화의 연구·학술 사업, 기능인 장학 제도를 마련하고 있습니다. 조선왕조 궁중 음식을 비롯해 조선시대 음식 문화와 관련한 고전 연구와 고찰을 통하여 한국의 전통 음식 문화를 제대로 알리고자 노력하고 있습니다. 아울러 전통 음식을 만드는 솜씨가 뛰어난 한식 예술 장인을 발굴하고 지정하여, 한국 전통 음식의 맥을 잇고 한식 산업의 발전에 기여하고자 합니다.

한복려

고려대학교 대학원 식품공학과 졸업(농학석사)
명지대학교 대학원 식품영양학과 졸업(이학박사)

국가무형문화재 제38호 '조선왕조궁중음식' 기능보유자이자 사단법인 궁중음식연구원과 공익법인 궁중음식문화재단 이사장이다. 조선왕조 마지막 주방 상궁에게 궁중 음식을 전수받아 사라질 위기에 처했던 한국 음식 문화를 보존하고 전승하는 데 큰 공을 세운 고(故) 황혜성 교수의 장녀이기도 하다. 어릴 때부터 어머니에게 음식을 전수받았고 전통 음식의 학문적 연구와 조리 기능 전수에 정진하고 있다.
2000년부터 국가 주요 행사에서 메뉴를 자문했으며 2004년 MBC 드라마 <대장금>에서 궁중 음식 자문과 제작을 맡아 전 세계에 한식을 알리는 중추적 역할을 하기도 했다.
1960년대부터는 국가 전수생으로 궁중 음식을 본격적으로 연구하기 시작했으며, 이후 50여 년간 궁중 음식 전수 교육과 재현, 관련 연구서 저술 등의 활동을 펼치며 한국 음식 문화의 원형을 보존하고 전승하는 데 힘썼다.
저서로는 『조선왕조 궁중음식』『고종 정해년 진찬의궤』『한국인의 장』『우리가 정말 알아야 할 우리 김치 백가지』『쉽게 맛있게 아름답게 만드는 떡』『떡과 과자』『혼례』『다시 보고 배우는 음식디미방』『다시 보고 배우는 산가요록』『잡지』『음식고전』 외에 다수가 있다.

이소영

중앙대학교 식품영양학과 졸업
중앙대학교 대학원 식품영양학과 졸업(가정학석사)
한국학중앙연구원 한국학대학원 민속학 전공 박사 과정

2002년부터 궁중음식연구원에서 궁중 음식과 고조리서, 전통 음식 등의 전수 강좌에서 조교 및 강사 역할을 담당하며 학예연구실장으로 재직 중이다. 국가무형문화재 제38호 '조선왕조 궁중음식' 기능 이수자이다. 천안연암대학교, 장안대학교 겸임교수를 역임했으며 현재 여러 대학에서 한국 음식 문화사, 조리 문헌 연구 등의 강의를 하고 있다.
『산가요록』『잡지』『계미서』『음식절조』 등의 고조리서 번역에 참여하였고 현재 음식을 재현하는 출판 프로젝트의 책임연구를 맡고 있다. 궁중 음식 관련 문헌 및 고조리서에 관한 논문을 발표했으며, 조선~근대 시기의 고조리서와 음식 관련 문헌을 다룬 『음식고전』을 공동으로 집필했다.